JINRONG

Jingjixue

国家重点学科建设项目

"985工程"优势学科创新平台建设项目

刘阳 尹志超◦编著

金融经济学

西南财经大学出版社

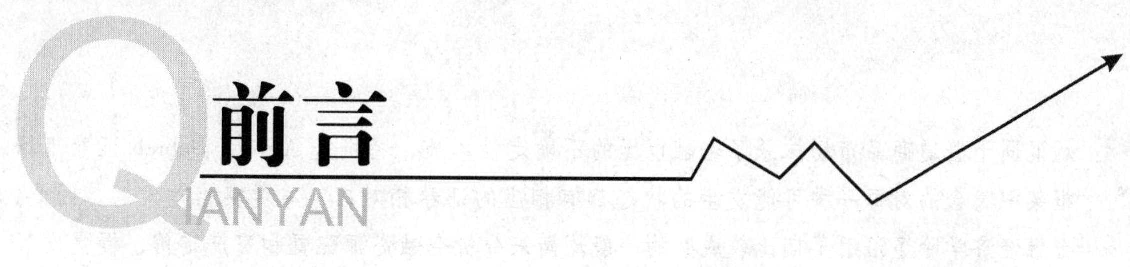

前言

财务自由是人人所追寻的目标，在这个日益丰富也空前复杂的社会中，即使你拥有了财富，也不一定就能说自己已经实现财务自由。那么，用什么合理的方法安排好自己一生的财富和消费计划呢？尽管现实中要给出一个较为全面和满意的答案确实不容易，但是如果仅仅把它们限于经济学范畴来考虑，我们很快可以根据所学的知识归纳出一些基本的原理，比如，经济学告诉我们财富和消费与人生很多问题一样，关键就是学会取舍，而这就要衡量取舍的代价，也就是要学会计算该行为的边际收益和边际成本。如果人人都是按照这样的理性想法来做出自己的选择，同时社会又能保证这样的个人激励（也就是经济学上的自利动机)，并能不断地完善金融交易的市场体系，那么，市场就完全有可能让人们的这种理性行为实现他们自己所追求的美好的生活方式，从而推动社会的文明和进步。

上面这个问题也是金融经济学这门课程要研究的内容，实质上就是怎样用经济学的一般原理和方法来分析个人面临的金融抉择（主要是消费和投资决策)，从而最大化自己一生效用的问题。因为所涉及的内容都是金融学各门课程所关注的基本概念和原理，比如时间和风险、资源配置的优化、风险的概念和测度、利率的决定、资产价格等。因此本书是金融学专业硕士研究生的基础课程，也可以在高年级本科生中使用，希望为他们后续阶段的学习建立起一个贯穿始终的研究框架。

本书首先对经济结构和要素给出了明确的定义，并分析了参与者是如何在金融市场中通过金融资产的交易进行资源配置，以期能够最大限度地满足自身的经济需求，同时得到均衡的资产价格。本书的大部分内容都是在这个框架下展开的。上面这个框架表明金融经济学的思路是从个体效用最大化出发，试图通过对个人和企业的最优化投融资行为以及资本市场的结构和运行方式的分析，去考察跨期资源配置的一般制度安排方法和相应的效率问题。因此，金融经济学和经典的微观经济学非常相似，事实也的确如此，它基本是顺着新古典经济学的思路建立起来的。比如强调效用和边际分析，强调完全市场，强调数理分析。当然，它们之间也有不同，比如这里的均衡分析与经济学的也不太一样，由于我们在用均衡方法分析金融市场的时候往往更注重需求方的最优化分析，并将价格（收益率）与风险相联系而不是数量。但是，金融经济学中的一般均衡分析也有缺点，比如它把金融市场混同于普通商品市场抹杀了金融市场的不确定性本质，特别是 Arrow - Debreu 证券市场框架中隐含的对每一种可能发生的状态都有相应的证券相对应，与现实相差太远。因此，金融经济学除了沿用早期比较成熟的一般均衡来分析金融资源配置和资产定价，慢慢发展到现代金融的开始用套利作为主要的分析方法，并得到了很多经典的结论，比如资产定价基本定理，期权定价，APT 定价，公司财务等相关内容，并构成了现代金融理论的基石。

本书基本上是按照这两条线来展开的，一是系统地讲述了如何利用均衡分析对金融产品进行定价，讨论参与者的资源配置以及市场效率，另外对无套利分析方法也作了部分介绍。只不过套利方法虽然直观而方便，但也有其缺陷，就是只能得到相对价格，不能告知基础资产价格决定的真正原因。而均衡分析框架则能够直接与经济基本面发生联系，因此也能得到更多具有经济含义的结论。比如价格是如何由经济环境和人们的偏好决定的。综上，我们在学习金融经济学课程的时候，不仅要学习实用的套利分析，也要向一般均衡学习分析问题的方法，有意识地培养自己的思考能力，去观察和解释现实世界的经济现象和人们的行为。

编写本书主要参考了国内外的几本经典教材，包括王江（2006），蒋殿春（2004），黄奇辅和利曾伯格（Huang and Litzenberger，1998）等。其体系的确定主要参考了王江（2006）的教材，因为我们认为该书的逻辑清晰，并且由浅入深、层层递进，比较适合讲授。与前人的教材相比，我们适当地减少了数学公式和推导部分的内容，是考虑了部分初学者的学习体验，也是希望作为基础课程可以在尽量少地涉及数学工具的情况下尽可能多地理解模型背后的经济和金融含义。

本书的章节安排如下：

第 1 章首先介绍了本书的主要分析框架，即对经济环境、参与者和市场的总体性描述，其中着重对时间和风险进行刻画，并得到了高度概括的一般均衡结果。第 2 章我们在一般均衡市场的特殊情况——Arrow - Debreu 证券市场下得到了最优消费/投资问题的解。第 3 章首先对个体偏好进行了具体的刻画，得到了相应的期望效用函数形式和风险厌恶描述，在此基础上第 4 章得到了一般情况下完全市场的最优资源配置问题，并求得了均衡时的证券价格。

为了强调套利在金融资产定价的重要性，第 5 章我们沿用第 1 章的基本经济框架，用无套利假设得到了资产定价基本定理。接下来的第 6 章是该套利定价理论的一个重要应用——期权定价。

如前所述，套利定价虽然方便，但是缺乏经济含义，也忽略掉了许多本质的东西，接下来我们仍然回到一般均衡分析下看待事物的方法，重点对人们的投资决策行为和资产价格进行阐述。第 7 章分析了给定金额下风险厌恶个体的投资行为。第 8 章则进一步地关注了一类特殊的风险偏好，即均值—方差偏好下的投资组合选择问题，与之相应的资产定价关系就是第 9 章里著名的资本资产定价模型（CAPM）的内容。第 10 章则直接从风险的结构出发得到了线性因子定价模型：套利定价理论（APT）。本书最后两章在一般均衡的统一框架下介绍了关于公司财务方面的 MM 定理和简单的公司财务定价结论。

刘阳　尹志超

2012 年 9 月

MULU

目录

1 基本框架

金融经济学的分析对象是经济个体在不确定环境下的行为,以及这些行为对金融资产价值的决定作用。作为本书的开始,这一章希望为以后的学习建立起一个贯穿整个金融经济学内容的基本分析框架。该框架主要包括:①对所要研究的经济进行描述,包括对经济结构和要素(包括自然环境、经济中的参与者和金融市场本身的特征)给出明确的定义、为今后的分析构造出简单的模型。其中经济参与者的特征是由其所掌握的经济资源和具有的经济需求决定的,而金融市场的特征是由市场中能够进行交易的所有金融资产的集合来给定的。②参与者的资源配置和资产价格。具体来讲,这包括参与者如何在金融市场中通过金融资产的交易进行资源配置,以期能够最大限度地满足自身的经济需求,而金融市场尤其是金融资产的价格又如何影响了各参与者的资源配置。更进一步地,我们可以考察金融市场在帮助参与者完成资源配置时的效率如何,以及应如何评价这个效率,该内容留到以后的章节讨论。

1.1 经济环境

首先我们要对经济的外部环境进行描述,而其关键就是我们一直强调的不确定性。而不确定性来源于两个方面:时间和风险。个人的选择首先需要考虑的因素是时间,因为不同时间点上的资源和需求是不同的。为了描述时间这个要素,我们可以简单而不失一般性地假设经济只有两个时期:现在和未来。我们记时间为 t,它取两个值:0 和 1。0 代表现在或者今天,1 代表将来或者明天。

既然涉及未来,就会因为未知而产生风险。为了描述未来的这种不确定性或者风险,一种自然的方法是引入自然状态。想象你现在持有一家公司的股票,目前谁也不知道未来某一时刻这种股票的确切市场价格,但是假设我们总能够知道股票在期末的可能价格是 x_1, $x_2, \cdots, x_S$中的某一个 $x_s(1<s<S)$,那么在只考虑这种股票价格的情况下,我们可以说在期末“自然”将会出现 S 种可能的状态,而股票价格将取决于自然最终实现哪一种状态。一种自然状态 s 定义为会影响金融资产收益的所有外部环境因素的某个特定值组合。这些外部环境因素可能包括下一期的宏观经济状况,某行业的景气程度,甚至是天气状况,等等。

由此，我们以自然数 $1,\cdots,S$ 来表示未来的经济环境可能出现的状态，一个状态代表经济在未来的唯一情形，并且是外生给定的。为了简便，以后我们在不引起混淆的情况下也用大 S 来表示自然状态集合：$S=\{1,\cdots,S\}$，这个集合叫做状态空间。而由于股票等金融资产的未来价格依赖于未来实际发生的自然状态，我们称这些资产的投资收益是状态依存的（State Contingent）。

要分析经济中众多的个体以及大家所关心的所有不确定性，我们不能只用某个人或某一种风险资产来定义自然状态。也就是说，自然状态集合 S 应该是完全的，它包含了所有经济个体所关心的全部可能性。在许多场合，自然可能出现的状态有无穷多种，我们可以定义一个含有无穷多个元素的状态集 S。但是，在 S 为无穷集的场合，使用以后要介绍的连续随机变量来刻画不确定性将更为方便。状态集合 S 的另一个性质是不同状态之间的相互排斥性：即如果出现一种状态，就不可能有另一种状态发生。或者简单地说，未来有且仅有一种状态 s 出现。

定义自然状态 s 出现的真实概率为 p_s，并且 $0<p_s\leqslant 1$，$\sum_{s\in S}p_s=1$。这里要求每一种状态发生的概率要大于0，因为如果某种状态发生的概率等于0则我们可以简单的忽略这种状态。记所有状态发生的概率的集合为 $P\equiv\{p_s,s\in S\}$，P 称作状态空间上的一个概率测度。

除此之外，由于未来状态的发生关系到个体在未来收益的多少，因此个体会关心未来会出现哪种状态，也会对每一种状态出现的可能性做出一个主观的判断。比如他可能觉得状态 s 出现的概率是 $\pi(s)$，满足 $0<\pi(s)\leqslant 1$，$\sum_{s\in S}\pi(s)=1$。我们将这个概率解释为个体的主观概率，它并不是自然状态发生的真实概率，因此称为个体对自然状态的信念（belief）。我们可以假设所有的个体信念是相同的。注意，所有主观概率的集合 $\pi\equiv\{\pi_s,s\in S\}$ 也是状态空间上的一个概率测度，并且与 P 是等价的。关于等价概率测度的概念我们在第5章里还要详细讲述。

为了简便起见，我们假设经济中只有一种不可储存的商品，它可以用作消费和交换。局限于一种商品使我们避免了处理多种商品所引起的不必要的麻烦。因为我们主要考虑的是资源或者财富的配置，而其作为商品的具体形式并不重要，而且我们可以认为这种商品就是财富本身。比如刚刚我们对股票价格的假设，其价格就是商品多少的衡量，也就是财富多少的衡量。假设商品不可储存是因为储存本质上是生产的一种形式，这里暂不考虑。也许有人会奇怪，如果经济中唯一的商品就是财富的话，为什么我不能简单地把它留到未来呢？这个问题留给大家思考。

形式上，我们可以用一种状态树来表示上面描述的经济环境：

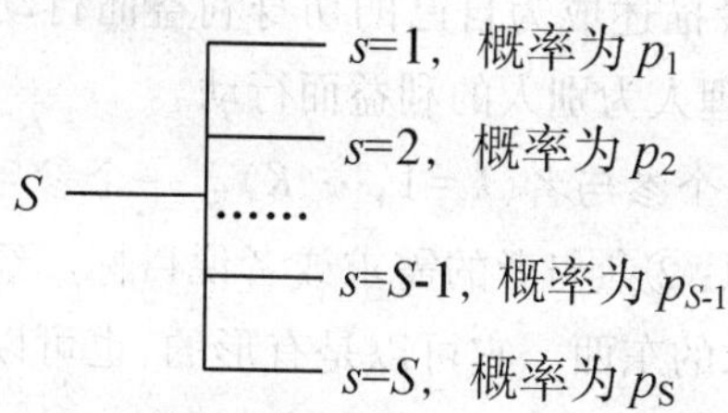

这样的描述似乎还有点儿抽象，我们来看如果把经济中的商品换成实物，是否更加容易理解：

例 1.1　卢卡斯树[①]经济（Lucas Tree Economy）。这个经济的资源来自于一棵桃树。今年桃树结了 100 颗桃子。明年会结多少颗桃子取决于明年的天气。天气有好、坏两种可能，假设其发生的概率相等；相应地，桃树的产出分别为 200 和 50。假设此后桃树就会停止产出，经济也随之结束。因此，这个经济有两个时间点，今年和明年。明年有两个完全由自然决定的可能状态。这个经济的环境可以用下面的树来表示：

200（状态 $s=1$，好天气），概率为 1/2
100
50（状态 $s=2$，坏天气），概率为 1/2

因为由于天气所定义的自然状态和树的产出之间存在一一对应的关系，因此我们也可以用产出水平来描述状态。

此外，与这种有限的自然状态法相对应的另外一种刻画经济环境不确定性的普遍方法是：将未来的状态描述为连续变化的而不是前述的有限状态，于是直接将所关心的风险资产收益、价格等表示为连续的随机变量，来取代如例 1.1 中的离散取值。为了与确定的变量区别，随机变量通常在字母头上加上波浪记号"～"，该方法用于刻画连续变化的自然状态时非常方便。当自然可能出现的状态有无穷多种时，任何一种特定的状态出现的概率都趋近于 0，那时我们需要用概率分布函数或分布密度函数来刻画个体对自然状态的信念，如 1.3.1 所示。

1.2　经济参与者

经济是由一群参与者构成的。一般来讲，参与者可以是个人或家庭，也可以是公司、企

① 卢卡斯树经济是卢卡斯（Lucas，1978）在一篇发表在"Econometrica"上的文章"Asset Prices in an Exchange Economy"里首次提出来的。此后，该模型被广泛地应用于讨论资产定价。

业和政府这类机构。为简单起见,我们把这些参与者描述成为自己的切身利益而行动的个体,也就是说追逐自身利益的最大化,而不是作为代理人为别人的利益而行动。

假设经济中共有 K 个参与者,用指标 k 表示第 k 个参与者($k=1,\cdots,K$)。一个参与者的经济特征包含两个方面:①参与者所拥有的经济资源;②参与者的需求或者说目标。经济资源定义为任何有经济价值的、可以用来满足经济需求的东西。它可以是有形的,也可以是无形的。

参与者的经济资源又可以分为三类:①实物商品或资本;②信息;③生产技术。而参与者的目标——由于我们讲的是金融的经济学——自然是效用最大化。

1.2.1 参与者的经济资源

1.2.1.1 禀赋

参与者初始占有的资源是他已经拥有的商品或者资本品,可以用于生产或者消费,也被称为禀赋(Endowment)。因为我们假设只有一种商品,因而在消费品和资本品之间没有区别。给定有两个时期,在第二期有多个状态,并且商品是不可储存的,因此每一时期和未来每一个状态下的禀赋是不能替代的。对于参与者 k,定义他的禀赋为他在每一时期和未来的每一种可能状态下所拥有的商品。记他在 0 期的禀赋为 e_{k0},在 1 期状态 s 下的禀赋为 e_{k1S},我们可以把他的禀赋表示为如下形式:

$$e_k=[e_{k0},e_{k11},\cdots,e_{k1S}]^T \quad k=1,\cdots,K$$

这里 T 表示向量或矩阵的转置,于是上面的 e_k 表示一个列向量。如果对于每个人来说他们面临的问题都一样时,可以忽略下标 k,于是禀赋向量可以写为 $e=[e_0,e_{11},\cdots,e_{1S}]^T$。

1.2.1.2 信息

参与者拥有的另外一个重要的经济资源是信息,即有关经济未来状态的信息。显然,信息是具有价值的。对于未来状态拥有更多信息的参与者在进行决策时可以得到更大的优势。参与者拥有的信息可以分为两种类型:公共信息(Public Information)和私人信息(Private Information)。每个参与者都拥有的信息比如现在的天气、交易证券的市场价格等,都属于公共信息。而只有一部分参与者拥有的信息,比如他得到的关于未来事件发生可能性的特有信号、他自己的证券持有量,都属于私人信息;我们通常所说的内幕信息也属于这一类,比如他作为内幕人知道了某家公司有重大事项未披露、作为基金经理人知道了该基金准备在哪只股票上建仓,等等。当一部分参与者还拥有私人信息时,信息就是不对称的。

参与者之间的信息不对称是经济学中许多重要问题的根源,比如逆向选择和道德风险等,前者如柠檬市场问题,后者如被保险人行为方式的改变等。事实上,正是由于信息不对称的存在促使了信息经济学这一门学问的产生。信息不对称会导致资源配置缺乏效率,而我们常见的许多经济安排,例如不同形式的市场、机构和组织都是为了减少这些效率损失而产生的。

为了简单起见,在本书中我们将忽略信息不对称问题。并不是说这个问题不重要,恰恰相反,信息不对称已经成为影响参与者行为和决策的重要因素,并且金融经济学在不断发展完善中也已经逐渐将信息因素纳入考虑。不过考虑到本书只是对金融经济学基本框架的构建,我们假设参与者对于经济特别是对于未来状态发生的可能性拥有相同的信息。具体地说,他们在0期知道的所有信息都包含在未来状态发生的概率测度P中。

1.2.1.3 生产技术

给定禀赋和信息,参与者也可能具有生产商品的技术,通过使用这些技术,他们能够把商品转化为更多商品或者把今天的商品转化为明天的消费。这种技术能够为参与者带来价值,不过这个问题一般是公司财务所考虑的,即如何投融资、如何运作企业来发现和利用这些技术从而创造出更多的价值。为简单起见,我们在这里假设个体参与者不拥有任何生产技术,这与金融市场的现实基本是相符的。

1.2.1.4 理性人假定

事实上,经济参与者的理性假定并不一定完全与现实吻合。实际生活当中可以看到很多非理性的行为,这用传统的金融经济学理论很难解释,这也促生了一门全新的经济学领域:行为经济和金融学。然而由于行为金融学强调人的心理依赖于不同事件的框架和状态,因此至今还不能提出一种统一的理论。而金融经济学是一种理性经济学的典范,它仍是我们对经济行为的原理指南以及对金融现实进行理性思考的基本框架。因此本书的框架还是在新古典经济学之下,行为金融学只是在本书第4章中讲到经典的期望效用函数面临的挑战时,会简单涉及。除此之外,我们都假定经济中的参与者是理性的。

看看以下这个例子,测试一下你是否是理性的?

例1.2 假设你已经订好了某天室内的乒乓球场地,并已付费。但是真到了打球的那天你发现天气很好,很适合户外运动。假设室外也有乒乓球场,而且是免费的。此时你会选择继续去已付费的室内场地打呢,还是在室外乒乓球场运动并享受和煦的阳光?

1.2.2 参与者的经济需求

讲完参与者的资源和禀赋后,自然接下来就该讲他的需求以及如何利用自身资源来满足这些需求。在经济学中,通常说到需求,其实就是指消费,这里也不例外,参与者的需求体现在他将如何决定当前和未来的消费。有人也许会说,那投资呢?为什么投资不算参与者的需求呢?还有人会问,谁说需求就只是体现在当前和未来的消费,人的一生这么长。这些问题我们留给读者思考。

参与者通过分配(经济学中通常喜欢说“配置”)他在当前以及未来的不同状态下的消费,来满足其需求。对于任意参与者k,我们将他在当前0期的消费记为c_{k0},在1期状态s发生时的消费为c_{ks},那么对他消费的描述与对他的禀赋的描述在形式上是类似的,即:

$$c_k = [c_{k0}, c_{k11}, \cdots, c_{k1S}]^T \quad k = 1, \cdots, K$$

由于0期的消费是在当前就决定的,因此它不依赖于未来状态 s 的发生。

1.2.2.1　消费集

现在我们先忽略消费者的下标 k,即以一个普通消费者为例进行分析。

假设消费者对他的消费活动有其自己的偏好。由于其消费活动可以用他消费的商品量来刻画,注意现在面临的是不确定性的环境,因此可供选择的也不再是确定的商品向量而是它们的可能性组合。例如,"当前确定地拥有一个 MP3,将来有30%的可能(概率)得到一辆自行车,有70%的可能(概率)得到一套衣服"。这样的一个可能消费选择称为一个消费计划,用向量 $c = [c_0, c_{11}, \cdots, c_{1S}]^T$ 表示。在本书中,由于我们假定经济中只有一种商品,也就是商品的货币化形式,因此上述消费计划可以货币形式表示:当前消费200;未来有30%的可能收入会比较多,此时可以有500进行消费;70%的可能挣得少一些,此时消费也减少为300。该消费计划可以写为(200;500,300)。说它是计划,表明这只是投资者在当前的一个规划,还没有实现。只不过他很聪明很理性,已经想好了未来哪个状态发生,他要相应安排多少消费。而如果事后来看,此时两个时期的消费是既定事实,我们把消费计划的一个特定实现值叫做消费路径:(c_0, c_{1s}),比如到了期末,"钱比较少"这个状态发生了(这里的大概率事件),因此只能买套衣服,消费路径就是(200,300)。

通常,我们面临的消费计划不会只有一个。比如,上面这个消费计划也许可以改变为:当前消费300(除了买 MP3,还要看场电影,吃顿饭);未来在收入多的情况下也只能消费400(买辆便宜点儿的自行车),收入少的情况下消费200(买套便宜点儿的衣服)。相比上一个消费计划,这个消费计划相当于把消费提前了。

上述情况只是最简单的一种,即未来只有两种可能性。再看两个稍微复杂一点儿消费计划,如下所示:

例1.3

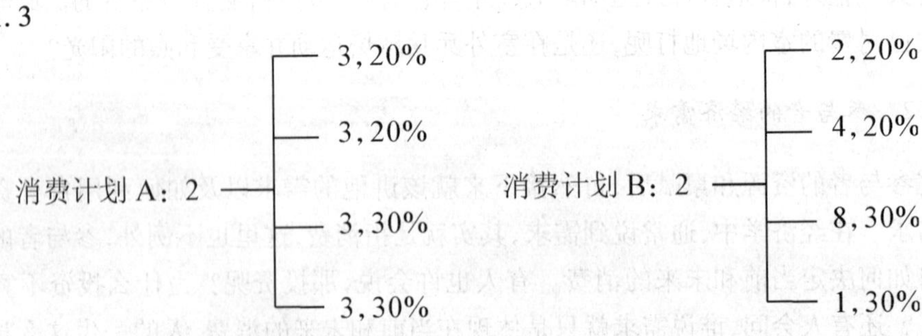

例1.3的这两个消费计划中,A 计划实际上是指一件确定的消费品,即不管未来何种状态出现都可以有3个单位的消费品;而消费计划 B 则是有20%的概率会出现状态1,此时个体得到2个单位的消费品,有30%的概率得到状态2下的4个单位消费品,有20%的概率得到状态3下的8个单位消费品,有30%的概率出现状态4,此时个体得到1个单位的消费品。

由于每个人可选择的消费计划不止一个,所有可能的消费计划的集合就叫做消费集,记为 C。如果我们假设消费是非负的,那么消费集就等于 $S+1$ 维的非负实数空间。此外,消费集有两个性质:消费集是凸集,同时也是闭集。消费集是凸集,意思就是消费集中任何两个消费计划的凸组合都在消费集内部;而消费集是闭集,可以简单地认为消费集是有边界的。在后面引入效用函数时会用到消费集是闭凸集的性质。

消费计划和消费集表示的是个体在这样的跨期和未来不确定的环境下面临的选择对象。然而在这些选择对象中,总有一个应该是最优的。假设他足够聪明和理性,应该怎么去选择这个最优的呢? 为了让消费者可以对所有可能的组合做出优劣判断,选出哪种消费计划才是他最想要的,以下我们要引入偏好和效用。

1.2.2.2　偏好

我们用消费者对不同消费计划的偏好来描述其选择依据。所谓偏好就是参与者对所有可能的消费计划的一个排序。如果经济只存在0期一种状态,由于我们假定经济中只有一种消费商品,也就是资本品,因此第0期不存在偏好的问题。但是由于经济一共有两个时期,因此第0期消费多少对整个生命期间的选择肯定是有影响的,所以参与者对消费计划的偏好就体现在参与者对0期的确定商品和1期不确定商品的组合之间的排序和选择上。

假设个体在消费集空间上存在一个偏好关系,就是说他能根据自己的标准为所有消费计划排出一个优劣顺序。我们以记号 $\geqslant$ 来表示这个偏好顺序,"$c_1 \geqslant c_2$"表示他认为消费计划 c_1 不次于消费计划 c_2,同时以"$c_1 \sim c_2$"来表示两种消费计划无差异。这里无差异"$\sim$"可以正式定义为"$c_1 \geqslant c_2$ 同时 $c_2 \geqslant c_1$"。

偏好的正式定义如下:

定义1.1　偏好是消费集 C 上的一个二元关系,表示为 $\geqslant$,它满足以下条件:

1.(自反性):$\forall c \in C,\ c \geqslant c$。

2.(传递性):$\forall c_1, c_2, c_3 \in C$,如果 $c_1 \geqslant c_2, c_2 \geqslant c_3$,那么 $c_1 \geqslant c_3$。

3.(完全性):$\forall c_1, c_2 \in C$,必定有 $c_1 \geqslant c_2$ 或 $c_2 \geqslant c_1$ 或者两者同时成立。

定义1.1中的三条性质在数学上称 $\geqslant$ 在 C 上定义了一种"全序关系",它排除了消费计划之间无法进行比较的可能性,这是由完全性保证的。因此如果 $c_1 \geqslant c_2$,并且 c_1 与 c_2 并不是无差异,那么我们记作 $c_1 > c_2$。而性质2是偏好的一致性条件,如果某个参与者的偏好违反了传递性,那么他的行为将因为缺乏一致性而违背理性。

为了更准确地对参与者的经济行为进行刻画,我们还需要对偏好有一些基本假设;同时,与微观经济学中标准的消费者理论一样,我们不希望直接在个体的偏好上进行分析,而是力图建立一个反映该偏好的效用函数。因此,进一步假设个体的偏好满足以下公理:

首先要求参与者是非餍足的,也就是说个体总是不满足的,总是觉得多比少好。

公理1.1　不满足性(Insatiability):$\forall c_1, c_2 \in C$,如果 $c_1 > c_2$,那么有 $c_1 > c_2$。

注意这里的c_1和c_2是两个不同的消费计划列向量。对于向量之间大小的比较有如下规则：假设a和b是两个n维的列向量，如果对所有的$i(1\leqslant i\leqslant n)$，都有$a_i\geqslant b_i$，那么记为$a\geqslant b$；如果对所有的$i(1\leqslant i\leqslant n)$，都有$a_i\geqslant b_i$，并且至少存在一个$i$使得$a_i>b_i$，记为$a>b$；如果对所有的$i(1\leqslant i\leqslant n)$，都有$a_i>b_i$，记为$a\gg b$。

因此，这里$c_1>c_2$，是说c_1在各种状态下提供的消费都不比c_2少，并且在某些状态下还比c_2还能提供更多的消费，于是消费者认为c_1是优于c_2的。不满足性就是说消费者喜多厌少，这个性质对个体偏好的要求显得比较自然。

而第二个凸偏好假设也比较直观，我们在学习微观经济学关于偏好的假设部分已经有所了解：

公理 1.2　凸性（Convexity）：$\forall c_1, c_2\in C$以及$0<\alpha<1$，如果$c_1>c_2$，那么有$\alpha c_1+(1-\alpha)c_2>c_2$。

具有凸偏好的消费者相对来说更喜欢“平均”的商品组合而不是“极端”的组合。如果一个偏好是凸性的，并且满足下面的第三条连续性假设，那么我们说集合$\{c_2\mid c_2\geqslant c_1\}$是凸集。

公理 1.3　连续性（Continuity）：$\forall c_1\in C$，集合$\{c_2\mid c_2\geqslant c_1\}$和$\{c_2\mid c_2\leqslant c_1\}$都是闭集，这里$c_2\in C$。

这条连续性公理一方面反映事物无大起大落变化，另一方面也是数学上的需要，否则得到的函数无连续性，处理起来很不方便。连续偏好的含义是：如果两个消费计划非常接近，也就是说它们在所有时期和状态下都能够提供相似的消费，那么它们的排序应该是非常接近的。

1.2.2.3　效用函数

以上定义的偏好关系虽然在概念上比较直观，但是却比较抽象不利于实际分析。假设对于给定的偏好关系，我们能够对每个消费计划赋予一个函数值，称为对应于某个消费计划的效用，使得$c_1\geqslant c_2$对应着c_1的效用值不小于c_2的效用值。这个从消费计划到实数的映射就是效用函数。

显然效用函数作为偏好的描述处理起来更加方便，比如要让消费者选择一个消费计划，就可以计算出集合中每个消费计划的效用值，效用值最高的那个消费计划就是参与者的最优选择。问题是，给定某个偏好关系，是否总能找到一个效用函数来与之对应呢？答案是肯定的。德布鲁（Debreu，1954）证明了当以上偏好的性质和公理满足时，存在一个定义在闭凸消费集上的连续、单调的（序数）效用函数$U(\cdot)$，使得

$$c_1\geqslant c_2\Leftrightarrow U(c_1)\geqslant U(c_2)$$

这个效用函数当然不是唯一的，任何$U(\cdot)$的正单调变换得到的函数也都是同一偏好的效用函数，因为序数效用函数本身没有任何功利意义，它唯一的功能是较方便的表现个体

在消费计划空间的排序。我们可以通过以下例子来说明：

例1.4 考虑例1.1中描述的Lucas树经济，用状态a对应于好天气，状态b对应于坏天气。假设经济中某个参与者有如下的效用函数：

$$U(c_0,c_{1a},c_{1b})=\log c_0+\frac{1}{2}(\log c_{1a}+\log c_{1b})$$

在如下三个消费计划中，他会选择哪一个？

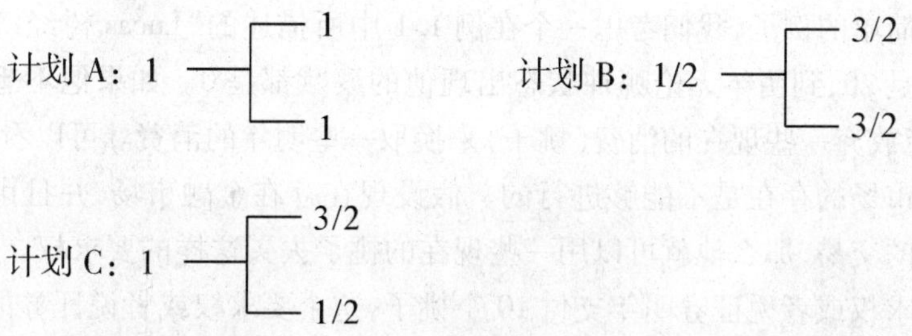

计划A：1 —— 1 / 1 计划B：1/2 —— 3/2 / 3/2

计划C：1 —— 3/2 / 1/2

对于计划A，B和C，效用函数给出的相应效用值分别为0，−0.49，和−0.14。因此，参与者对三个消费计划的排序是$A>C>B$，所以他会选择A。

如果考虑经济中的另外一个消费者，他的效用函数是

$$V(c_0,c_{1a},c_{1b})=c_0\sqrt{c_{1a}c_{1b}}$$

可以知道上面三个消费计划给他的效用值分别为1，0.75和0.87，因此他对三个消费计划的排序同样也是$A>C>B$。

实际上不只是上面这三个消费计划，对所有的消费计划这两个效用函数给出的排序都是一样的。也就是说，上面的两个参与者虽然各自的效用函数分别为U和V，但他们具有完全相同的偏好。事实上U和V两个效用函数互为正单调变化，$U(\cdot)=logV(\cdot)$，因此效用函数是序数的，它只给出了消费计划的排序，它的任意正单调变换都不会改变这种排序，它的实际值并不重要。

在不带不确定性的一般经济均衡的讨论中，经济活动者的行为是通过对他的效用函数的最大化来决策的。对于消费者来说效用函数就是他所消费的商品数量的函数，而对于生产者来说他的效用函数就是他的生产商品的函数。当存在不确定性的一般经济均衡里，由于商品数量是未定的随机变量，其大小依赖于不确定的状态，此时效用函数的值也是状态依存的随机变量，人们将无法直接通过效用函数的值来决策。在这种情况下，需要引入一种特殊的效用函数——冯·诺伊曼—摩根斯坦(von. Neumann - Morgenstern)期望效用函数，在那时我们会看到，与一般的效用函数的序数性不同，那里的期望效用函数是基数的。这是本书第3章将要探讨的内容。

1.3 证券市场

给定经济所处的自然环境和其中的参与者,我们现在要考虑参与者如何配置其资源以满足其经济需求。而资源的配置是通过金融市场中的交易来完成的。

作为一个简单的例子,我们考虑一个在例1.1中所描述的"Lucas树经济"中的参与者。他今年的禀赋是20,到明年无论哪种状态出现他的禀赋都是0。如果他不想在明年挨饿的话,他应该愿意放弃一些现在的消费(桃子)来换取一些明年的消费。可以看出来,这个交换如果没有金融市场的存在是不能够进行的。假设现在存在金融市场,并且市场存在对未来桃子的要求权的交易,那么他就可以用一些现在的桃子去买这样的要求权。具体来说,假设一份这样的要求权或者说证券明年支付10个桃子,这个要求权或者说证券的售价为9个桃子。那么这个参与者现在可以用9个桃子购买一份这样的要求权。而这份要求权在明年的任何状态下都会支付他10个桃子。在金融市场上进行这样的交易,使他能够用现在的禀赋来满足未来的需求。也就是说,市场允许他在不同时期和状态上配置资源。

1.3.1 证券及其支付

在我们要构建的简单框架中,金融市场由一组证券构成。一只证券即为一份金融要求权,它在1期会给其所有者带来支付。形式上,我们可以用如下的支付树来描述证券的支付,这是基于前面介绍的描述不确定性的自然状态或状态空间。想象你现在持有一种公司股票,目前谁也不知道在未来某一特定时刻这种股票的确切市场价格将是多少。假设该股票在期末的价格可能是$y_1,\cdots,y_S$中的某一个$y_s(1\leqslant s\leqslant S)$,或者说当自然状态为$s$时股票的价格将为$y_s$。那么在只考虑这种股票价格的情况下,我们可以说期末"自然"将会出现S种可能状态,而你手中的股票价格将取决于自然最终实现哪一种状态。这里,我们将一种"自然状态"s定义为特定的可以影响金融资产收益的所有外部环境因素。在不同的应用场合,它们可能是下期宏观经济景气状况、某特定公司或行业的经营业绩,等等。

由于股票等金融资产的未来价格依赖于未来实际发生的自然状态,因此我们称这些资产的投资收益(或者支付)是状态依存的(State Contingent)。图1.1表示了自然在未来可能出现的各种状态以及各种状态下对应的价格。

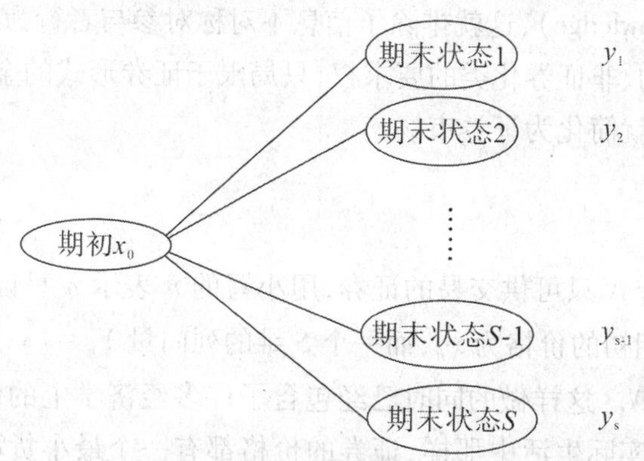

图 1.1 自然的可能状态及状态依存价格

图 1.1 最右边的一列定义为支付空间，即所有可能的支付。由此，一个证券就可以由它在各个可能的状态下的支付 $y_1,\cdots,y_S$ 来定义，也就是说支付空间中的一个向量 $y=[y_1,\cdots,y_S]^T$ 也就定义了一只证券。

在实际中，证券往往代表对实物资产或者其支付的要求权。比如说，在 Lucas 树的例子中，树在好的状态下支付 200 而在坏的状态下支付 50。我们可以把代表树的所有权的证券叫做股票，它代表实物资产也就是树所产生的支付的要求权，这样的证券也叫做金融资产。金融资产的支付来自于它的标的实物资产（Underlying Assets）。在 Lucas 树的例子中，股票的支付在好的状态下是 200，在坏的状态下是 50。

考虑一个简单的证券例子：无风险债券。所谓无风险债券是指这样一种证券，它的支付是一个正常数，与未来实现的状态无关。假设它的支付为 1，无风险债券有如下支付：

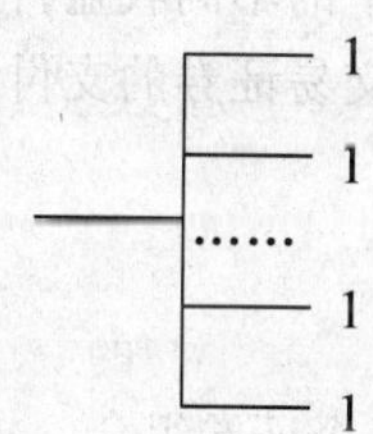

如果将自然状态刻画为连续变化的，此时证券在未来的支付就是一个随机变量。为了与确定的变量区别，我们在字母头上加上波浪记号"~"表示一个随机变量，比如在前面所举的例子中，我们可以将股票的期末价格记为 $\tilde{Y}$，这同样表示股票的未来价格是一个不确定的值，这个值可能为 $y_1,\cdots,y_S,\cdots$，等等。如果最终出现的自然状态是 s，相应地该股票的价格为 y_s，在概率论里 y_s 称为 $\tilde{Y}$ 的一个实现值或者样本。

上面对金融证券的描述有这样三个含义：①它的支付只取决于未来的实际经济状况。②它的支付是外生给定的，不受经济中参与者行为的影响。③所有参与者都知道可能状态的集合和不同状态下的支付。这即是说这里的金融要求权是证券化的，对于参与者来说是公共知识(Common Knowledge),这就排除了信息不对称对参与者行为的影响,并将不考虑那些两个对手私下签订的、非证券化类的要求权,只局限于证券形式的金融要求权。于是在这样的框架下,金融市场就简化为证券市场。

1.3.2 市场结构

假设市场中总共有 N 只可供交易的证券,用小写的 n 表示 n 只证券($n=1,\cdots,N$)中的某一种。记资产 n 在期初的价格为 x_n,而一个 S 维的列向量 $Y_n=[y_{1n},\cdots,y_{Sn}]^T$ 就是证券 n 的支付向量,$n=1,\cdots,N$。这样做的同时已经包含了许多经济学上的假设:①价格可以用正实数来表示,而不是像实际生活中那样,证券的价格都有一个最小货币计量单位;②市场上只有一种大家都接受的价格,而不是像日常交易中往往存在多种价格;③价格是正实数而不考虑有非正价格的证券。不过以下的讨论对价格是否为正并无特别要求,尤其是一个证券组合的价值可能就不是正的。在我们今后的理论中,证券与证券组合已经没有本质的区别。

按照前面的假设,经济中有 N 种资产,这 N 种资产的期初价格列向量为:$X=[x_1,\cdots,x_N]^T$。而经济在期末有 S 种状态,因此所有 N 种资产未来的价格向量就是如下的支付矩阵:

$$Y=(Y1,Y2,\cdots,YN)=\begin{pmatrix} y_{11} & y_{12} & \cdots & y_{1N} \\ y_{21} & y_{22} & \cdots & y_{2N} \\ & \cdots\cdots\cdots\cdots & & \\ y_{S1} & y_{S2} & \cdots & y_{SN} \end{pmatrix}_{S\times N}$$

这是一个 $S\times N$ 的矩阵,其列向量表示每种资产在未来的 S 种状态下的不同收益,行向量表示每种状态下 N 种资产的不同收益。这个矩阵定义了市场中所有交易证券的支付,我们也把支付矩阵称为市场结构。

1.3.3 证券组合

现在来考虑投资组合。我们把一个对各种证券持有量的集合称为一个证券组合(security portfolio),或者简称组合。可以有三种不同的方法表示一个证券组合,分别是:用各个证券的持有份数、持有金额和持有金额的权重来表示。

设一个组合对证券 n 的持有量为 θ_n 份($n=1,\cdots,N$),可以用持有量 $\theta\equiv(\theta_1,\cdots,\theta_N)^T$ 来定义这个组合。在 θ_n 不为零的时候,参与者的禀赋也包括他所拥有的初始证券组合所带来的未来支付。也就是说,每个参与者的 1 期禀赋中应该包括通过第 0 期持有的证券组合所带来的支付。这样的 n 维向量 θ 称为投资(或证券)组合或投资策略。这里各种证券所取的份数可以为正,可以为零,也可以为负,为负就表示卖出相应份数的该证券。因此,本书没有对组合的头寸做出非负限制,当然这也是为了讨论方便。

此外,我们可以用各种证券的投资金额来表示证券投资组合,用一个 n 维向量:$a = (a_1, a_2, \cdots, a_N)^T$ 来表示,这里 a_n 表示买入资产 n 的投资金额。为了处理方便,假设这些 a_i 都可以是任意实数,同理,当 a_i 是负数时,这里的买入其实是卖出。其投资总成本为 $W_0 = a_1 + a_2 + \cdots a_n = \sum_{i=1}^{n} a_i$。我们还可以用证券组合中各种证券所占证券组合初始价值的份额来表示一个证券组合。如果初始投资成本 $W_0 \neq 0$,于是可以使用规范化的投资权重向量 $w = (\omega_1, \omega_2, \cdots, \omega_n)^T$ 来表示该组合,其中 $\omega_i = a_i / W_0$。显然,有 $\omega_1 + \omega_2 + \cdots \omega_n = \sum_{i=1}^{n} \omega_i = 1$。今后 θ、a 和 w 都是表示一个投资组合,可以根据需要和使用方便来选取适当的表示方式。

当投资于一个证券组合时,需要考虑这个组合的收益支付和收益率。显然,一个投资组合的收益支付等于每种资产的支付之和,也即可以表示为每种资产上的投资金额与该种资产的收益率相乘再加总。

1.3.4　交易过程

给定可交易的证券,我们还需要描述交易是如何进行的。比如根据交易场所和寻找交易对手方式的不同可以分为交易所交易和柜台交易;根据提供流动性方式的不同又可以分为报价驱动(Quote - driven)和委托驱动(也叫指令驱动,Order - driven),传统的报价驱动市场上由做市商提供流动性,而在指令驱动市场上流动性则由连续双向拍卖(Continuous double auction)交易机制下的限价指令(Limit orders)提供。这些具体的交易制度和交易过程被称为市场微观结构,它会对资产价格的形成产生一定的影响。在此,我们只简单地认为无论市场采取什么样的微观结构,所有参与者对证券的需求都等于他们当期对证券的供给也即证券的持有量。

记 $X = [x_1, \cdots, x_N]^T$ 为交易证券的当前价格列向量。除了特别说明以外,价格都是以当时的消费品为单位的。令 $\theta_k(X) = [\theta_{k,1}(X), \cdots, \theta_{k,N}(X)]$ 表示参与者 k 在价格向量 X 下对证券的需求量。令 $\bar{\theta}_k = [\bar{\theta}_{k1}, \cdots, \bar{\theta}_{kN}]^T$ 表示参与者 k 的初始的证券组合,也就是交易前的证券组合。将所有参与者的初始证券求和就是市场中所有可交易证券的集合,也就是证券的总供给 $\sum_{k=1}^{K} \bar{\theta}_k$,我们也把这个组合叫做市场组合。

对于不同的价格水平,所有参与者提交他们对于证券的需求,交易系统找到一个价格向量使得所有证券的总需求等于这些证券的总供给:

$$\sum_{k=1}^{K} \theta_k(X) = \sum_{k=1}^{K} \bar{\theta}_k \tag{1.1}$$

市场根据这个价格 X 完成参与者之间的交易,这就是市场出清价格,此时供给等于需求。因此,上面这个式子也被称为市场出清条件。

除了交易过程外,价格还与其他因素有关,比如市场的参与成本、交易成本、参与者头寸限制、税收,等等。这些因素被称为“市场摩擦”,在实际操作中这些因素显得尤为重要,正是这些市场摩擦创造了盈利机会,也因此催生了众多的金融机构和金融创新。不过,由于本书讨论的是基本框架,我们也可以借鉴弗里德曼的工具主义,让我们假设是在一个没有摩擦的经济中对资产价格的决定以及资源配置进行讨论。具体而言,这些假设如下:

(1)所有参与者都可以无成本地进入市场;

(2)没有交易成本;

(3)对于参与者的证券持有量没有头寸限制;

(4)个体参与者的交易不会影响证券价格;

(5)没有税收。

满足这些假设的证券市场通常叫做无摩擦市场,或者完美市场。

1.4 基本经济模型

现在我们已经对将要分析的经济的基本模型有了一个完整的描述,在此我们对其进行一个总结。

定义 1.2 一个经济的定义如下:

(1)有两个时期,0 和 1,在 1 期有 S 种可能的状态。对于这些状态有概率测度 P。经济中只有一种不可储存的商品。

(2)经济中有 K 个参与者($k=1,\cdots,K$):

每一个参与者对未来状态发生的可能性都有相同的信息,由 P 描述;

每一参与者拥有禀赋 e_k;

每一参与者有满足于公理 1.1 ~1.3 的偏好;

(3)有一个市场结构为 X 的无摩擦市场。

作为以上经济的一个特殊情况,我们引入如下定义:

定义 1.3 在上面的经济中,如果所有参与者的 1 期禀赋都可以表示为其初始证券组合的支付,我们称这样的经济为证券市场经济。

为了简化起见,我们在以后的讨论中有时会局限于证券市场经济的情况。

在本书的绝大部分分析中,我们将用这样的经济作为参照。有时,为了需要我们可能会对这个经济的某些方面进行修改或者扩展,比如对参与者的偏好的进一步假设和不确定性下的期望效用函数等,到时我们会明确指出这些修改的条件。

1.5 市场均衡

本章为我们所要分析的经济建立了一个简要而严格的描述。对经济的外部环境我们用一个简单的模型来刻画资源配置中的两个关键因素——时间和风险:通过一个 2 期模型刻画时间,通过未来的不同经济状态来刻画风险。接下来,我们描述了经济中的参与者,特别是他们占有的资源以及他们的经济需求。最后,我们描述了参与者通过交易来配置资源以满足其需求的渠道——证券市场。有了这个框架,我们已经可以分析参与者的最优投资组合选择及其所带来的后果。

通过证券市场进行的资源配置过程可以看成是通过两个方面的相互影响来完成的。一方面,给定交易证券的未来支付和当前价格,参与者选择最优的证券持有量并得到其最优支付,使其效用最大化,当然参与者对持有量的选择取决于证券价格;另一方面,参与者对证券的需求会共同影响证券的价格,这个价格应该是使得对该证券的需求恰好等于对它的供给,此时市场也达到了均衡。这也是经典的微观经济学的内容,不同的是这里我们是对不确定的资产进行定价。下面我们分别就这两个均衡条件进行描述:

1.5.1 参与者最优化

假设参与者持有的最优证券组合为:$\theta=[\theta_1,\theta_2,\cdots,\theta_N]^{\mathrm{T}}$,其中 θ_n 是组合中第 n 只证券的持有量。这里我们对证券的持有没有卖空限制,也就是说 θ_n 可以为负。我们来看该证券组合要满足什么条件。

假设该参与者的禀赋为 e,为了简便起见,也不失一般性,我们省略了脚标 k。如果该参与者不在市场上进行交易,那么他只能消费他的禀赋,此时得到的效用为 $U(c)=U(e)$。对于大多数参与者来说,这可能不是他最想要的结果。因为通过在证券市场上用自己的禀赋进行交易,可以扩大自己的消费集,从而提高自己的效用。比如他可以购买组合 θ,使其消费变为:

$$c_0=e_0-X^{\mathrm{T}}\theta,c_1=e_1+Y\theta \tag{1.2}$$

通过购买组合 θ,参与者可以用一个市场化的支付来改变他的当前和未来消费。这个消费计划就叫做由交易 θ 融资的消费计划。而购买组合 θ 所需要的成本可以认为是参与者 0 期的储蓄。如果储蓄是负值,可以认为是去借钱即借贷。如果给定禀赋 e,那么 θ 就决定了消费计划 c。需要强调的是,当前如果购买了某个证券组合,那么该证券组合是不能直接用于消费的,证券组合不属于经济中的唯一消费品。只能持有到 1 期后得到该证券组合的市场化支付,该支付才是用经济中唯一的消费品来表示的,才可以用于消费。而参与者的禀赋是以消费品为单位的、可以直接消费的。因此从效果上看，如果购买证券组合的成本大于0，就等于减少了当前消费而增加了未来消费。

(1.2)式构成的非负消费集合就是此时参与者可以选择的消费计划集，我们称之为参与者的预算集。既然参与者可以从他的预算集中选择任意一个消费计划，他将选择给予他最高效用的那一个。这个选择可以由下面的最优化问题表示：

$$\max_{\theta_k} U_k(c_k)$$
$$s.t.\quad c_{k0}=e_{k0}-X^{\mathrm{T}}\theta_k,\ c_{k1}=e_{k1}-Y\theta_k \tag{1.3}$$
$$c_{k0},c_{k1}\geqslant 0$$

其中$k(k=1,\cdots,K)$表示对每个参与者都成立。上述最优问题的解给出了每个参与者对证券的需求量θ_k，这里θ_k表示每个参与者持有的证券组合。可以知道求解结果得出的θ_k应该是参与者的禀赋和证券价格的函数，记为：$\theta_k(e_k,X)$。

同时，注意到最优消费和最有投资是一一对应的，一旦确定了一组最优的投资组合，那么当前剩余的可用于消费的禀赋和未来可以消费的金额也就确定了，因此该最优问题也可以等价地写为求解使得效用最大化的消费问题，即：

$$\max_{c_k} U_k(c_k)$$
$$s.t.\quad c_{k0}=e_{k0}-X^{\mathrm{T}}\theta_k,\ c_{k1}=e_{k1}-Y\theta_k \tag{1.4}$$
$$c_{k0},c_{k1}\geqslant 0$$

本书的前面几章我们更关心人们的最优配置问题，因此可能更多地采用式(1.4)的求解形式。在本书的第7、8章我们将把重点放到人们对投资组合的选择上，因此那里将采用(1.3)的求解形式。

1.5.2 市场出清

回忆(1.1)中的市场出清条件，那里证券需求之和$\sum_{k=1}^{K}\theta_k(X)$等于初始证券供给之和$\sum_{k=1}^{K}\bar{\theta}_k$。但是，如果我们将初始证券认为是参与者第1期的禀赋，不考虑初始证券存量的供给，而只是关注参与者在证券的交易需求，此时所有投资者的数量加总肯定是零和的。因此我们可以简单假设参与者的初始证券持有量$\bar{\theta}_k=0$，对任何k都成立，参与者只有禀赋而没有持有初始证券组合。现在市场出清条件就变为：

$$\sum_{k=1}^{K}\theta_k(e_k,X)=0 \tag{1.5}$$

由参与者的最优解和市场出清条件，就可以决定此时市场的均衡价格。

我们将(1.5)式进一步分析。因为 $c_{k0}=e_{k0}-X^{\mathrm{T}}\theta_k(e_k,X)$,因此由证券市场出清条件即可得到:

$$\sum_{k=1}^{K} c_{k0} = \sum_{k=1}^{K} e_{k0} - X^{\mathrm{T}} \sum_{k=1}^{K} \theta_k(e_k,X) = \sum_{k=1}^{K} e_{k0} - 0 = \sum_{k=1}^{K} e_{k0}$$

上式左边表示所有参与者 0 期的消费需求之和,右边表示所有参与者 1 期的禀赋之和也就是消费的总供给。同理有:

$$\sum_{k=1}^{K} c_{ks} = \sum_{k=1}^{K} e_{ks}, \quad s = 1,\cdots,S$$

也就是说参与者在未来某个状态下的总消费等于那个状态下所有参与者的总禀赋之和。因此证券市场的出清也意味着商品市场的出清。

综上我们可以看出,金融市场可以将财富在当前和未来之间以及未来各种状态之间进行转化,个体参与者通过购买证券及其证券组合可以实现自己的最优化,而整个社会也可以实现资源的最优配置。但是需要注意的是,当个体参与者在进行一项金融交易的时候,都必须要有一个其他参与者来跟前者做一笔相反的交易。比如个体 A 将自己在当前确定的 1 块钱,换取未来某个状态 s 下的 2 块钱,当然未来这个钱是不确定的,只有当状态 s 发生的时候才能得到 2 块钱。现在看起来似乎当前的社会总禀赋少了 1 块钱,而未来 s 状态下的总禀赋多了 2 块钱。然而这个交易必须要有一个对手,也就是说,一定另外有一个人 B 用未来 s 状态下的 2 块钱禀赋来换取当前确定的 1 块钱消费。总的来看,当前经济中的总禀赋没有改变,未来各个状态下的总禀赋也没有改变。

因此,消费品和财富只是在参与者之间进行转移,但是对于整个市场结构来说,0 时期和 1 时期的总禀赋是不能转化的,1 时期的各个状态之间的禀赋也都是外生给定的。所有参与者在当前和未来的总消费都不能超过那时的总禀赋。参与者只能通过交易改变自己的消费时间和结构,提高自己的效用,并使得资源重新配置。

我们可以将上面的市场出清条件一起合写为:

$$\sum_{k=1}^{K} c_k = \sum_{k=1}^{K} e_k$$

所以我们求解均衡价格的过程也可以分为这两步:先通过最优化问题求出个体的最优证券组合,然后通过市场出清得到证券的均衡价格。以后我们可以看到,证券价格取决于经济面临的风险,经济中参与者的偏好和禀赋,以及证券市场的结构。

而要进一步分析实际配置过程以及它所带来的结果,则要从对市场总体均衡提出 Arrow - Debreu 经济入手,分析参与者的投资选择如何决定均衡时的证券价格和资源配置。这些内容我们在本书的第 2 和 4 章中再进一步阐述。特别地,由于配置过程是通过证券市场完成的,证券价格扮演了指导个体参与者和整个经济的配置以及平衡市场等至关重要的角色,因此我们将重点放在证券价格是如何决定的这个问题上。我们将如何决定证券价格的问题称为资产定价。

本章小结

本章首先对经济结构做一个总体性的描述，包括三方面：外部环境、经济中的参与者和金融市场。

其中经济的外部环境所包含的两个要素是时间和风险。我们假设经济有0、1两个时期，并用自然状态的发生概率表示风险。经济中只有一种不可储存的商品。

经济中有K个参与者，每个参与者的经济特征包括他的经济资源和经济需求两方面。每个参与者具有初始禀赋e_k，对未来状态发生的可能性拥有相同的信息，每个参与者具有定义于消费集上，且符合不满足性、连续性和凸性公理的偏好，并可以用一个效用函数来描述此偏好。

金融市场由一组证券组成，其支付只取决于未来的实际经济状态并且是外生的，参与者对证券支付概率分布的认识具有一致性，市场结构为X并且无摩擦。

市场均衡必须满足两个条件：每个参与者各自最优化其证券需求量和市场出清。

习题

1. 考虑一个经济，它在1期有3种可能的状态，市场中有2个证券，其支付分别为：$Y_1=[1;2;3]$和$Y_2=[0;1;1]$，他们的当前价格分别为x_1和x_2。

(1)请描述这个经济的状态空间。

(2)写出这个经济的市场结构矩阵Y。

(3)如果某投资者持有θ_1份的证券1，θ_2份的证券2，写出这个组合的支付向量以及价格。

(4)如果市场中总共有K个参与者，每个参与者的禀赋都是1单位的证券1和2单位的证券2，写出此时的市场组合。该市场组合的支付向量是什么？总价值呢？

2. 在练习1的经济中，如果有一个参与者，其禀赋为$[100;0;0]$，也就是当前有100单位的禀赋，未来没有任何禀赋，请写出他的预算集。如果他的禀赋变为θ_1单位的证券1和θ_2单位的证券2，此时其预算集是什么？

3. 仍然考虑练习1的经济。如果我们将证券$Y_3=[1;0;1]$引入经济中，它的当前价格为x_3。参与者的禀赋是θ_1单位的证券1，θ_2单位的证券2，以及0单位的证券3，此时参与者的预算集是什么？证明由证券1，2，3构成的预算集包含仅仅由证券1，2构成的预算集。

4. 考虑一个在1期只有一个可能状态的经济，也就是说在这种情况下经济不存在不确

定性。参与者1的0期禀赋为100,1期禀赋为1。假设参与者的效用函数可以表示成如下形式:

$$U(c_0,c_1)=2\sqrt{c_0}+2\rho\sqrt{c_1}$$

系数ρ表示参与者在当前消费和未来消费之间的相对偏好系数,通常在[0,1]区间。假设有一只证券,其0期价格为1,1期固定支付为$1+r_F$。

(1)如果该参与者不能在市场上进行交易,那么他的消费计划以及相应的效用U是多少?

(2)假设他可以在市场上交易,他的预算集是什么?如果以当前消费为单位,他的总财富是多少?

(3)写出他可以参与市场交易时的最优化问题,求解他的最优消费/储蓄选择以及显示的效用,并讨论参与者的最优选择如何依赖于利率r_F和时间偏好系数ρ。

2 Arrow - Debreu 经济

经济均衡的达到涉及两个方面，首先是给定某个储蓄水平下的最优投资组合选择问题，这将得到给定投资金额之下的最优投资组合和期望效用；其次是最优消费问题，即求解当前的最优消费和储蓄各占总财富的多少，以此得到全局的效用最大化。虽然这两个问题从本质上都是个人最优化问题的解，即一个硬币的两面，比如给定最优消费选择我们自然就可以得出此时的最优投资组合，但是在不同的关注和侧重点下我们可以得到更多丰富的结论。比如从本章开始到第 4 章，我们更关注的都是个人最优配置问题，也就是他究竟会在什么样的消费计划上达到最优，而将投资组合的选择问题留到第 7、8 章进行重点探讨。为了分析更加方便，本章引入一个特殊的证券市场结构——Arrow - Debreu 证券市场。这个市场结构简单且易于分析，并且还可以作为我们今后对更一般的市场进行分析时的基础。在介绍了 Arrow - Debreu 证券市场和状态价格之后，我们介绍了完全市场的概念。接下来分析参与者在消费计划上的最优化问题，最后结合市场出清条件得到市场均衡。

回顾第 1 章的最优化问题(1.3)。如果市场有两个或以上参与者，此时通过二人的证券和商品市场出清条件(两人在各期各状态下的消费加总等于该状态下的总禀赋)，我们可以得出证券的价格；如果市场上的证券多于 1 只，那么就是求解一个证券价格向量 X。这个方法是完全可行的，事实上我们这样做了以后均衡问题就完全解决了，即通过最大化个人在整个跨期的效用，首先得到了个人在当前消费和储蓄(投资)之间的最优分配比例，也即最优配置。同时这些最优消费和投资又都是证券价格的函数，由于价格会影响参与者的投资选择，当然参与者的投资选择也会对价格施加影响，此时均衡状态的达到也是证券价格均衡的实现，即此时没有人觉得哪种证券更贵从而买得更少或哪种证券更便宜从而买得更多，市场必定没有人再交易了，于是证券和商品市场都应该出清。从这些出清条件最终可以得到每种证券的价格。但是，从每种证券价格入手有一个问题，就是求解的过程会很麻烦，特别是当状态比较多的时候，而且这样做的过程不容易看到问题的本质。另外，根据上述过程，我们还要首先找出能构成完全市场的一组证券，如何寻找这些证券也不一定非常明了。

综上，这里引入一个工具：Arrow - Debreu 证券，看看如何用它来代替现实市场中已有的证券来求解均衡问题。

2.1 Arrow－Debreu 证券市场与状态价格

现在让我们先看什么是状态或有证券。由我们的证券市场经济框架,一个证券是由它的 1 期支付所定义的,而 1 期的支付又是 1 期状态的函数。现在我们定义一组简单证券,它们的支付在某个状态下为 1 而其他状态都是 0,即所谓的状态或有证券。

定义 2.1 状态 s 或有证券(State－Contigent Securities)是指当状态 s 出现时,该证券的支付为 1,而在其他状态下支付为 0 的证券。

因此,状态 s 或有证券具有如下形式的支付分布:

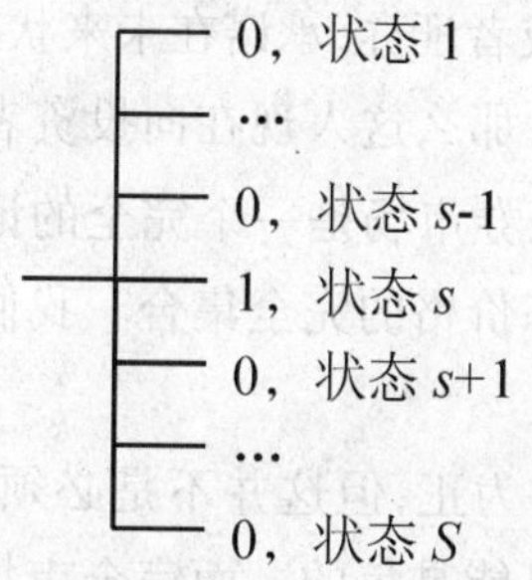

例 2.1 假设一个 Lucas 树经济在 1 期有两个可能状态。我们可以有如下两种状态或有求偿权(即状态或有证券):

状态 1 或有证券: (1, 0)　　　状态 2 或有证券: (0, 1)

因此对于每一个状态,我们可以定义相应的状态或有证券。对于 S 个状态的经济,我们一共可以有 S 个状态或有证券。这些状态或有证券也叫做 Arrow－Debreu 证券,因为最先是阿罗(Arrow)和德布鲁(Debreu)为了证明一般均衡而引入这种证券的概念的,有时我们也将其简称为 A－D 证券。由所有可能的状态或有证券即它们的完全集合所构成的证券市场,叫做 Arrow－Debreu 证券市场。在这个市场中,不同证券的个数等于可能的状态数,即 $N=S$。如果按照对应状态来排列状态或有证券,那么由他们给出的支付矩阵是一个单位矩阵形式的市场结构:

$$Y^{A-D}\equiv\begin{pmatrix}1 & 0 & \cdots & 0\\ 0 & 1 & \cdots & 0\\ \cdots & \cdots & \cdots & \cdots\\ 0 & 0 & \cdots & 1\end{pmatrix}_{S\times S}=I$$

由前面的完全市场的定义，可以容易地知道，Arrow－Debreu 证券市场是完全市场，因为可以用 A－D 证券的组合生成任意形式的支付，也即为任意未来消费计划融资。所以 A－D 证券市场是完全市场。

现在来看什么是状态价格。所谓状态价格，就是状态或有证券在 0 期的价格（以经济中唯一的消费品为单位），也就是在未来某一种状态下有 1 单位（比如说 1 块钱）支付而在其他状态发生时支付为 0 的证券的当前价格。注意这个定义有两个关键，其一是“某一种状态”，其二“当前价格”：因为未来可能有 S 种状态，而这 1 元财富或者支付只是这 S 种状态中的某一种情况下的支付，而如果其他状态出现时支付为 0；此外，“状态价格”并不是指未来这种状态下的 1 元钱，而是这 1 元钱的当前价格。

记状态 s 或有证券 $(0,\cdots 0,1,0,\cdots,0)$ 的 0 期价格为 φ_s，φ_s 就是状态 s 的状态价格（State Price）。可以这样来理解：假想有人向投资者出售一种金融契约或者证券，承诺在未来状态 s 出现的情况下支付投资者 1 元，但其他状态出现时没有任何支付，那么这人现在向投资者索取的契约价格即为状态 s 的状态价格 φ_s。由于 Arrow－Debreu 证券市场是一个完全的证券市场，也即我们有了状态或有证券的完全集合，相应地也有了状态价格的完全集合。我们将状态价格向量表示为：$\varphi \equiv [\varphi_1,\cdots,\varphi_s,\cdots,\varphi_S]^T$。

一般的证券价格有可能为负，尽管在实际中证券的价格通常为正，但这并不是必须的，证券的价格取决于它的支付，而支付可能为负，因此证券价格有可能是负的。而完全市场中状态价格的一个重要性质是它们必须是正的。也就是说参与者在 0 期必须要支付一个正的价格，才能够得到 1 份状态或有证券。这也比较自然，因为凭我们的直觉，状态或有求偿权的支付总是非负的并且在某个状态下严格为正，因此它的当前价格也应该为正，否则就会出现“免费的午餐”。在第 5 章套利定价中将看到这些内容，这个直觉是对的。

2.2 完全市场

考虑市场上的证券支付满足 $rank(Y)=N=S$ 的特殊情形。在这种情况下，Y 是一个秩为 S 的可逆方阵。此时的证券市场结构有一个重要的性质，那就是：可以用该市场上的这些证券或它们构成的证券组合来为任意的未来消费计划融资，也就是说有这些证券支付可以生成任何形式的支付。一个证券市场的有效性与它能在多大程度上为不同的消费计划融资是紧密相连的，当证券市场结构满秩时，它提供了最大的灵活性，可以生成任何形式的未来消费或支付。我们称这种市场是完全的（Complete）。

定义 2.2 如果市场的任意有限消费计划都可以通过有限成本的可交易证券的组合来融资，那么就称这个证券市场是完全的。

定理 2.1 当且仅当具有独立支付的证券数等于状态数时证券市场是完全的。

在这种情况下，我们称经济中的不确定性可由市场中的证券生成。

从数学上讲，定理 2.1 很简单，说的就是空间 R^S 中的任意一个向量都可以由 R^S 中的 S 个线性无关的向量组表示出来。

很明显，不是每个证券市场都是完全的。我们看一个简单的例子。

例 2.2 考虑例 1.1 中的 Lucas 树经济。假设证券市场中只有一种无风险债券可以交易，债券的支付是：

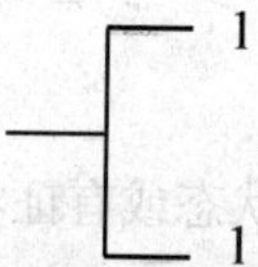

假设参与者对如下的支付和消费计划感兴趣：

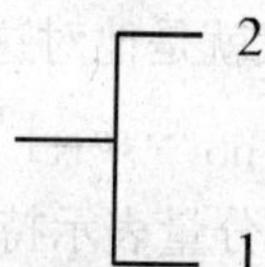

也就是，在状态 a 消费为 2 在状态 b 消费为 1。而仅由债券构成的交易证券组合不能提供所希望的消费计划，因此只有无风险证券构成的市场是不完全的。

思考：在例 2.1 中，如果此时证券市场中存在如下两只 A－D 证券，情况又会如何呢？

1　　0
0　　1

于是，让我们假设证券市场中有如下两只证券，市场是否又是完全的呢？

现在，我们就假设参与者是在这样的 Arrow－Debreu 证券市场中进行资源配置和投资组合选择，也就是说，个人的禀赋和消费都可以用 A－D 证券来表示，并且个人可以投资的证券对象就是这些 A－D 证券，而不是通常的债券或者股票等。这样做的好处是可以暂时把比较繁琐的证券选择问题放在一边，去关注更为简单直观的 A－D 证券的选择问题，求解此时个人最优消费/投资选择下的 A－D 证券组合，并且通过证券市场的出清得到所有 A－D 证券的价格，也即状态价格。而由于市场的完全性，我们可以通过 A－D 证券将市场中的各

种现实证券如股票和债券等线性表出,或者说生成,最终便可以得到股票等证券的价格和实际持有量。由此看出,A-D证券完全是人为引入的,它的作用类似于通往最终证券选择问题的一个桥梁,接下来我们就看看在这种特殊的证券市场中的最优化问题。第4章我们就将顺着该桥梁推广到一般情况下的均衡问题。由于不完备市场下市场可能无法达到帕累托最优,所以本章以及下一章的内容都是在完全市场的条件下展开。

2.3 参与者最优化

给定 Arrow-Debreu 证券市场以及状态或有证券的价格,现在我们分析每个参与者的优化问题。考虑一个参与者,他的禀赋为 e,效用函数为 U,这里我们把个体参与者的脚标省略了,我们可以假定他们都是理性人,都遵从同样的优化选择条件。给定市场中交易的状态或有证券,我们可以认为参与者的1期禀赋就是他对这些证券的初始持有量。比如,如果某个参与者拥有一个1期的禀赋向量 $e_1=[e_{11},\cdots,e_{1S}]^{\mathrm{T}}$,这相当于他持有一个初始A-D证券组合 $\bar{\theta}=[e_{11},\cdots,e_{1S}]^{\mathrm{T}}$,其中 $\bar{\theta}$ 中的每个分量表示持有多少份的该状态的A-D证券。该证券组合的1期支付就等于参与者的1期禀赋。

这里,A-D证券组合复制了给定的支付 e_1。由状态价格的定义,该组合 $\bar{\theta}$ 的市场价值为 $\varphi^{\mathrm{T}}\bar{\theta}$(这里 $\varphi\equiv[\varphi_1,\cdots,\varphi_s,\cdots,\varphi_S]^{\mathrm{T}}$),而且可以在市场上进行交易。这就允许我们为参与者的禀赋赋予一个市场价值:

$$w=e_0+\varphi^{\mathrm{T}}e_1 \tag{2.1}$$

w 叫做参与者的财富(Wealth),就是他的总禀赋用当前的金融财富衡量的总市值。当然,这样做的前提是存在完全的或有状态证券的集合。如果不是A-D证券市场或者市场不完全,那么有一些支付不能用交易证券的组合进行复制,也就不能用证券的价格给禀赋一个市场价值。

在A-D证券市场中,我们可以设想一个参与者把他的禀赋兑换为总额为 $w=e_0+\varphi^{\mathrm{T}}e_1$ 的现金,然而再用这些现金购买当前的消费 c_0 以及最优状态或有证券组合 θ 来得到未来的消费 $c_1=\theta$。此时个体的预算约束条件为:

$$c_0+\varphi^{\mathrm{T}}c_1=w=e_0+\varphi^{\mathrm{T}}e_1 \tag{2.2}$$

如果我们定义一个扩展的状态价格向量:$\hat{\varphi}=\begin{bmatrix}\varphi_0\\ \varphi\end{bmatrix}$,这里 φ_0 可以认为是1单位0期消费品的价格,可以知道 $\varphi_0=1$。利用 $\hat{\varphi}$ 把(6.4)式重写为:

$$\hat{\varphi}^{\mathrm{T}}(e-c)=0$$

此时消费集 C 由 $1+S$ 维正实数空间构成。与第1章的最优化问题类似,此时的最优化问题为：

$$\begin{aligned}&\max_{c\in C} U(c)\\ s.t.\quad &\hat{\varphi}^{\mathrm{T}}(e-c)=0\\ &c\geqslant 0\end{aligned} \tag{2.3}$$

该优化问题是有解的，也就是最优消费以及投资组合问题是存在的。为方便起见，我们假设参与者的效用函数都是可微的。这里我们没有特别强调效用函数是期望效用函数，对于一般的效用函数，本章的结论都成立。在下一章，我们将特别针对参与者的期望效用函数来讨论完全市场中的均衡价格和最优资源配置问题。

细心的读者可能已经发现，这里的最优化问题(2.3)和第1章的一般情况下最优化的形式(1.3)不太一样，在那里我们求解的最优变量是组合选择，而这里则是求解最优的消费。其实，这两种形式的表达本质上是一样的，两者说的都是如何在现有的预算集约束条件下通过证券组合的选择达到参与者效用最大化时的消费，而此时最优消费对应的证券组合当然也就是最优的投资组合。因此，它们是一个问题的两种表示方法而已，这从两者相互可以表出也能够得到证实：$c_0=e_0-X^{\mathrm{T}}\theta$ 和 $c_1=e_1+Y\theta$。由于我们这里更多的是关注消费而不是投资，因为投资组合的选择对象在这里是理想化的 A - D 证券，因此等以后我们转向关注现实世界中的证券选择时可以采用类似(1.4)式的求解最优投资组合的问题，现在我们的最大化问题多是以最优消费作为求解变量。

由不满足公理，可以知道$\partial_0 U>0,\partial_s U>0,\forall s\in S$。其中$\partial_0 U$是效用函数对0期消费的偏导数，$\partial_s U$是效用函数对1期状态 s 下消费 c_0 的偏导数，也就是说，$\partial_0 U$ 和$\partial_s U$是0期和1期状态 s 下消费 c_{1s} 的边际效用。他们表示某一时期某一状态下增加1单位消费所得到的效用。偏好的不满足性意味着消费的边际效用为正，也就是：

$$DU=\begin{bmatrix}\partial_0 U\\ \partial_1 U\\ \vdots\\ \partial_S U\end{bmatrix}\gg 0$$

(2.3)式的最优化问题是一个带约束条件的最大化问题，需要最大化的目标函数为参与者的效用函数，约束条件为参与者的预算约束以及消费的非负约束。在参与者的最优化问题中，如果达到最优时非负约束不起限制作用，那么最优解就是内部解，否则叫做边界解。对于内部解，我们可以去掉非负性约束只保留预算约束。在本章以及以后的章节中，为了简便起见，我们都假设解为内部解，其结论可以同样扩展到边界解的情形。

假设只存在内部解的情况，并且 $DU\gg 0$，那么问题的解满足以下一阶条件：

$$\begin{aligned}&\partial_i U=\lambda\varphi_i,\ i=0,1,\cdots,S\\ &\hat{\varphi}^{\mathrm{T}}(e-c)=0\end{aligned} \tag{2.4}$$

其中系数 $\lambda(\lambda>0)$ 对应于预算约束，它叫做拉格朗日乘子，可以由一阶条件(2.4)确定，(2.4)式的解也就是最优化问题(2.3)的解。

通常一阶条件只是最优化问题的必要条件，最优化问题应该还要考虑二阶条件。这里由于凸偏好得到的效用函数是凹函数，因此最优条件的二阶条件是满足的，所以我们仅仅考虑一阶条件就可以了。

例2.3　考虑一个两期两状态经济，1 期有两个概率相等的状态 a 和 b，假设 1 期的两个可能状态的状态价格为 φ_a 和 φ_b。考虑一个参与者，他的禀赋为 $\begin{bmatrix} e_0 \\ e_{1a} \\ e_{1b} \end{bmatrix}$，他的效用函数形式为 $U(c_0,c_{1a},c_{1b})=\log c_0+\frac{1}{2}(\log c_{1a}+\log c_{1b})$，求他的最优消费和投资组合选择。

解：给定状态价格和他的禀赋，他的总财富是 $w=e_0+\varphi_a e_{1a}+\varphi_b e_{1b}$，他的最优化问题是：

$$\max_{c_0,c_{1a},c_{1b}} \log c_0+\frac{1}{2}(\log c_{1a}+\log c_{1b})$$

$$s.t.\quad c_0+\varphi_a c_{1a}+\varphi_b c_{1b}=w=e_0+\varphi_a e_{1a}+\varphi_b e_{1b}$$

其一阶条件为：

$$\frac{1}{c_0}=\lambda$$

$$\frac{1}{2}\cdot\frac{1}{c_{1a}}=\lambda\varphi_a$$

$$\frac{1}{2}\cdot\frac{1}{c_{1b}}=\lambda\varphi_b$$

我们可以得到最优消费计划的解为：

$$c_0=\frac{1}{\lambda},c_{1a}=\frac{1}{\lambda}\frac{1}{2\varphi_a},c_{1b}=\frac{1}{\lambda}\frac{1}{2\varphi_b}$$

将最优消费的解 c 代入预算约束，可以将 λ 解出来：$\lambda=\frac{2}{w}$。

最后可以将最优消费写为参与者的财富和状态价格的函数：

$$c_0=\frac{1}{2}w,c_{1a}=\frac{1}{4}\frac{w}{\varphi_a},c_{1b}=\frac{1}{4}\frac{w}{\varphi_b}$$

可以看出，消费者将一半财富作为当前 0 期的消费，将另一半财富用于购买 A-D 证券留到未来 1 期消费。未来某个状态下的消费与该状态的状态价格负相关。这也很自然，因为状态价格高说明该状态下的消费较贵，参与者在这些状态下选择较低的消费。

以上我们是对单个参与者来讨论的，为了简便我们省略了脚标。但是这个最优问题的求解过程是对所有参与者都成立的，是一个一般化的结论。如果我们考虑经济当中的所有

K 个参与者,他们的最大化问题及一阶条件都是相同的。我们可以把所有参与者的一阶条件写为:

$$\partial_0 U_k(c_k) = \lambda_k \varphi_0 = \lambda_k$$
$$\partial_s U_k(c_k) = \lambda_k \varphi_s$$

其中 $k=1,\cdots,K,s\in S,\lambda_k$ 由参与者 k 的预算约束决定。因此:

$$\frac{\partial_s U_k(c_k)}{\partial_0 U_k(c_k)} = \varphi_s \tag{2.5}$$

(2.5)式是在 A - D 证券市场中进行交易的参与者达到最优化的条件,它的含义是:当达到最优化时,参与者 1 期状态 s 下消费的边际效用与 0 期消费的边际效用之比等于该状态的状态价格。正如本章一开始所提到的,对参与者来说在金融世界里的选择与微观经济学类似,均衡时边际效用之比都等于商品价格之比,只是这里在不同时期和状态间转移消费也是无差异的。否则就可以通过减少(增加)当前消费同时增加(减少)未来消费而增加自己的效用,这说明他原来并没有达到最优。我们在第 4 章也将用到这个参与者消费和组合选择的最优条件。

2.4 市场均衡

上一节我们对参与者的最优消费和组合问题进行了求解,接下来我们要分析市场和经济的均衡。在第 1 章里我们说明了市场均衡的两个方面:参与者达到最优化和市场出清。A - D 证券市场的均衡价格由下面两个条件给出:

(1)给定状态价格,每个参与者达到最优化:

$$\max_{c_k(e_k,\varphi)} U_k(c_k)$$
$$s.t.\quad c_{k0} + \varphi^{\mathrm{T}} c_{k1} = e_{k0} + \varphi^{\mathrm{T}} e_{k1}$$

(2)证券市场出清:

$$\sum_k c_{k0}(e_k,\varphi) = \sum_k e_{k0}$$
$$\sum_k c_{k1}(e_k,\varphi) = \sum_k e_{k1}$$

对于存在 Arrow - Debreu 证券市场的经济来说,均衡总是存在的。下面我们考虑均衡的性质。由于均衡时参与者根据市场价格选择最优的消费和组合计划,他在 1 期任何状态下的相对边际效用等于状态价格,并且参与者是在市场出清条件的价格下达到的最优。由(2.5)式我们有:

$$\frac{\partial_s U_k(c_k)}{\partial_0 U_k(c_k)}=\frac{\partial_s U_k{}'(c_k{}')}{\partial_0 U_k{}'(c_k{}')}=\varphi_s,\forall k,k',s \tag{2.6}$$

也就是说在任何状态下,所有参与者的相对边际效用都是一样的。这个性质比较直观,在某个状态下如果有两个参与者的相对边际效用之比不同,那么至少对其中一个参与者来说条件(2.5)不成立,而这意味着该参与者没有达到最优。这与均衡的假设条件矛盾。

例2.4　考虑一个两期两状态经济,1 期有两个概率相等的状态 a 和 b。假设经济中有参与者 1 和 2。他们具有的禀赋分别为:

e_1: 10 —— 0 / 0　　　e_2: 0 —— 20 / 10

假设两个参与者的期望效用函数都是 $U(c)=\log c_0+\frac{1}{2}(\log c_{1a}+\log c_{1b})$,并且市场上存在一组完全的状态或有证券可以交易。求这个经济的均衡价格。

解:我们对这个经济均衡的分析从给定证券价格下参与者的最优化问题开始。记状态价格向量为:$\begin{bmatrix}\varphi_a\\ \varphi_b\end{bmatrix}$。我们可以定义每个参与者的财富为 $w=e_0+\varphi_a e_{1a}+\varphi_b e_{1b}$。此时的最优化问题与例 9.1 中是一样的。由例 9.1 我们知道此时的解为:

$$c_{k0}=\frac{1}{2}w_k,\quad c_{k,1a}=\frac{1}{4}\frac{w_k}{\varphi_a},\quad c_{k,1b}=\frac{1}{4}\frac{w_k}{\varphi_b},\quad k=1,2$$

此时参与者的财富为 $w_1=10,w_2=20\varphi_a+10\varphi_b$。

均衡价格由市场出清决定,也即两个参与者 0 期的消费之和等于他们在 0 期的禀赋之和,他们在 1 期各个状态下的消费之和也应该等于在那个状态下的禀赋之和:

$$c_{10}+c_{20}=e_{10}+e_{20}\Rightarrow\frac{1}{2}w_1+\frac{1}{2}w_2=10\Rightarrow\frac{1}{2}\cdot 10+\frac{1}{2}(20\varphi_a+10\varphi_b)=10$$

$$c_{1a}+c_{2a}=e_{1a}+e_{2a}\Rightarrow\frac{1}{4}\frac{w_1}{\varphi_a}+\frac{1}{4}\frac{w_2}{\varphi_a}=20\Rightarrow\frac{1}{4}\frac{10}{\varphi_a}+\frac{1}{4}\frac{20\varphi_a+10\varphi_b}{\varphi_a}=20$$

$$c_{1b}+c_{2b}=e_{1b}+e_{2b}\Rightarrow\frac{1}{4}\frac{w_1}{\varphi_b}+\frac{1}{4}\frac{w_2}{\varphi_b}=10\Rightarrow\frac{1}{4}\frac{10}{\varphi_b}+\frac{1}{4}\frac{20\varphi_a+10\varphi_b}{\varphi_b}=10$$

均衡的价格解为 $\varphi_a=1/4$ 和 $\varphi_b=1/2$。

之所以同样形式的状态或有证券的当前价格会有所不同,是因为状态价格是一个经济含义很丰富的变量,它不仅包含了经济状态发生的概率,也包含了每种经济状态下的风险,即某个状态下经济中总禀赋的多少。这就是为什么形式相同的支付(1;0)和(0;1)的当前价格会有这么大的差别,因为状态价格是包含了风险和资源稀缺性的,在第 4 章我们将会更加清楚地了解这个问题的答案。

这里可以得到参与者 1 的财富为 10,参与者 2 的财富也为 $w_2 = 20\varphi_a + 10\varphi_b = 10$。因此参与者 2 和参与者 1 的财富相同,虽然他们的禀赋是不同的。最终我们可以得到经济的均衡配置 $c_1 = c_2$,都是 $5 \begin{cases} 10 \\ 5 \end{cases}$。由于两个人的财富和偏好都是相同的,所以他们的消费计划也相同。也许你会觉得奇怪,为什么两个人的禀赋情况相差这么多,但是财富却是相同的呢?这是巧合还是蕴藏了什么深刻的道理呢?我们将这个问题留到本章的习题中。

从以上讨论可以看出,一个完全的、无摩擦的 Arrow - Debreu 证券市场这个条件对于所有参与者边际效用之比相等的达到是多么重要,因为参与者之间如果相对边际效用不相等,都会有交易需求产生,而状态或有证券为这些交易提供了理想的工具,因为它可以为任何想达到的状态融资。当市场出清时,交易完全匹配。在均衡价格下,所有参与者的需求得到满足,没有人希望再进行交易。如果某些证券不存在、市场不完全,或者有些证券存在交易成本,那么一般来说参与者之间的相对边际效用是不相等的。

此外,证券市场的配置效率也是我们关心的一个核心问题。虽然通过证券市场有助于资源配置的改善,但通过市场实现的资源配置是否就是最好的呢?尽管均衡时每个参与者都选择了最优消费计划并得到了均衡证券价格,但这是否就一定会使得最后的配置在参与者之间是最优的呢?在经济学中,我们用效率来衡量资源配置的最优性,而具体的评判标准就是是否能够进行帕累托改进,以达到帕累托最优配置(Pareto Optimal)。所谓帕累托改进,就是重新将资源进行配置后能够增加至少一个参与者的效用,但是该改进的实现必须是在不损害其他参与者的福利或者使用更多资源的情况下完成的。而帕累托最优配置就是说在不牺牲其他参与者的福利下不能再改进任何一个人的福利。

福利经济学第一定理指出,完全的、无摩擦的证券市场使得参与者可以达到资源在不同时期和不同状态下的帕累托最优配置。也就是说,对 Arrow - Debreu 证券市场经济来说,均衡达到的配置也是帕累托最优的。这个结果为证券市场所达到的资源配置作用和它的效率提供了理论基础。这个定理的证明可以简单地以反证法来得到:假设另有一个配置比最优解配置能给经济中的至少 1 个人提供更高的效用,同时其他人的效用都不会减少,那么该配置用状态价格换算成当前的财富价值后一定比最优配置的要高。但是在给定经济中的总禀赋不变的情况下,当前的总财富值也是一定的,因此在现有预算约束下更高效用的配置其实是不可能达到的。

那么福利经济学第一个定理要求的完全的、无摩擦的市场在现实中是否可行呢?所谓完全市场,也就是说经济中要存在尽量多的支付无关的证券,这样才可以尽可能地覆盖我们的外生不确定状态。其一个问题是,现实中的证券支付之间都具有一定程度的相关性,不会完全独立,那么如何用独立支付的证券构造完全证券市场呢?其实,只要证券期末支付之间不是完全的相关,我们总可以通过现有证券构造出独立支付的证券。另外,我们也可以通过金融工具的创新得到一些具有很好性质的证券,比如可以通过期权来构造一个蝶式差价组合,而该期权组合的支付非常类似于一个 A－D 证券。因此,大家看到华尔街花样繁多的金融创新,很多时候就是为了可以改变期末支付现金流的状态,为人们提供更多的选择。

而无摩擦这个条件具体来说包括:①充分竞争;②没有信息不对称;③没有外部性。虽然这三个条件在现实中可能都不容易满足,但至少为我们指明了努力的方向。比如要解决第 1 个问题当然就是要建立完善自由的市场经济,减少壁垒和行政垄断等。第 2 和第 3 个问题的解决就是要引入外部解决机制,通常各国是通过政府来实现的,当然政府解决这两个问题的效果和方式也一直是经济学家们探讨的话题。最后,即使这三个条件都满足了,也只能保证配置在现有禀赋分配格局下是最优的,但并不一定是最公平的,比如下面这个例子:

例 2.5　仍然以例 2.4 为例。在那里我们得到了两人的最优化问题的解。现在我们比较两个参与者一开始的禀赋以及通过 A－D 市场达到的配置,分析其效用的变化。

假设一开始两人的禀赋为 A,如果没有市场,那么两人的禀赋即为两人的消费配置:

k_1 : 10 — (0, 0)　　k_2 : 0 — (20, 10)

而通过市场交换和重新分配,两人的最优消费/投资配置如下,我们设为 B:

k_1 : 5 — (10, 5)　　k_2 : 5 — (10, 5)

根据两人的效用函数计算可得,配置 A 下两人各自的效用分别为 1 和 1. 15,而配置 B 下两人的效用都为 1. 55,可以发现两个人都有了改进,并且通过市场达到了各自的最大效用。但是,如果一开始的情况我们设定得极端一点儿,比如两人的禀赋不是 A,而是 A':

k_1 : 0 — (0, 0)　　k_2 : 10 — (20, 10)

也就是说在这个初始禀赋的分配中第一个人什么都没有,第二个人则拥有了经济中的全部禀赋,那么这个时候经济的帕累托最优配置是什么呢? 答案就是该禀赋本身,也就是说虽然这时候有了完全的无摩擦市场,但是因为第一个人没有任何资本来跟市场中的其他人进行买卖,所以他也不可能帕累托改进,或者说如果他有任何改进的话必定是第二个人有所损失也就是损害到了他人的利益。这个结果听上去有些沉重,而这似乎又正是各个国家正在发生的事情,即贫富差距拉大、阶级分化明显。通常这个问题也是通过引入政府来解决,在完全竞争的市场条件下,政府用各种收入分配的调节措施改变个人之间禀赋的初始分配状态,其余的一切就可以由市场来解决,这也就是福利经济学第二定理的内容。

在下一章我们对个体的效用函数进行更具体的描述后，第 4 章将在本章的基础上，讨论比 Arrow－Debreu 证券市场更为一般的情形，包括股票债券等现实证券（而不只是 A－D 证券）的最优选择问题和均衡配置的达到，代表性投资者以及一般均衡下的基于消费的资本资产定价模型。

本章小结

本章在第 1 章的框架之上，对经济中的证券市场进行了特殊假设，并在这种特殊情况下再来分析第 1 章的消费/资产选择以及定价问题。首先对状态或有证券，以及由状态或有证券构成的市场——Arrow－Debreu 证券市场进行了定义。

其次，如果市场中的任一有限消费计划都可以通过有限成本的可交易证券的组合来融资，那么这个证券市场就是完全的。Arrow－Debreu 证券市场就是一个完全市场。

在 Arrow－Debreu 证券市场经济下，我们可以方便地求出此时参与者的最优消费/投资选择，以及此时的均衡资产价格。同时，福利经济学第一定理告诉我们，完全的、无摩擦的证券市场使得参与者可以达到资源在不同时期和不同状态下的帕累托最优配置。当然，有效的配置不一定是公平的，我们将这个问题留到第 4 章探讨。

习题

1. 考虑如下经济，在 1 期有两个可能状态 a 和 b：

（1）描述所有 Arrow－Debreu 证券的支付向量。

（2）如果经济中的一个参与者有如下形式的禀赋，请将其禀赋表示成 A－D 证券组合的形式：

$$0 \begin{cases} 1 \\ 2 \end{cases}$$

（3）假设状态 a 和状态 b 或有证券的价格分别为 φ_a 和 φ_b，请计算参与者的金融财富，并写出他的预算集。

2. 在例 2.3 中，如果两个人的禀赋分别为：

$$e_1: 20 \begin{cases} 0 \\ 0 \end{cases} \qquad e_2: 0 \begin{cases} 20 \\ 10 \end{cases}$$

（1）此时两个人的最优消费各自是多少？

(2)此时两人的财富各自为多少。为什么第2个人的禀赋并没有变化,但是财富却发生了变化?

(3)如果将两个人的禀赋改为

$$e_1: 10 \begin{cases} 0 \\ 0 \end{cases} \qquad e_2: 10 \begin{cases} 20 \\ 10 \end{cases}$$

此时两个人的财富又分别是多少?最优消费呢?

(4)从上面的几个例子中你能得到什么结论?

3. 在求解出清条件时,为什么1期的出清条件是1期不同状态下的出清,而不是整个1期加总的出清?

4. 尽管经济有S种状态,但某个参与者最终的实际禀赋或者实际消费都只有某一种状态是实现了的,但是为什么求解该禀赋或者消费的当前价值要写成$\varphi^{\mathrm{T}}e_1=\varphi_1e_{11}+\varphi_2e_{12}+\cdots+\varphi_Se_{1S}$或者$\varphi^{\mathrm{T}}c_1=\varphi_1c_{11}+\varphi_2c_{12}+\cdots+\varphi_Sc_{1S}$的形式呢?

5. 均衡价格和消费之间究竟是谁决定了谁?

3 期望效用函数与风险厌恶

经济学是研究人类社会如何配置稀缺资源以及如何在不同的人和时间之间分配财富的科学。而金融经济学的分析对象，是经济个体在不确定环境中的行为，以及这些行为对金融资产价值的决定作用，因此我们必须理解选择的目标和方法。为什么会在不确定的世界中进行决策呢？因为本书关注的不是实物资产的资源配置，而是金融资产的选择。所谓金融资产是相对于实物资产而言的，它们都是一些与实物关系不大的合约或证券，但是都能以钱来结算。人们持有金融资产的目的不是想从使用这些商品的过程中得到一种满足或者说获得使用价值，而是希望能在未来创造更多的价值。但是投入的钱是当前确定的钱，产出的却是未来不确定的钱。因此人们面临的基本决策问题就是未来不确定的钱在当前究竟值多少钱。本章我们将要讨论不确定下的选择目标和选择方法，将这两者结合起来就可以得到不确定下的最优决策理论，这是金融经济学的基础。

均衡分析依赖于经济的具体特征，因此我们需要对经济结构作出一些假设。比如我们可以对偏好、市场中的风险以及市场结构等几方面作出假设，本章我们从参与者的偏好开始。在第 1 章中我们已经假设参与者的偏好满足 3 个基本条件：不满足性、连续性和凸性，这使得我们能够用递增和凹的效用函数来表示偏好。为了对效用函数的具体形式和性质有更多的结论，本章首先对偏好施加了更多的约束条件，得到了经典的期望效用函数。接下来我们介绍了风险态度的定义，并从个体的风险厌恶假设探讨了期望效用函数与风险态度之间的关系，最后我们给出了风险厌恶投资者所具有的几种典型的期望效用函数形式。

3.1 期望效用函数

3.1.1 期望效用函数形式

第 1 章我们在解释了偏好满足的几个性质（自反、传递、完全性）和公理（不满足性、凸性、连续性）后，由微观经济学中效用函数的存在性定理，存在连续、单调的（序数）效用函数 U(·)，使得：

$$c_1 \geqslant c_2 \Leftrightarrow U(c_1) \geqslant U(c_2) \tag{3.1}$$

这个效用函数不是唯一的，任何 $U(\cdot)$ 的正单调变换得到的函数也都是同一偏好的效用函数，它较方便地表现了参与者对消费计划的排序。

我们即可以使用符合规则(3.1)的序数效用函数展开进一步研究。不过，使用一般的序数效用函数对个体在不确定世界中的行为进行分析并不方便。在不带不确定性的一般经济均衡的讨论中，经济活动者的行为是通过对他的效用函数的最大化来决策的，这里对于消费者的效用函数是他所消费的商品数量的函数，而对于生产者的效用函数是他的生产计划（同样用商品来表示）的函数。在存在不确定性的一般经济均衡的讨论中，这里商品数量是未定的随机变量，即它们的大小依赖于不确定的状态。如果仍然用原来的效用函数，那么由于此时效用函数的值也是状态依存的随机变量，人们将无法直接通过效用函数的值来决策。在这种情况下，人们希望对这样的效用函数求均值，数学上讲就是"期望"，以此来比较效用的大小。

这种效用函数就是金融经济学上通常使用的一种特殊的效用函数——冯·诺伊曼—摩根斯坦（von. Neumann - Morgenstern）效用函数（v. N - M 效用函数），或者称为"期望效用函数"。以后本书将同时使用这两个名字。如果个体的 v. N - M 效用函数存在，那么他在一种消费计划上的效用等于他在该消费计划的各种确定结果上的效用的数学期望：

$$U(c) \equiv E[u(c)] = \sum_{s \in S} p_s u_s(c_0, c_{1s}) \tag{3.2}$$

$U(\cdot)$ 是建立在不确定的随机消费上的效用函数，比较抽象；$E(\cdot)$ 表示数学期望，而 $u(\cdot)$ 是定义在确定财富上的效用函数，称 u 为 v. N - M 效用函数或期望效用函数。其中未来一共有 S 种可能的状态，状态 s 出现的概率为 p_s，个体在当前 0 期的消费是确定的 c_0，在未来 1 期获得的消费是依状态而定的 c_{1s}。(3.2)式定义的期望效用函数满足一般的效用函数的基本规范(3.1)，此外(3.2)式还是一个很有用的性质。如果偏好可以用期望效用函数表示，它就明确地表示了不同状态的概率分布如何影响消费计划的总效用。比如线性形式的效用函数就把偏好中的概率与个人对消费的喜好明确地分开，前者是外生的、共同的，而后者是因人而异的。

但是在什么情况下会存在满足(3.2)式的效用函数呢？除了第 1 章的公理 1.1 ~ 1.3 几个一般性的效用函数的存在条件，我们还需要一个关键假设：

公理 3.1（独立性公理）如果消费计划 $c_1 \geqslant c_2$，并且 c_1 与 c_2 在某种状态下有着相同的消费路径 x，那么如果将 x 换成 y 仍然可以得到 $c_1 \geqslant c_2$。

也就是说，考虑两个消费计划 c_1 和 c_2，假设它们相应于状态 s 的消费都是 x，如果 $c_1 \geqslant c_2$，那么 c_1 肯定是在其他状态比 c_2 提供了更多的消费，如果我们把 x 换成 y，那么 c_1 和 c_2 之间的偏好关系保持不变。这条独立性公理又被称为"替代性公理"，它是说 c_1 与 c_2 的排序不受其他可能性的影响。当经济中引入一个额外的不确定消费计划，不会改变原来的偏好，即不同状态下消费得到的效用之间是"独立"的。

在理论上我们可以认为独立性公理成立，因为每一个消费路径与一个可能的状态对应，各状态之间是互斥的,一个状态的发生即意味着其他状态没有发生。表面上看起来它是很自然的,但是它受到获得1988年诺贝尔经济学奖的阿莱(Allais)的强烈质疑。这一点我们稍后再介绍。

独立性公理是效用函数具有期望效用形式的必要条件,下面的定理说明它也是期望效用函数存在性的充分条件:

定理3.2(冯·诺伊曼—摩根斯坦效用函数存在定理,Debreu)如果定义在消费集 C 上的个体偏好满足公理1.1~1.3以及公理3.1,那么在 C 上存在满足(3.2)式的v. N-M效用函数 $u(\cdot)$。并且除了 $u(\cdot)$ 的一个仿射变换外,$u(\cdot)$ 还是唯一的。

期望效用函数的直观解释是:不确定状态下的消费得到的效用是每一种可能状态下消费路径得到的效用的加权平均,权重是相应的状态发生的概率。

期望效用函数的推广也十分自然。比如更一般地考虑金融市场时,个体在1期的不确定消费可能取一个连续区间的某一个值,即 $\tilde{c}_1$ 是一个随机变量($a \leqslant \tilde{c}_1 \leqslant b$)并且 $\tilde{c}_1$ 的概率分布密度函数为 $p(x)$,则个体的v. N-M期望效用函数就是:

$$E[u(c_0,\tilde{c}_1)] = \int_a^b u(c_0,c_1)p(x)dx$$

或者说,如果 $\tilde{c}_1$ 的分布密度函数为 $F(x)$,$F'(x) = p(x)$,那么:

$$E[u(c_0,\tilde{c}_1)] = \int_a^b u(c_0,c_1)dF(x)$$

由上式可以知道,两个消费计划,如果它们有相同的分布,则它们有相同的期望效用。这说明个体选择消费计划时,他的目标应该落在消费计划的概率分布上。而要注意的是两个分布函数相同的消费计划,在某个状态 s 发生时可以有完全不同的消费规模。这正是概率论中的一个重要事实:随机变量具体取哪一个值并不重要,重要的是随机变量取这个值的概率,或者说重要的是随机变量的分布。

3.1.2 附加假设:状态独立和时间可加

(3.2)式中的期望效用函数具有一般形式,但是我们希望可以将它进一步简化。这一小节我们列出几个常见的简化假设,这是为了能在参与者的最优消费/组合选择,以及均衡的证券价格等问题中得到比较具体的结论。

首先是期望效用函数的状态独立假设(State Independent)。在期望效用的一般形式中,每个消费路径的效用可能是状态依赖的,也就是说相同的消费路径在不同的状态下可能得到不同的效用。比如在晴天户外运动与雨天进行户外运动得到的效用是不同的(假设户外运动也是一种消费)。但是我们可以用另外的模型来刻画这种情况,比如我们可以将阳光也认为是一种消费,而雨天可以认为是阳光的一种负消费。那么扣除掉阳光的消费后,户外运动的消费在状态之间应该是没有区别的。因此我们可以假设存在一个状态独立的效用函数。注意这里的状态独立与前面的偏好的独立性公理是不同的。那里是说各个状态之间消费所得到的效用是没有关系的，某个状态下的消费不影响其他状态下消费路径之间的偏好关系；而期望效用函数的状态独立指的是某个状态下的消费所获得效用与这个状态究竟是什么是没有关系的。

这样一来，我们的期望效用函数(3.2)可以写为如下形式：

$$U(c) = \sum_{s\in S} p_s u(c_0, c_{1s}) \tag{3.3}$$

(3.3)式与(3.2)式的区别是(3.3)式中的效用函数 $u(\cdot)$ 没有了脚标，意思是此时的效用与状态 s 无关了。

其次是时间可加性(Time Addictive)。在(3.3)式中，给定消费路径的效用函数 $u(c_0, c_{1s})$ 具有的一般形式。在这种形式下，1 期消费得到的效用也依赖于 0 期的消费，反之亦然。这听起来似乎不能理解，今天消费得到的效用怎么会跟明天消费多少有关系呢，或者明天消费得到的效用又怎么会和今天消费多少有关系呢？事实上这也不是没有道理的。如果是实物商品的消费，这样的例子很多，比如今天吃了麦当劳明天再吃胃口就会下降；或者如果喜欢吃辣的食物，今天吃辣椒会使得未来更想吃辣的食物。如果把实物消费换成财富或资源，这种例子也有，比如问一个人当前消费 1 万元会给他带来多少效用，他的答案也许会说不一定，因为这得看他未来能消费多少。如果未来他还能消费 1 万元，那么当前消费 1 万元的效用可能很高；如果未来只能消费 1 千元，那么当前消费带给他的效用也许就会低一些；如果未来失业根本没有财富进行消费，那么当前消费 1 万元的效用就更低。在这里，为了简单起见，我们假定个体在 0 期和 1 期消费的效用之间没有影响，也就是假设个体效用函数具有时间可加性：

$$u(c_0, c_{1s}) = u_0(c_0) + u_1(c_1)$$

也就是说个体从一个消费路径得到的效用等于各期消费得到的效用之和。在时间可加条件下，可以把期望效用函数(3.3)进一步写成如下形式：

$$U(c) = u_0(c_0, c_{1s}) + \sum_{s\in S} p_s u_1(c_{1s}) \tag{3.4}$$

(3.4)式就是具有状态独立、时间可加性质的期望效用函数。有时为了方便和进一步简化，还可以假设两个时期的效用函数形式是一样的，只不过 $u_1(\cdot)$ 就是 $u_0(\cdot)$ 乘以一个系数 $\rho(\rho>0)$：

$$u_0(c_0) = u(c_0),\quad u_1(c_1) = \rho u(c_1),\quad \rho > 0$$

系数 ρ 是为了刻画不同时刻、相同消费水平之间的差异，我们把它叫做时间偏好系数。通常 ρ 的取值是大于 0 小于等于 1 的。如果 $\rho=1$，则参与者不关心消费的时间性，说明他有足够的耐心；如果 $\rho<1$，那么对于相同水平的消费，消费得越晚带给他的效用越低，也就是参与者希望越早消费越好，说明这样的参与者是缺乏耐心的。由于在这种情况下，推迟 1 期消

费的效用就降低 $1-\rho$ 倍。在这种形式的效用函数下，期望效用函数就变为：

$$U(c) = u(c_0) + \rho \sum_{s\in S} p_s u(c_{1s}) \tag{3.5}$$

这样一来，效用函数就把偏好的 3 个影响因素分离开来：①每一种消费状态发生的概率，由 $P=\{p_s, s\in S\}$ 给定；②消费的时间性，由时间折现系数 ρ 来表示；③定义在确定消费和财富上的效用，由函数 $u(\cdot)$ 来表示。

需要指出的是，期望效用函数仅仅满足一般的效用函数的基本规范(6.1)，但它本身没有总效用函数 U 的序数性(Ordinal)，而是具有基数性(Cardinal)。也就是说，如果对 U 进行任意正单调变换，所对应的消费计划的排序保持不变，U 的绝对值大小并不重要。然而这点对于期望效用函数并不成立，一般来说，如果对期望效用函数进行一个正单调变换，就有可能改变其对消费计划的排序。

例 3.1 假设有两个可能状态，发生的概率相等。对如下消费计划进行排序：

消费计划 1：1 —— 1 / 1　　消费计划 2：1 —— 2 / 0

注意这里的二期二叉树模型描述的是消费计划，而不是证券的当前价格及其未来支付。

考虑如下的期望效用函数描述的偏好：

$$u(c_0) + \frac{1}{2}\left[\frac{1}{2}u(c_{11}) + \frac{1}{2}u(c_{12})\right]$$

假定效用函数的形式为：$u(c)=\sqrt{c}$，那么由消费计划 1 和 2 得到的效用分别为 $1\frac{1}{2}$ 和 $1+\frac{\sqrt{2}}{4}$，结果是消费计划 1 比消费计划 2 好；如果我们对效用函数做一个正单调变换，令 $v(c)=[u(c)]^2=c$，这时由消费计划 1 和 2 得到的效用是相同的，都是 $1\frac{1}{2}$，就是说消费计划 1 和 2 是无差别的。因此，在两种不同的效用函数形式下，期望效用的排序是不同的，因此期望效用函数不具有序数性，但是具有基数性，也就是说在评价一个消费计划时，由不同消费水平得到的相对效用值十分重要。虽然期望效用函数不具备正单调变换不变的性质，但是在一个正的线性变换下(仿射变换)还是保持不变的。

3.1.3 期望效用函数的局限性：阿莱(Allais)悖论

期望效用理论是分析不确定性的最基本的工具。但是，关于这个理论长期以来一直存在一些争议，因为它建立的基础是我们假定的一些公理。尽管这些公理看上去比较符合人类行为的规范，可是人的思想和行为是复杂的，当人们面临实际问题的不确定性时，他们的行为往往与那些公理不符。其中受到质疑最多的是独立性公理。独立性公理是说，引入一个额外的不确定消费计划,不会改变原来的偏好,即不同状态下消费得到的效用之间是"独立"的。下面我们要根据独立性公理推出矛盾,这就是著名的阿莱悖论。考虑以下两组赌局:

赌局A:参与者有100%的概率获得1万元

赌局B:参与者有10%的概率获得5万元,89%的概率获得1万元,1%的概率获得0

如果请你在赌局1和赌局2中选择一个,你会选择什么呢?将你的答案先记下来,然后再在下面的两个赌局中挑一个:

赌局C:参与者以11%的概率获得1万元,89%的概率获得0

赌局D:参与者以10%的概率获得5万元,以90%的概率获得0

这时你的选择又是什么呢?

绝大多数人在A、B中会选择A,并且在C、D中选择C,这些人中既有一般的百姓,也有不少训练有素的经济学家。但是以下我们要证明,同时选择A和C将会违背独立性公理,得出矛盾。我们假设经济中有三个状态,每个状态发生的概率分别为0.1,0.89和0.01,于是这4个赌局可以用我们的第1章的消费计划表示出来:

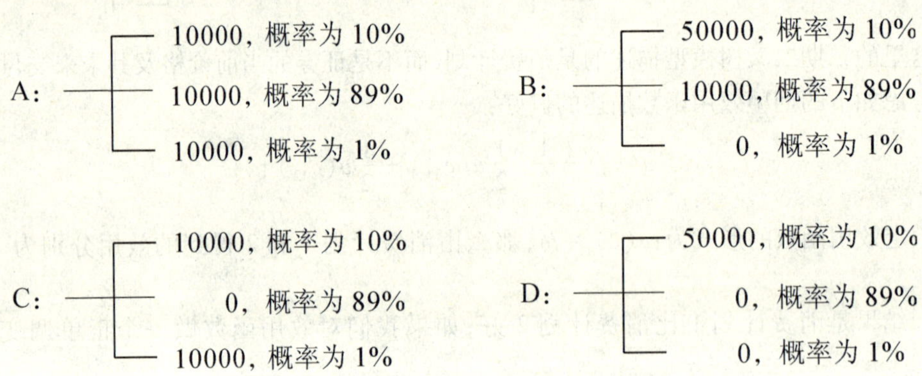

比较A与B,如果参与者认为A > B,那么一定是A比B提供了更高的效用,此时如果把A和B中的某个期末消费支付上的值同时换成另外一个值,根据独立性公理,参与者对这两个新的消费计划的排序应该不变才对。现在在C和D中把A和B的第二个状态下的消费同时变为0,那么参与者仍然不会改变他的选择,应该在C和D中选择C,然而试验证明很多人会转而选择D,这与独立性公理矛盾。

尽管存在一些争议,期望效用理论在分析不确定性经济问题的主流地位仍未动摇,它仍然是金融理论中的标准分析工具。而且原有的期望效用函数经拓展后也可以将上述情况包含进来,因此在涉及个体偏好时的分析都将以期望效用予以描述。

3.1.4 关于财富的效用函数

之前定义的期望效用函数 $u(x)$ 中变量 x 一般来说是指个体的消费物品组合,或者说是一个含有各种消费物品的消费向量。但是由于金融理论感兴趣的主要是个体的投资行为，个体在一定货币收入下的消费和储蓄的选择不是我们这里的研究重点。而且一旦得到了投资问题的最优解，最优消费和储蓄问题就很简单了，我们在第7章的组合选择中还要涉及这个问题。因此，通常可以假设可供消费者消费的“物品”只有一种——货币，这样 x 就只是消费者的货币收益。记 W 是个体的货币收入（财富），则定义效用函数 $v(W)$ 就是个体以收入 W 通过购买最优消费组合所获得的最大效用。

3.1.5　期望效用函数的拓展

正如阿莱悖论中所指出的，(3.5)式的期望效用函数尽管为参与者的偏好提供了相对简洁和丰富的刻画，但是仍然可能与实证观察出现偏离。一种可行的方式是将参与者的心理和行为模式考虑进来，行为金融学探讨的就是这一范畴。当然，我们也可以在期望效用函数的框架下进行拓展，使其更符合一些特殊行为和偏好模式，例如：

$$u_s(c_0,c_1)=u(c_0,c_1)=u(c_0)+\rho u(c_1-hc_0),\quad h\geqslant 0$$

该效用函数反映的是1期的效用不仅取决于当时的消费本身，还取决于相对于前期的消费增量。如果 $h=1$，意味着将来任何相对于现在消费的减少都是不可接受的。这种效用函数说明人们的效用有某种时间不可分离性，或者说习惯性。再比如：

$$u_s(c_0,c_1)=u(c_0-kC_0)+\rho u(c_1-kC_1),\quad 0\leqslant k\leqslant 1$$

这里 $[C_0;C_1]$ 是整个经济的总消费，kC_0、kC_1 则表示0期和1期的人均消费。这个效用函数表示实际效用取决于个体相对于人均消费指数之差，也就是说消费的效用不仅取决于自己的消费，而且还依赖于别人的消费，这也可以看做是状态依赖的一种形式。

总之，效用函数的形式可以是多样的，对应的名称也可以变化，但从原则上讲，它们通常可以包含在我们的基本框架里。作为一个基点，我们在本书中只考虑(3.4)式和(3.5)式中的效用函数形式。

3.2　风险偏好

在以后的内容当中，我们假设个体追求他的期望效用最大化。为了简单起见，如果没有特别说明，当我们说一个效用函数时都是指 v. N－M 期望效用函数。

因为我们处理的是不确定性的经济，因此，了解个体面对风险时的行为特征是很重要的。这一节我们先给出风险偏好的定义，然后分析风险厌恶个体的效用函数及其特征。

3.2.1　公平赌局与风险厌恶

不同的个体对待不确定性的态度可能是不同的：热衷冒险的人会在面对不确定性的过

程中兴奋不已；而有的人却觉得面对不确定的结果对他们来说是一种折磨，从而希望尽力回避风险；还有一些人可能觉得不确定性或者说风险对他们来说无所谓。

我们可以设计一个简单的试验来检验个体的风险偏好。考虑一个赌局，它以概率 π 有一个正的回报 h_1，以概率 $1-\pi$ 获得一个负的回报 h_2。这个赌局称为是公平的，如果它的期望收益为0，也即 $\pi h_1+(1-\pi)h_2=0$。

定义3.1　一个赌局称为是公平的，如果它的期望收益为0，即 $\pi h_1+(1-\pi)h_2=0$。

更一般的，如果我们将这个试验用随机变量来表示，则有如下的公平赌局定义：

定义3.1*　如果一个随机收益 ε 的期望收益为0，方差严格大于0，也就是 $E[\varepsilon]=0$ 并且 $\mathrm{Var}(\varepsilon)>0$，那么 ε 就称为一个公平赌局。

按3.1的定义，公平赌局不改变个体原有的期望收益，但它提供了个体增加或者减少原来收入水平的机会，类似于买彩票。如果一个人拒绝这样的机会，或者不想购买这样的彩票，说明他更喜欢自己原有的确定收益，讨厌这个收益上下波动的风险。如果一个人不放过所有参加公平赌局的机会，喜欢购买这样的彩票，说明他是喜欢和追逐风险的，那么他对风险的态度与前一个人刚好相反。当然还有一些人采取对公平赌局无所谓的态度。下面就对这三类人做出定义：

定义3.2　u 是个体的期望效用函数，W 为个体最初的收入（或财富），如果对任何满足定义3.1的公平赌局，有：

$$u(W)>\pi u(W+h_1)+(1-\pi)u(W+h_2)$$

或：

$$E[u(W)]>E[u(W+\varepsilon)] \tag{3.6}$$

则称个体是（严格）风险厌恶的（风险回避，Risk Aversion），这时他不愿意接受任何公平赌局；如果上式不等号反过来，说明个体总是喜欢接受公平赌局，那么称个体为风险爱好的（Risk Loving）；如果上式变为等号，那么个体认为接不接受公平赌局是一样的，称个体为风险中立（Risk Neutral）。

经验表明，经济个体通常表现出典型的风险厌恶特征，所以我们一般也假设个体是风险厌恶者。

3.2.2　风险厌恶个体的效用函数

定理3.3　个体为风险厌恶（爱好）的充分必要条件是其效用函数为严格凹（凸）函数。

什么是凹函数呢？我们说函数的单调性与函数的一阶微分对应（如果存在的话），而二阶微分如果存在，则其正负号刻画了函数的凹凸性。对任意的 $x_1,x_2\in D, t\in[0,1]$，如果总有 $f[tx_1+(1-t)x_2]\geqslant tf(x_1)+(1-t)f(x_2)$，称 $f(x)$ 为 D 上的凹函数；如果不等号为 $\leqslant$，则称其为 D 上的凸函数。如果不等号严格成立，则称其为严格凹（凸）函数。图(a)和(b)分别显示了一元凸函数和凹函数的图像。

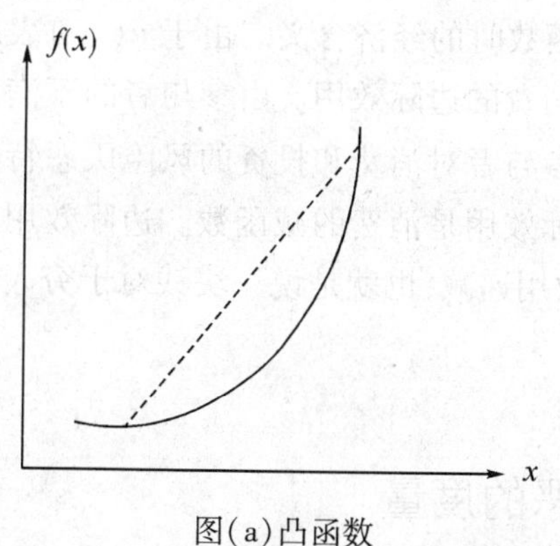

图(a)凸函数

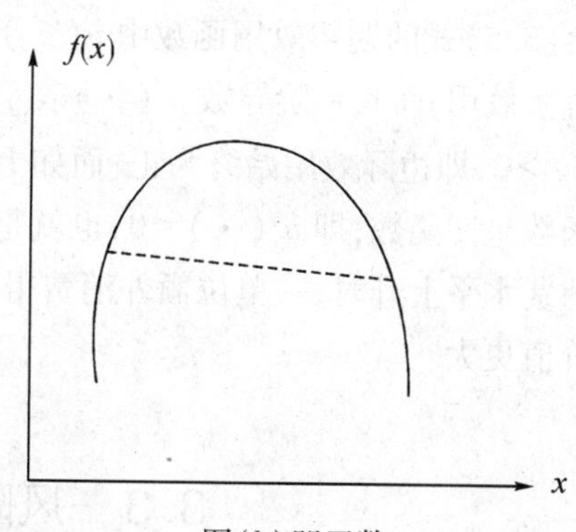

图(b)凹函数

图 3.1 凸函数和凹函数

对于定理 3.3,我们可以如下理解。如果个体是风险厌恶的,则从风险厌恶的定义,有:

$$\begin{aligned}u(W) &= u(W+0) = u[W+(\pi h_1+(1-\pi)h_2)] \\ &= u[\pi(W+h_1)+(1-\pi)(W+h_2)] \\ &> \pi u(W+h_1)+(1-\pi)u(W+h_2)\end{aligned}$$

上述关系说明其效用函数是个严格的凹函数,因此个体是风险厌恶的等价于其效用函数是严格凹函数。这个关系反过来也成立,当个体的效用函数是严格凹函数时,根据风险厌恶的定义,个体就是风险厌恶的。同理可得风险爱好和严格凸函数的等价性。

我们可以借用几何图形来对风险厌恶者的效用函数作更直观地理解。如果个体是风险厌恶的,那么对任何 $\pi \in (0,1)$ 以及 $x, y>0$,

$$u[\pi x+(1-\pi)y] > \pi u(x)+(1-\pi)u(y)$$

不等式右边是个体持有一个消费计划的期望效用,左边是个体拥有这个消费计划的期望收益所得的效用。这就是说,风险厌恶的个体宁愿要消费计划的确定的期望收益,而不愿意要消费计划本身。图 3.2 清楚的表现了这一点。

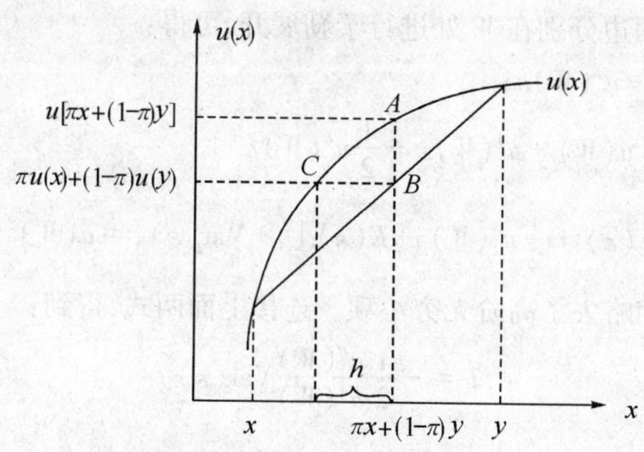

图 3.2 风险厌恶者的效用函数

考察(3.5)式的期望效用函数中 $u(\cdot)$ 为凹函数时的经济含义。由于 $u(\cdot)$ 表示的是消费的直接效用,而其一阶导数 $u'(\cdot)$ 表示的是消费的边际效用。由参与者的不满足性得到 $u'(\cdot)>0$,即边际效用始终为正;而如上所述参与者对消费和投资的风险厌恶特性表明其效用函数是凹函数,即 $u''(\cdot)<0$,也就是说边际效用是消费的减函数。边际效用递减意味着当消费水平上升时,一单位额外消费得到的效用递减,也就是说一块钱对于穷人要比对于富人价值更大。

3.3 风险厌恶的度量

风险厌恶个体总是拒绝公平赌局 ε,这意味着其中的不确定性让他受到损失。如果这个个体向我们报告这个损失的大小,我们就知道了他风险厌恶的程度。当然,我们最好以货币单位衡量这种损失,因为这样便于对不同的个体进行比较:如果个体甲认为接受公平赌局会使他损失 100 块,而个体乙认为接受同样一个公平赌局会使他损失 200 元,那么我们可以认为乙比甲更害怕风险。这种以货币形式度量的不确定性成本称为风险升水或者风险溢价。另外,我们将 $W-h$ 称为公平赌博的确定性等价(Certainty Equivalence)。换一个说法,风险升水也是个体为了回避一项公平赌局所愿意支付的最大金额 h,即:

$$u(W-h)=E[u(W+\varepsilon)] \tag{3.7}$$

在图 3.2 中,h 就是 BC 线段的长度,这也是经济学中的风险溢价的定义。在第 7 章我们会介绍更加常用的金融学里的风险溢价定义,即超额收益。

一项公平赌局风险升水的高低,取决于两个因素,一是公平赌局的收益结构,二是个体对风险的厌恶程度。我们需要把这两个因素分离开来,仅保留反映个体主观因素的部分,以此得到比风险升水更一般的风险厌恶程度的测度。假设某个体是风险厌恶的,开始有一个确定的收入 W,面对一个小风险的公平赌局 ε,并且根据效用函数具有的良好的连续和可微性质,我们将(3.7)的两边分别在 W 处进行泰勒展开,可得:

$$u(W-h)\approx u(W)-u'(W)h;$$

$$E[u(W+\varepsilon)]\approx E\left[u(W)+u'(W)\varepsilon+\frac{1}{2}u''(W)\varepsilon^2\right]$$

$$=u(W)+u'(W)E(\varepsilon)+\frac{1}{2}u''(W)\{[E(\varepsilon)]^2+\mathrm{Var}(\varepsilon)\}=u(W)+\frac{1}{2}u''(W)\mathrm{Var}(\varepsilon)$$

上述泰勒展开我们略去了高阶无穷小项。连接上面两式,得到:

$$h=-\frac{1}{2}\frac{u''(W)}{u'(W)}\mathrm{Var}(\varepsilon) \tag{3.8}$$

等号右边由两部分组成:$\frac{u''(W)}{u'(W)}$ 是体现个体偏好的因素,而 $\mathrm{Var}(\varepsilon)$ 则是公平赌局随机收益的方差，体现不确定性风险。将具体赌局的不确定因素 ε 除去，只留下反映个体主观因素的部分，得到如下的风险厌恶测度：

$$A(W)=-\frac{u''(W)}{u'(W)}$$

$A(W)$ 称为阿罗—普拉特（Arrow－Pratt）绝对风险厌恶系数。一个人的绝对风险厌恶系数越大，表明这个人的风险厌恶程度越高。

为什么可以用 $-\frac{u''(W)}{u'(W)}$ 来度量个体的主观风险厌恶程度呢？从直观上讲，如图 3.3 所示，个体的效用函数曲线向左上方凸得越厉害，他的风险厌恶程度就越高。因为风险厌恶者的效用函数是凹函数，而曲线凸向左上方就表明效用函数是凹函数，所以风险厌恶者总有 $u''\leqslant 0$；另外，$|u''|=-u''$ 刻画的是曲线的弯曲程度，$|u''|$ 越大，曲线弯曲得越厉害，因此 $-u''$ 就已经刻画了个体的风险厌恶程度。不过，根据期望效用函数的性质，期望效用函数在线性的仿射变换下是不变的，而函数 $-u''$ 却在仿射变换下相差了一个常数。因此，如果将 $-u''$ 直接作为风险厌恶的测度，势必出现同一个体可能存在大小不同的多个风险厌恶测度的问题。因此，用 $u'(u'>0)$ 去除 $-u''$，不仅恰好将仿射变换中出现的常数消去，同时还保留了 $-u''$ 中含有的个体风险厌恶程度的信息，由此得到了绝对风险厌恶系数 $A(W)$。

以上定义的风险升水 h 是对不确定性成本的一种绝对货币测量，而不是一种相对测量。在金融理论和实践中，我们往往需要使用相对测度。例如证券投资不是以多大的概率获得多少绝对收益，而是以多大的概率获得百分之几的收益。相应地，我们可以定义（3.7）式的相对收益形式，从而得到个体的相对风险厌恶测度。

将前述赌博和风险溢价以总财富为基数进行调整，便可得到与财富成比例的赌博表达方法 $\varepsilon_R=\frac{\varepsilon}{W}$ 和比例（相对）风险溢价 $h_R=\frac{h}{W}$。人们在小规模赌博（$\varepsilon=W\cdot\varepsilon_R$ 的范围较小）下的风险溢价的表达式（3.7）可以改写如下：

$$u[W(1-h_R)]=E\{u[W(1+\varepsilon_R)]\} \tag{3.9}$$

为了得到相对溢价 h_R 的表达式，可以再次对（3.9）式进行泰勒展开求得。另外，我们也可以直接在（3.8）式两边的 h 和 ε 同时除以初始财富 W：

$$\frac{h}{W}=-\frac{1}{2}\frac{u''(W)W}{u'(W)}\mathrm{Var}(\frac{\varepsilon}{W})$$

这样等式左边就是相对风险溢价 h_R，右边的分子上多了个 W 是因为公平赌局 ε 的相对收益的方差 $\mathrm{Var}(\frac{\varepsilon}{W})$ 会出来一个 $1/W^2$。另一部分 $R(W)=-\frac{u''(W)W}{u'(W)}$ 称为个体的相对风险厌恶系数。

除了风险厌恶系数，还可以定义其他描述个体风险厌恶程度的系数，比如将绝对风险厌恶系数的倒数定义为个体风险容忍系数：$T(W)=1/A(W)$。$T(W)$ 越大 $A(W)$ 越小，表示个体能够容忍的风险越大,即风险厌恶程度越小;反之则个体的风险容忍程度越小,风险厌恶程度越大。

需要注意的是,这里风险厌恶的度量,包括绝对风险厌恶和相对风险厌恶,都是相对于小风险而言的,他们可能不适合参与者面临大风险时的风险厌恶的度量。另外,在定义参与者风险厌恶度量的同时,我们也得到了小风险本身的一个度量,那就是它的方差。方差这个风险度量在我们分析风险对参与者资源配置决策的影响以及证券价格的决定时很有用,但对于更一般的风险,它的适用性就不一定了。这一点我们在第 8 章还要详细阐述。

3.4 几种常见的效用函数

本节介绍几种常见的效用函数。

3.4.1 二次效用函数

二次效用函数的形式如下:

$$u(W)=W-\frac{b}{2}W^2, b>0$$

要验证以上二次函数是否满足一般效用函数的条件,即 $u'(W)>0, u''(W)<0$,我们分别对其求一阶和二阶导数:

$$u'(W)=1-bW$$
$$u''(W)=-b<0$$

为了使得边际效用为非负[$u'(W)=1-bW>0$],必须有 $W<\frac{1}{b}$。

二次效用函数的图形如图 3.3 所示:

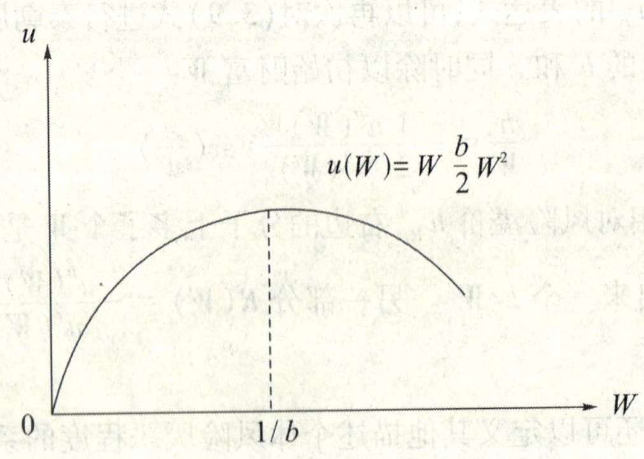

图 3.3 二次效用函数

二次效用函数具有递增的绝对风险厌恶系数：

$$A(W)=\frac{b}{1-bW}$$

对 W 求导后得到：

$$A'(W)=\frac{b^2}{(1-bW)^2}>0$$

这说明个体的阿罗—普拉特绝对风险厌恶系数是其收入 W 的增函数，也就是说收入越高，个体越讨厌风险。

二次效用函数最吸引人的性质是：拥有这种效用函数的个体在投资风险资产时只需要考虑资产的期望收益和方差，并以此为基础得到了证券组合选择理论以及 *CAPM* 定理。

3.4.2 负指数效用函数

负指数效用函数的形式如下：

$$u(W)=-e^{-bW},b\geqslant 0$$

同理我们可以验证其一阶和二阶导数均满足效用函数的条件：

$$u'(W)=be^{-bW}>0$$

$$u''(W)=-b^2e^{-bW}<0$$

负指数效用函数的图形如图 3.4 所示，它是一有上界函数，且无穷大的财富的效用为零。

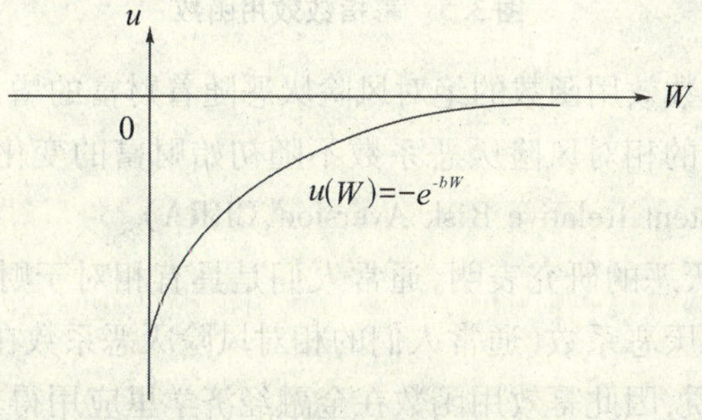

图 3.4 负指数效用函数

如果个体具有负指数效用函数，他对风险的厌恶程度与其收入无关，因为其绝对风险厌恶系数是常数：

$$A(W)=-\frac{u''(W)}{u'(W)}=b,R(W)=-\frac{u''(W)W}{u'(W)}=bW$$

因此，对于负指数效用函数而言，投资者在风险资产上的投资额不随初始收入的变化而变化，其变化的初始收入部分均投资在无风险资产上。因此负指数效用函数具有常数绝对风险厌恶（Constent Absolute Risk Aversion，CARA）。对于一个 CARA 效用函数，相对风险厌恶随着财富的增加而增加。

3.4.3　幂指数效用函数

幂指数效用函数的形式如下：

$$u(W)=\frac{1}{\gamma}W^{\gamma},\quad \gamma<1\text{ 且}\gamma\neq 0$$

对于幂指数效用函数，有：

$$u'(W)=W^{\gamma-1},\quad u''(W)=(\gamma-1)W^{\gamma-2}$$

其绝对风险厌恶系数和相对风险厌恶系数是：

$$A(W)=-\frac{u''(W)}{u'(W)}=\frac{1-\gamma}{W},\quad R(W)=-\frac{u''(W)W}{u'(W)}=1-\gamma$$

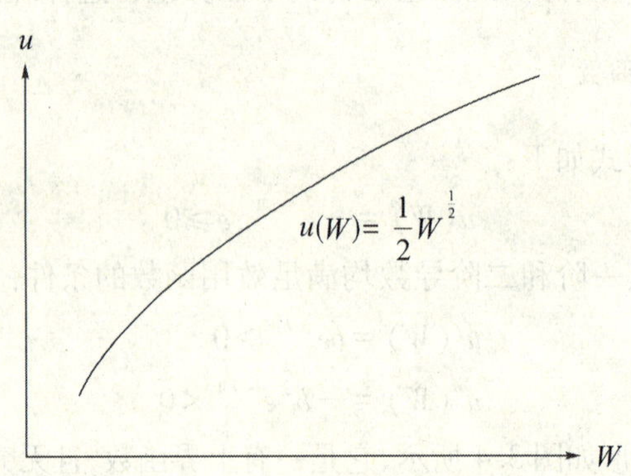

图 3.5　幂指数效用函数

如图 3.5 所示，幂函数效用函数的绝对风险厌恶随着财富的增加而递减，但是相对风险厌恶是常数，表明投资者的相对风险厌恶系数不随初始财富的变化而变化。我们将它称为常数相对风险厌恶（Constent Relative Risk Aversion, CRRA）。

对效用函数和风险厌恶的研究表明，通常人们是具有相对于财富的递减绝对风险厌恶系数，和常数的相对风险厌恶系数（通常人们的相对风险厌恶系数在 0 到 10 之间）。而这正是幂函数效用函数的性质，因此幂效用函数在金融经济学里应用得非常广泛，在基于消费的资本资产定价模型（*CCAPM*）里就是假设参与者具有这种形式的效用函数。

3.4.4　对数效用函数

对数效用函数是本书用得最多的效用函数，在前面两章中我们已经以这样的效用函数为例进行了分析。该效用函数的形式是这样的：

$$u(W)=\log W$$

对数效用函数的绝对风险厌恶系数和相对风险厌恶系数分别是：

$$A(W)=\frac{1}{W},\quad R(W)=1$$

其实对数效用函数可以看成是上述幂函数效用函数当 $\gamma \to 0$ 时的极限情况。因为 $\gamma \to 0$ 时，$\lim\limits_{\gamma \to 0} u(W) = \lim\limits_{\gamma \to 0} \frac{1}{\gamma} W^{\gamma} = \lim\limits_{\gamma \to 0} \frac{1}{\gamma}(W^{\gamma} - 1) = \lim\limits_{\gamma \to 0} \frac{e^{\gamma \ln(W)} - 1}{\gamma}$。根据洛必达法则，当分子分母的极限都趋近于 0 时，该极限等于分子对极限变量的微分。于是 $\lim\limits_{\gamma \to 0} \frac{e^{\gamma \ln(W)} - 1}{\gamma} = \lim\limits_{\gamma \to 0} \ln(W) e^{\gamma \ln(W)} = \ln(W)$。因此对数效用函数自然也是 *CARA* 型的效用函数，如图 3.6 所示。

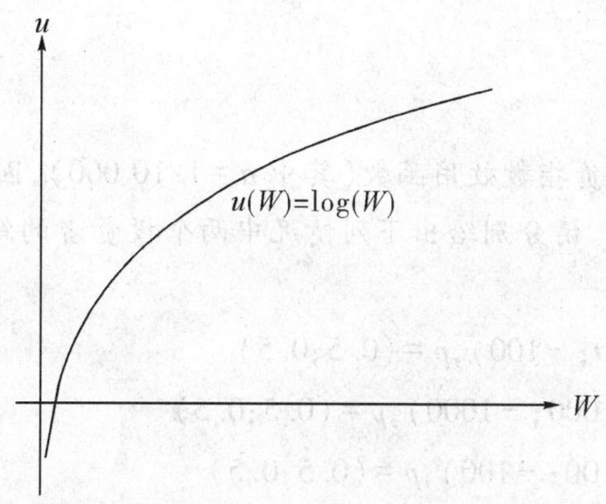

图 3.6 对数效用函数

给定某个偏好，若个体的绝对风险厌恶随财富的增加而增加（减少），即 $A'(W) > (<) 0$，则我们称之为绝对风险厌恶递增（递减）(Increasing Absolute Risk Aversion, IARA; Decreasing Absolute Risk Aversion, DARA)。同理可以定义递增和递减的相对风险厌恶系数。以我们常用的幂指数效用函数或者对数效用函数为例，他们具有递减的绝对风险厌恶系数（*DARA*），常数的相对风险厌恶系数（*CRRA*），这是比较符合通常大家所观察的。也就是说，随着人们变得越来越有钱，他们对财富损失的绝对数目的容忍度越来越高，也即绝对风险厌恶递减；但是他们仍然同样看重投资收益或者损失占总财富的比例，这种态度反映的就是不变的常数风险厌恶系数。

现实生活中，大家的风险厌恶程度可能千差万别，比如有研究发现，不仅人们的年龄、性别等先天因素会影响风险态度，健康状况、学历、婚姻状况、财富等这些后天条件的不同也会使得风险态度有所区别，甚至人们的一些非经济决策也会影响和改变人们的风险态度，比如是否抽烟，是否使用安全带等。在进行各种投资理财活动之前，对于投资者个人，以及从事理财业务的各种中介机构，都有必要全面系统地对个体的风险态度进行充分地衡量。

本章小结

本章首先在独立性公理、状态独立和时间可加的假设下得到了一般的期望效用函数形式，简单阐述了目前对此函数的一些挑战，以及在状态依赖等环境下期望效用函数的扩展。

接下来,我们对投资者的风险偏好进行了定义,并得到了风险厌恶等价于凹的期望效用函数。然后我们试图量化投资者面对风险时所要求的补偿,也就是风险补偿或者说风险溢价。该风险补偿分为投资者主观的风险态度部分和客观的公平赌博风险部分。将投资者的主观风险态度部分单独分离出来,就得到了投资者的绝对风险厌恶系数和相对风险厌恶系数。最后我们介绍了风险厌恶投资者的几类典型的期望效用函数形式。

习题

1. 假设投资者 A 拥有负指数效用函数(其中 $a=1/10\,000$),因此是 CARA 的;投资者 B 是对数效用函数(CRRA)。请分别给出下列情况中两个投资者的绝对风险溢价 π 和相对风险溢价 π_R。

(1) $W=1000, \tilde{\varepsilon}=(100;-100), p=(0.5;0.5)$

(2) $W=10\,000, \tilde{\varepsilon}=(1000;-1000), p=(0.5;0.5)$

(3) $W=10\,000, \tilde{\varepsilon}=(100;-100), p=(0.5;0.5)$

2. 假设有一个两时刻两状态的经济,投资者的效用函数为对数效用函数,并且时间偏好系数为 1,即 $U(c)=\log c_0+\frac{1}{2}(\log c_{1a}+\log c_{1b})$,并且均衡的状态价格为 $\varphi_a=1/4$ 和 $\varphi_b=1/2$。假设经济中有三种证券,它们的期末支付形式如下:(1;2),(2;1)和(1.5;1.5)。请问:

(1)这三种支付在 1 期带给投资者的效用分别为多少?

(2)这三种支付的当前价格呢?

(3)哪种支付的效用最高?哪种支付的价格最高?为什么效用最高的支付,价格却不一定是最高的?

3. 参与者的初始财富为 w,并且他的绝对风险厌恶系数为 2。假设他必须承担与其财富成比例的风险 $w\tilde{\varepsilon}$,$w\tilde{\varepsilon}$ 是一个公平赌博。当 $w\tilde{\varepsilon}$ 具有如下分布时,计算风险补偿占初始财富的比例,即相对风险溢价:

(1)取值为 $-b$ 到 b 的二项分布,其中 $0<b<1$;

(2)区间 $[-c,c]$ 上的均匀分布,其中 $0<c<1$,

(3)讨论在以上情形下,相对风险厌恶如何依赖于初始财富 w,从中能得到什么结论?

4. 假设投资者具有负指数效用函数,并且他的相对风险厌恶系数为 30,其初始财富为 1000 元。试计算他在 $\tilde{\varepsilon}=(100;-100), p=(0.5;0.5)$ 的公平赌博下的绝对风险补偿和相对风险补偿。你认为这样的风险补偿合理吗?这说明投资者的相对风险厌恶系数大致应当在什么范围?

4　完全市场中的资源配置与资产价格

我们在 A－D 证券市场这样的完全市场下已经得到了资源最优配置的结果，在上一章我们对个人效用函数做出了更加具体的假设之后，现在可以结合个人的效用函数和风险偏好对其在完全市场中的行为、此时经济的风险分担模式、均衡的资产价格等进行进一步的探讨。首先，我们在一般的完全市场下得到了此时的一般化均衡结果。接下来，我们将看到在这种均衡所具有的一些良好性质，比如个体的风险是如何通过市场来消化，总体风险又是如何在参与者之间进行分担的。另外，在完全市场里，为了分析更加简便，我们甚至可以将市场视作一个整体，用一个代表性参与者的视角去求解均衡结果，并得到了基于消费的资本资产定价模型（CCAPM）。

4.1　完全市场中的均衡

在第 2 章中我们讲到，引入一个虚拟的 Arrow－Debreu 证券市场经济是希望它起到桥梁作用，使我们最终能解决更加贴近现实的资源配置和资产价格等问题。假设市场中有 N 只可交易的证券，如果市场中可交易证券的支付矩阵的秩为 N＝S，那么这 N 只证券就是独立的，市场也就是完全的，同时所有支付都是可市场化的。当所有可交易证券都可由状态价格（即 A－D 证券）来线性表示时，交易证券的价格和状态价格之间就存在一个一一对应的映射，将上述表出关系反解过来，我们就得到所有 A－D 证券的价格也可以由可交易证券价格来线性表示。如果将上面描述的状况用数学意义来解释会更简单：A－D 证券价格向量和可交易证券价格向量这两组独立和满秩的向量各自张成了 N 维正实数向量空间的一个基，而基向量之间是可以互相线性表示的。

由于一般的参与者优化问题是选择可交易证券的组合，在预算约束的限制下，用这些组合的出清来表述市场均衡。在实际求解的过程中我们可以想象，第一步是先将这些可交易证券组合转化表示成 A－D 基本证券的组合，再借着由基本证券表示的可交易证券的出清来达到均衡。只要个人的预算约束即财富不变，剩下的问题与之前所讲述的 Arrow－Debreu 证券市场经济下的一般均衡问题就没有什么两样了。

为了说明如何在完全市场中求解均衡配置和资产价格，我们来看下面的例子：

例4.1　在一个两期经济中，未来有两个等概率的状态 a 和 b。证券市场中有两只证券，一只是无风险的债券，其当前价格假设为 B；一只是有风险的股票，其价格假设为 S。它们的支付如下：

$$B \begin{cases} 1 \\ 1 \end{cases} \qquad S \begin{cases} 2 \\ 1 \end{cases}$$

经济中有两个参与者，1 和 2。参与者 1 的禀赋是 1 单位的当前消费，参与者 2 的禀赋是 1 股股票。假设两个参与者具有的效用函数都是对数效用函数 $u_{1,0}(x) = u_{1,1}(x) = \log x$，并且 $u_{2,0}(x) = u_{2,1}(x) = \log x$，求此时两个参与者各自的最优消费和投资选择，以及市场均衡时的股票和债券价格。

解：首先写出二人的期望效用函数。两人的效用函数形式都是一样的，并且可以看出时间偏好系数为 1，因此两人的效用函数都是：$U = \log c_0 + \frac{1}{2}(\log c_a + \log c_b)$。根据资产定价基本定理，无套利时无风险债券和股票的价格分别为 $B = \varphi_a + \varphi_b$，$S = 2\varphi_a + \varphi_b$。如果将状态价格反解出来即是：$\varphi_a = S - B$ 和 $\varphi_b = 2B - S$。

首先考虑两个参与者的最优消费和投资问题。参与者 1 的财富为 $w_1 = 1$，而参与者 2 的财富为 $w_2 = S$。给定对数效用函数，参与者 1 的优化条件为：

$$1/c_{1,0} = \lambda_1, \quad 1/2c_{1,a} = \lambda_1\varphi_a, \quad 1/2c_{1,b} = \lambda_1\varphi_b,$$

对参与者 1 来说，必须满足预算约束；

$$c_{1,0} + \varphi_a c_{1,a} + \varphi_b c_{1,b} = 2/\lambda_1 = w_1 = 1$$

解得 $\lambda_1 = 2$，因此参与者 1 的最优消费是 $c_{1,0} = 1/2$，$c_{1,a} = 1/(4\varphi_a)$，$c_{1,b} = 1/(4\varphi_b)$。

同理可以得到参与者 2 的最优消费。由于两者具有相同的效用函数所以他们的一阶条件也应该是相同的，只不过是预算约束不同。对参与者 2 来说，必须满足的预算约束为：

$$c_{2,0} + \varphi_a c_{2,a} + \varphi_b c_{2,b} = 2/\lambda_2 = w_2 = S = 2\varphi_a + \varphi_b$$

解出 $\lambda_2 = 2/S$，并且 $c_{2,0} = S/2$，$c_{2,a} = S/(4\varphi_a)$，$c_{2,b} = S/(4\varphi_b)$。

参与者 1 和 2 两人在均衡达到的同时市场也出清：

$$1 = c_{1,0} + c_{2,0} = 1/2 + (2\varphi_a + \varphi_b)/2$$

$$2 = c_{1,a} + c_{2,a} = 1/(4\varphi_a) + (2\varphi_a + \varphi_b)/(4\varphi_a)$$

$$1 = c_{1,b} + c_{2,b} = 1/(4\varphi_b) + (2\varphi_a + \varphi_b)/(4\varphi_b)$$

求解上述方程组，得到状态价格的解为：$\varphi_a = 0.25$，$\varphi_b = 0.5$。由此我们可以得到债券和股票的价格分别为：$B = 0.75$，$S = 1$，因此参与者 2 的财富也等于 1，并最终得到两个人的最优消费之解：

$$c_{1,0}=1/2,\quad c_{1,a}=1,\quad c_{1,b}=1/2 \text{以及} c_{2,0}=1/2,\quad c_{2,a}=1,\quad c_{2,b}=1/2$$

可以发现两人的财富是相同的，加上两人的效用函数也一样，因此他们的最优消费安排也是一样的。

此外，根据两人的最优消费和储蓄安排还可以等价地得到两人的最优证券投资组合 $\theta_1=(\theta_{1B};\theta_{1S})$ 和 $\theta_2=(\theta_{2B};\theta_{2S})$。首先看第 1 个参与者的组合选择，根据 $c_{10}=e_{10}-X^T\theta_1$ 和 $c_{11}=e_{11}+Y\theta_1$，其中：$e_{10}=1$，$e_{11}=0$，$X=(B;S)=(0.75;1)$，$Y=\begin{pmatrix}1 & 2\\ 1 & 1\end{pmatrix}$。于是有：

$$1/2=1-(0.75\theta_{1B}+\theta_{1S})$$

$$1=0+(\theta_{1B}+2\theta_{1S})$$

$$1/2=0+(\theta_{1B}+\theta_{1S})$$

解出第 1 个参与者对债券和股票的最优投资组合为：$\theta_1=(\theta_{1B};\theta_{1S})=(0;1/2)$。同理第 2 个参与者的最优投资组合为 $\theta_2=(\theta_{2B};\theta_{2S})=(0;-1/2)$，也就是市场出清时参与者 2 将手中股票的一半卖给参与者 1。

从上面这个例题可以看出，即使不存在 A－D 市场，只要有完全市场的存在，我们仍然可以像在 A－D 市场中一样去求解个人效用的最大化以及此时的出清价格，只要参与者的财富不变，也就是个人的预算约束的现值不变，得到的均衡配置以及状态价格与在 A－D 市场中完全一样。只不过最后在求某个具体资产价格时，需要用状态价格向量对该具体资产支付折现。由此我们可以得到以下结论：在完全市场下，均衡配置与状态价格与具有相同财富分布的 Arrow－Debreu 经济中的结果相同，而与实际的市场结构以及参与者的禀赋在时间和状态上的分布无关。

例 4.1 给出了一个完全市场求均衡的范例，接下来我们推导出一般化的均衡求解步骤和结果。对每个参与者 k 来说，考虑他的优化问题：

$$\begin{aligned}&\max u_{k,0}(c_{k,0})+\sum_s p_s u_{k,1}(c_{k,1s})\\&s.t.\\&c_{k,0}+\sum_s \varphi_s c_{k,1s}=e_{k,0}+\sum_s \varphi_s e_{k,1s}\end{aligned}\tag{4.1}$$

其中，φ_s 表示在状态 s 下的状态或有要求权在 0 时期的价格，$e_{k,0}$ 和 $e_{k,\omega}$ 分别表示参与者在 0 期的禀赋和 1 期状态 ω 下的禀赋。假设参与者在 0 期的禀赋严格为正。

构建 Lagrange 函数：

$$L=u_{k,0}(c_{k,0})+\sum_s p_s u_{k,1}(c_{k,1})+\lambda_k\Big[e_{k,0}-c_{k,0}+\sum_s \varphi_s(e_{k,1s}-c_{k,1s})\Big]\tag{4.2}$$

其中，λ_k 为第 k 个参与者的 Lagrange 乘子。则该优化问题的一阶条件为：

$$u'_{k,0}(c_{k,0}) = \lambda_k, \forall k \in K$$
$$p_s u'_{k,1}(c_{k,1s}) = \lambda_k \varphi_s, \forall s \in S, k \in K \quad (4.3)$$
$$c_{k,0} + \sum_s \varphi_s c_{k,1s} = e_{k,0} + \sum_s \varphi_s e_{k,1s}, \forall k \in K$$

由上述一阶条件可得，对$\forall k$，有：

$$\frac{p_s u'_{k,1}(c_{k,1s})}{u'_{k,0}(c_{k,0})} = \varphi_s, \forall s \in S$$
$$\frac{p_s u'_{k,1}(c_{k,1s})}{p_{s'} u'_{k,1}(c_{k,1s'})} = \frac{\varphi_s}{\varphi_{s'}}, \forall s, s' \in S \quad (4.4)$$

(4.4)式即为均衡状态价格φ_s的决定式，该式表明参与者在不同时期和状态下消费的边际效用之比等于这两个状态间的状态价格之比。注意这个结果对任意的k也即所有参与者都是一样的，也就是说均衡的时候大家在不同状态间消费的相对边际效用是相同的。

由于对于所有k和$t=0,1$，参与者都是严格风险厌恶的，可知$u_{k,t}(\cdot)$是严格凹的，$u'_{k,t}(\cdot)$也是严格单调的，所以其反函数$u'^{-1}_{k,t}(\cdot)$是存在的。由此可通过(4.4)式解出均衡配置：

$$c_{k,0} = u'^{-1}_{k,0}(\lambda_k),\ c_{k,1s} = u'^{-1}_{k,1}(\lambda_k \varphi_s / p_s), \forall s \in S \quad (4.5)$$

将(4.5)式代入(4.3)式里的最后一个等式即个人预算约束等式，即可解出λ_k。最后再利用市场出清条件：

$$\sum_k c_{k,0} = \sum_k e_{k,0}$$
$$\sum_k c_{k,1s} = \sum_k e_{k,1s}, \forall s \in S \quad (4.6)$$

即可得到状态价格和最终的个人最优消费和投资组合的解。

根据第2章已经得到的结论，完全市场下的均衡配置同时也是帕累托有效配置。那么帕累托有效配置是否就是最优的呢？如果根据帕累托最优的概念——如果不能够进行帕累托改进，我们就称其达到了最优，那么完全市场下的配置就是最优的。但是从理论上来说，帕累托最优只是提供了对“最优”的一种解读或者说标准，我们也可以定义其他标准，比如我们也认为大家平均分配才是最优的，这也可以成为一种标准，并且这种标准在我国的经济实践中也曾经被使用过。换句话说，帕累托最优能够实现效率，但是不一定能兼顾公平。接下来我们看到，如果我们想得到某个最优的配置，可以如何通过市场来达到。

4.2　帕累托最优配置

在完全市场中的均衡配置是最优的,那么在一般情况下,如何判断某一配置是否是最优配置呢?我们给出如下定理:

定理4.1　如果存在一组权重$\mu_k>0(k=1,\cdots,K)$,使得$\{c_k\}$是下面问题的解:

$$\max \sum_k \mu_k\left[u_{k,0}(c_{k,0})+\sum_s p_s u_{k,1}(c_{k,1s})\right]$$

$$s.t.$$

$$\sum_{k=1}^{K} c_{k,0}=C_0 \tag{4.7}$$

$$\sum_{k=1}^{K} c_{k,1s}=C_{1s}, \forall s\in S$$

其中,C_t为$t=0,1$期的总消费,则配置$\{c_k\}$是帕累托最优的。

(4.7)式可以理解为一个面临经济总资源约束的中央计划者(Social Planner),对所有参与者的效用函数的加权平均进行优化。

由于每一参与者的效用函数是他自身消费的凹函数,(4.7)式给出的计划者的目标函数也是它所有变量的凹函数。因此,优化问题(4.7)的一阶条件也是它的充分条件。假设存在内部解,则用Lagrange函数可以求解:

建立Lagrange函数:

$$L=\sum_{k=1}^{K}\mu_k\left[u_{k,0}(c_{k,0})+\sum_{s=1}^{S}p_s u_{k,1}(c_{k,1s})\right]+\lambda_0\left[C_0-\sum_{k=1}^{K}c_{k,0}\right]+\sum_{s=1}^{S}\lambda_s\left(C_{1s}-\sum_{k=1}^{K}c_{k,1s}\right) \tag{4.8}$$

这里,λ_0和$\{\lambda_s,s\in S\}$是对应于资源约束$\sum_k c_k=C$的Lagrangian乘子。其一阶条件为:

$$\mu_k u'_{k,0}(c_{k,0})=\lambda_0, k=1,\cdots,K$$

$$\mu_k p_s u'_{k,1}(c_{k,1s})=\lambda_s, s\in S, k=1,\cdots,K$$

$$\sum_{k=1}^{K}c_{k,0}=C_0 \tag{4.9}$$

$$\sum_{k=1}^{K}c_{k,1s}=C_{1s}, s\in S$$

我们特别注意到:

$$\begin{aligned}\mu_k u'_{k,0}(c_{k,0}) &= \lambda_0, \forall k \\ \mu_k p_s u'_{k,1}(c_{k,1s}) &= \lambda_s, \forall s,k\end{aligned} \tag{4.10}$$

因此,所有参与者的相对边际效用(即1期相对于0期的边际效用)相等:

$$\frac{\mu_k p_s u'_{k,1}(c_{k,1s})}{\mu_k u'_{k,0}(c_{k,0})} = \frac{p_s u'_{k,1}(c_{k,1s})}{u'_{k,0}(c_{k,0})} = \frac{\lambda_0}{\lambda_s}, \forall s,k \tag{4.11}$$

(4.11)式是帕累托最优的充要条件:当且仅当针对每一个状态,一个消费配置在现在消费和未来消费之间的边际替代率对每一个参与者而言相等时,该配置是帕累托最优的。

同样,由 $u_{k,t}^{\prime -1}(\cdot)$ 的存在性可由(4.10)式解出此时的帕累托最优配置:

$$c_{k,0} = u_{k,0}^{\prime -1}\left(\frac{\lambda_0}{\mu_k}\right), c_{k,1s} = u_{k,1}^{\prime -1}\left(\frac{\lambda_s}{\mu_k p_s}\right), \forall s,k \tag{4.12}$$

如果令 $\mu_k = \frac{\lambda_0}{\lambda_k}, \varphi_k = \frac{\lambda_s}{\lambda_0}$,那么(4.12)就与(4.5)是完全一样的,说明此时经济也达到了均衡配置,并且与个人投资者各自求解最优得到的结果是相同的。这个结论给我们的启发是,如果中央计划者能够知道所有人的目标函数和预算约束,那么所有参与者的最优配置其实也可以由中央计划者通过赋予每个人最优权重 μ_k 来达到。因此在完全市场中,任意我们想要达到的帕累托最优配置都可以由中央计划者(比如政府)重新分配参与者的财富后(比如税收及转移支付等),再通过竞争经济获得。由此我们有下面的定理:

定理4.2 对证券市场经济,任何一个帕累托最优配置都可以由完全证券市场下给定参与者初始财富分配后的某个市场均衡来达到。

定理4.2就是福利经济学第二定理(Second Theorem of Welfare Economics)。在福利经济学对有效性做出了理论肯定之后,第二定理又告诉我们其实还可以兼顾公平,这个公平的方式不是通过中央政府实行完全的计划经济,政府没有必要对最优配置进行事无巨细的干涉,政府要做的仅仅是调整收入和财富的初次分配以及再分配,剩下的经济中的成千上万种服务、商品等就由市场和参与者自己去交换就行了。

接下来,我们要看看完全市场达到的帕累托最优分配有什么样的性质,比如个体的风险是如何通过市场来消化,总体风险又是如何在参与者之间进行分担的。

定理4.3 如果 $C_{1s} > C_{1s'}$,那么对所有的参与者 k 都有 $c_{k,1s} > c_{k,1s'}$。

证明:我们可以用反证法证明这一定理。假设 $C_{1s} > C_{1s'}$,但对某个人 k,他的 $c_{k,1s} \leq c_{k,1s'}$。由于均衡时一阶条件(4.10)对每个参与者都成立,也即无论是状态 s 下,还是状态 s' 下,对参与者 k 和 k' 来说,下式成立:

$$\mu_k p_s u'_{k,1}(c_{k,1s}) = \mu_k' p_s u'_{k',1}(c_{k',1s}) = \lambda_s, \mu_k p_s' u'_{k,1}(c_{k,1s'}) = \mu_k' p_s' u'_{k',1}(c_{k',1s'}) = \lambda_s'$$

由效用函数的严格凹性,当 $c_{k,1s} \leq c_{k,1s'}$ 时一定有 $c_{k',1s} \leq c_{k',1s'}, \forall k'$。推而广之可知所有人都满足这个条件,因此会有 $C_{1s} \leq C_{1s'}$,而这与 $C_{1s} > C_{1s'}$ 相矛盾。定理得证。

定理4.3刻画了帕累托最优分配法则的单调性。这一性质给出了完全市场中,风险在参与者之间分担的两个重要特性:①每个参与者的消费 $\tilde{c}_k$ 只与总禀赋 $\tilde{C}$ 有关,总禀赋较高的状态下所有参与者的消费也较多。也就是说,他们分担了未来总禀赋的风险。②总禀赋的风险是达到均衡时参与者承担的唯一风险。他们的消费与他们各自禀赋的风险没有任何关系,在证券市场上的交易使得他们完全消除了与总禀赋风险无关的风险。因此,在完全市场中,风险分担是最优的。

4.3　代表性参与者

我们现在考察一个与前面讨论的完全市场等同的经济体。假设这个经济体中只存在一个代表性参与者,他拥有社会的全部禀赋$\begin{pmatrix} C_0 \\ C_1 \end{pmatrix}$。我们将证明,在这样一个代表性参与者的经济中的状态价格就是完全市场均衡时的状态价格 φ_s。

假设代表性参与者的效用函数为:

$$u_0(C_0) + \sum_s p_s u_1(C_{1s})$$

其中,

$$u_0(C_0) = \sum_k \mu_k u_{k,0}(c_{k,0})$$

$$u_1(C_{1s}) = \sum_k \mu_k u_{k,1}(c_{k,1s}), \forall s$$

现在我们考虑经济中只有代表性参与者时的均衡。代表性参与者的优化问题是:

$$\max u_0(c_0) + \sum_s p_s u_1(c_{1s})$$

$$s.t.$$

$$\varphi^T c = \varphi^T C$$

其中,φ 为状态价格,$C = \begin{pmatrix} C_0 \\ C_1 \end{pmatrix}$为整个社会的禀赋。

那么,从上述优化问题的一阶条件可以知道:

$$\frac{p_s u'_1(c_{1s})}{u'_0(c_0)} = \varphi_s, \forall s \in S$$

当市场出清时,需要 $c_0 = C_0, c_1 = C_1$。所以,这个经济体的均衡状态价格为:

$$\frac{p_s u'_1(C_{1s})}{u'_0(C_0)} = \varphi_s, \forall s \in S \tag{4.13}$$

比较(4.13)式与(4.4)式可以发现,在存在代表性参与者的经济中的状态价格就是完全市场均衡时的状态价格 φ_s。如果我们的目的是资产定价，只需要分析有代表性参与者构成的市场即可解出均衡的证券价格。

4.4 基于消费的资本资产定价模型

在得到了个人的最优配置以及均衡的资产价格之后，我们希望对资产价格进行更多的考察，因为价格永远是所有市场体系的核心。特别是价格从根本上是如何决定的，它如何与经济基本面之间产生关联，价格如何体现风险，等等，在这一节里我们将对这些问题进行回答。

首先，均衡时任意一个资产的价格可以写成其期末支付与状态价格的线性表示关系：

$$x_n = \sum_s \varphi_s y_{sn}$$

其次，根据本章(4.4)的优化条件可以得到：

$$x_n = \sum_s \varphi_s y_{sn} = \sum_s \frac{p_s u'_{k,1}(c_{k,1s})}{u'_{k,0}(c_{k,0})} y_{sn}$$

等式右边从本质上看是一个求离散变量期望值的形式，为了表述方便，我们将其用连续随机变量的形式重写为：

$$x_n = \sum_s \frac{p_s u'_{k,1}(c_{k,1s})}{u'_{k,0}(c_{k,0})} Y_{sn} = E[\frac{u'_{k,1}(\tilde{c}_{k,1})}{u'_{k,0}(c_{k,0})} \tilde{Y}_n]$$

为了观察资产价格与经济整体之间的联系，我们用代表性参与者的相对边际效用来代替个人参与者的相对边际效用，也即：

$$x_n = E[\frac{u'_{k,1}(\tilde{c}_{k,1})}{u'_{k,0}(c_{k,0})} \tilde{Y}_n] = E[\frac{u'_1(\tilde{C}_1)}{u'_0(C_0)} \tilde{Y}_n] = E[\tilde{\pi} \tilde{Y}_n]\text{，其中 } \tilde{\pi} \equiv \frac{u'_1(\tilde{C}_1)}{u'_0(C_0)} \tag{4.14}$$

(4.14)式给出了一个资产定价关系：即从未来支付到当前价格的一个映射，它表明资产的当前价格，等于经济中代表性参与者的相对边际效用与其支付变量乘积的期望值。为了让(4.14)式更易于理解，我们将其稍微进行一下变换。

$$x_n = E[\tilde{\pi} \tilde{Y}_n] = E[\tilde{\pi}] \cdot E[\tilde{Y}_n] + \mathrm{Cov}[\tilde{\pi}, \tilde{Y}_n] \tag{4.15}$$

为了求出 $E[\tilde{\pi}]$ 我们要加入一个条件：无风险资产。在很多时候，无风险资产可以作为定价的基础条件来使用。假设经济中存在一只无风险资产并且其未来支付为1，当前价格为 B，那么 $B = E[\tilde{\pi} \cdot 1]$。此外假设无风险利率为 r_F 那么有 $B = \frac{1}{1+r_F}$。综合可求得 $E[\tilde{\pi}] = \frac{1}{1+r_F}$。因此(4.15)可以写成：

$$x_n = \frac{E[\tilde{Y}_n]}{1+r_F} + \mathrm{Cov}[\tilde{\pi}, \tilde{Y}_n] \tag{4.16}$$

(4.16)式是更清楚的资产定价公式,它的经济含义也更加丰富。首先,该式表明某个资产的当前价格可以分为两个部分,并且第一部分可以看做是该资产获得的无风险收益,第二部分便是该资产获得的风险溢价部分。由于经济整体的风险以及风险溢价部分都表现在 $\mathrm{Cov}[\tilde{\pi}, \tilde{Y}_n]$ 部分,我们重点对这部分进行分析。

可以看到,资产获得的风险溢价完全取决于该资产的支付与代表性参与者的相对边际效用 $\tilde{\pi}$ 之间的协方差。而在完全市场下,$\tilde{\pi}$ 完全取决于未来的总消费或者说总禀赋,因此未来边际效用的不确定性也就来自于未来经济整体的总消费的风险。我们可以将未来边际效用的不确定性所反映的风险称为总体风险或者说系统性风险,如果某资产的支付与该边际效用的风险存在相关性,那么我们就认为该资产支付承担了系统性风险,其所获得的风险溢价自然也就依赖于其与未来边际效用的协方差大小。从而我们也可以得到推论,如果资产的支付是有风险的,但是该风险与经济未来总消费的风险无关,或者说与未来的边际效用无关,那么尽管该资产的支付存在不确定性,却也不能够得到风险补偿。这就是我们常说的:资产的定价只与总体风险有关,而与个体风险无关。

接下来我们分别对资产承担系统性风险的情况进行讨论。首先假设某个证券的支付与参与者的边际效用之比 $\tilde{\pi}$ 之间是负相关,即 $\mathrm{Cov}[\tilde{\pi}, \tilde{Y}_n] < 0$。这意味着当证券的支付较低时,此时消费的边际效用却比较高。由效用函数的凹性或者说边际效用递减,我们知道边际效用较高的状态对应的其实应该是低消费的状态,也就是经济整体是低禀赋的状态。也就是说此时该证券的风险与经济整体禀赋的系统性风险方向是一致的,因此该证券贡献或者说承担了一定的系统性风险,可以获得风险补偿或者说溢价,表现在收益率上就是溢价,而表现在价格上则是折价。

同样的,我们可以证明当证券支付与参与者相对边际效用之间正相关的时候,即 $\mathrm{Cov}[\tilde{\pi}, \tilde{Y}_n] < 0$ 时,证券支付其实与经济中的总消费或者说总禀赋的多少是负相关的,当经济状况较好时该证券支付较少,而当经济较差时该证券的支付较多。这时的证券溢价是负的,或者说这种证券的当前价格反而更贵,这是因为这种证券的负系统性风险为经济整体的系统性风险提供了一个对冲或者说保险。

由于反映了经济基本面中的消费与证券价格之间的关系,(4.16)式也被称为基于消费的资本资产定价模型(Consumption Based CAPM,或 CCAPM)。CAPM 是利用证券市场为某个证券定价,但仍然没有告诉我们证券市场又是由什么更基础的经济基本面决定的。我们将在第 9 章学习该定理。

我们也可以将(4.15)这个定价公式改成金融里更常见的对收益率的定价描述形式,而不是直接的价格描述形式。为此我们令资产的随机收益率为 $\tilde{r}_n = \frac{\tilde{Y}_n}{x_n} - 1$,总收益率为 $\tilde{R}_n =$

$\frac{\tilde{Y}_n}{x_n}$。对(4.16)式两边同时除以 x_n 可以得到:

$$1=\frac{E[\tilde{R}_n]}{1+r_F}+\mathrm{Cov}[\tilde{\pi},\tilde{R}_n]\Rightarrow E[\tilde{r}_n]-r_F=-(1+r_F)\mathrm{Cov}[\tilde{\pi},\tilde{r}_n],\tilde{\pi}\equiv\frac{u_1'(\tilde{C}_1)}{u_0'(C_0)} \quad (4.17)$$

也即证券的风险溢价 $E[\tilde{r}_n]-r_F$ 取决于该资产的收益率与代表性参与者相对边际效用之间的协方差,当协方差为正时有负的溢价,反之则有正的溢价。风险溢价越高意味着当前价格越低。

基于消费的资本资产定价模型(4.16)和(4.17)虽然告诉了我们资产的风险溢价可以通过考察该资产的随机收益与代表性消费者的相对边际效用的协方差来得到,但是在实际应用上可能还是有一定困难。资产的收益和价格我们可以用历史数据来代替,而历史上代表性参与者的相对边际效用的获得可能就比较困难,这意味着要知道所有人的效用函数。

为了加深对资产价格和经济基本面之间关系的认识,同时也方便我们直接运用(4.17)进行分析,我们对经济做一些简化。令经济中的总消费遵循如下的增长模型:$\tilde{C}_1=C_0(1+\tilde{g})$,其中 $\tilde{g}$ 为随机增长率变量。假设 $\tilde{g}$ 为一个小量,并且 $u_1(x)=\rho u_0(x)=\rho u(x)$,此时可将参与者1期的边际效用在 $u'(\tilde{C}_1)$ 在 C_0 处展开,可得 $u'(\tilde{C}_1)=u'[C_0(1+\tilde{g})]=u'(C_0+C_0\tilde{g})\approx u'(C_0)+u''(C_0)\cdot C_0\tilde{g}+o(\tilde{g})$,这样参与者的相对边际效用 $\tilde{\pi}$ 可以写成:

$$\tilde{\pi}=\rho\frac{u_1'(\tilde{C}_1)}{u_0'(C_0)}=\rho\left\{1-\left[-\frac{C_0u''(C_0)}{u'(C_0)}\right]\tilde{g}+o(\tilde{g})\right\}=\rho[1-R\tilde{g}]$$

其中,$R=-\frac{C_0u''(C_0)}{u'(C_0)}$,这表示的是经济整体的相对风险厌恶系数。于是,通过估计经济平均的风险厌恶系数和经济整体消费的增长率,以及某个风险资产同经济消费增长率之间的协方差,我们可以估算出该风险资产的价格。这是一个非常具体的整体视角,具有很强的统一性,与经济基本面紧密结合的结论,因此是当代资产定价理论的基石。

本章小结

帕累托最优的充分必要条件是:所有参与者的相对边际效用相等。

帕累托最优分配法则意味着,在完全市场达到均衡时,参与者承担的唯一风险是未来总禀赋的风险,总禀赋较高的状态下所有参与者的消费都较多;个体消费和证券价格只与总体风险相关,而与个体风险无关。

当市场完全时,对于给定财富分布的有多个参与者的市场,可以对应地构造只有一个参与者即代表性参与者的市场。

代表性参与者的效用函数是所有个体参与者效用函数的加权和,其禀赋就是经济的总禀赋。

代表性参与者消费的相对边际效用衡量了经济整体的系统性风险，而资产的价格可以用其与该系统性风险的相关程度来衡量，这就是基于消费的资本资产定价模型。

习题

1. 考虑本章的例 4.1。

(1) 当股票的期末支付变化时，如变为(4;3)，参与者 2 的财富会不会改变？为什么？什么样的情况下参与者 2 的财富与其期末支付有关？

(2) 两人的期初消费是否总是等于各自财富的一半？

(3) 为什么两人没有债券的交易？

(4) 假设参与者 1 除了拥有 1 单位当前消费，还拥有一份债券，此时两人的最优消费和组合选择又是多少？

2. 证明定理 4.2：对证券市场经济，任何一个帕累托最优配置都可以由完全证券市场下，相对于财富在参与者之间的某个配置的市场均衡来达到。

3. 证明定理 4.3：如果 $C_{1s} > C_{1s'}$，那么对所有的参与者 k 都有 $c_{k,1s} > c_{k,1s'}$。

5 无套利条件与资产定价基本定理

前面几章我们都是在新古典的一般均衡框架下求解资产价格问题,并且得到了很多有意义的结论,包括消费和价格受哪些经济基本面因素的影响等。这些结论揭示了丰富的经济含义。但是,这种分析方法的缺点也显而易见,即与现实情况的差距会比较大,比如要求每个人都要有确定的某种形式的效用函数,人们对未来经济环境和证券支付的不确定性有着完全相同的预期,证券按照商品市场那样出清,等等。因此,近代金融学发展出一种新的分析问题方法,这种方法不去关注个人效用和经济基本面等复杂信息,而是直接从人们的不满足性出发就可以为资产定价。这种有效的方法就是套利定价法。

套利(Arbitrage)是金融经济学中的一个极其重要的概念,而无套利条件既是金融分析的一个核心的假设,同时也构成了一种基本的分析方法。可以这么说:现代金融经济学中几乎所有重要的模型都基于无套利分析。事实上,在市场有效性假设(EMH)、资产定价、期权定价和公司金融学这几个构成现代金融理论大厦的重要领域,套利理论的影子无所不在。正因为如此,诺斯(Ross,1978)才声称套利理论能够统一所有的金融理论模型。本章阐述了无套利假设的深远理论意义,并推导了无套利条件下的一些重要结果。

在第1章中我们已经指出,金融经济学的基本问题是在不确定市场环境下对金融资产定价。这个问题可以这样表述:已经知道一种金融资产在未来各种可能的价值,要问它当前的价值是多少。对金融资产定价的一种朴素的想法是:估计其未来价值的各种实际可能性,然后计算其平均值,并以该均值作为它的估值。或者用数学语言来说,把金融资产的未来价值看成一个随机变量,那么这个随机变量的数学期望就可当做该金融资产的当前价值。具体应用是,只要通过一定的方法来估计未来价值的概率分布,然后算出其数学期望就认为问题已经得到解决。这样的想法起源非常古老,人们试图用这种方法对一些赌博问题进行定价并由此发展出了概率论。在金融经济学的早期研究中,人们很自然地这样来认识金融资产定价问题。而金融经济学在发展中走出的最重要的一步是否定了这样的想法,而提出用无套利假设来定价。而无套利假设又对未来价值这一随机变量赋予特殊的不同于客观可能性的概率分布,它们之间的关系就构成了资产定价基本定理。

本章的内容分布如下:5.1节介绍了一些基本的概念和符号;5.2节定义了套利机会,引出了无套利假设;5.3节我们给出资产定价基本定理,随后在其基础上引入了风险中性定价思想。

5.1 市场结构及其假设

5.1.1 市场结构的其他表示方法

按照第1章的假设,经济中有 N 种资产,这 N 种资产的期初价格列向量为:$X=[x_1,\cdots,x_N]^T$。而经济在期末有 S 种状态,因此所有 N 种资产未来的价格向量就是如下的支付矩阵:

$$Y=(Y_1,Y_2,\cdots,Y_N)=\begin{pmatrix} y_{11} & y_{12} & \cdots & y_{1N} \\ y_{21} & y_{22} & \cdots & y_{2N} \\ \cdots & \cdots & \cdots & \cdots \\ y_{S1} & y_{S2} & \cdots & y_{SN} \end{pmatrix}_{S\times N}$$

我们说这个矩阵定义了市场中所有交易证券的支付,我们也把支付矩阵称为市场结构。

除了上面这个以期末的支付作为市场结构的表达形式,市场结构还可以有以下等价的表达形式:

我们将证券 n 在期末状态 s 出现时的总收益(Gross Return)为 R_{sn},收益率或者说利润率(Return Rate)记为 r_{sn},那么其收益率可以有如下的表示形式:

$$R_{sn}=\frac{y_{sn}}{x_n},r_{sn}=\frac{y_{sn}}{x_n}-1$$

因此,资产 n 在不同状态下的收益率列向量为 $r_n=(r_{1n},r_{2n},\cdots,r_{Sn})^T$

与此相应,资产 n 的收益率矩阵为:

$$r=\begin{pmatrix} r_{11} & r_{12} & \cdots & r_{1N} \\ r_{21} & r_{22} & \cdots & r_{2N} \\ \cdots & \cdots & \cdots & \cdots \\ r_{S1} & r_{S2} & \cdots & r_{SN} \end{pmatrix}_{S\times N}$$

如前所述,除了有限的状态空间外,还可以假定未来有连续的自然状态。此时资产 n 在期末的价格为随机变量 $\tilde{Y}_n$,这同时也是资产 n 的收益或者支付。因此所有 n 种资产未来的价格向量为:

$$Y=(\tilde{Y}_1,\tilde{Y}_2,\cdots,\tilde{Y}_N)$$

而资产 n 的总收益率和收益率分别为:

$$\tilde{R}_n = \frac{\tilde{Y}_n}{x_n}, \tilde{r}_n = \frac{\tilde{Y}_n}{x_n} - 1$$

与此相应,资产的收益率向量为:

$$r = (\tilde{r}_1, \tilde{r}_2, \cdots, \tilde{r}_N)^T$$

在字母上加一波浪线表示随机变量。对投资者来说,收益率向量 r 包含了他所关心的所有信息,因此我们也可以用 r 来代表一个经济。由于期末的收益是不确定的,因此收益率也是不确定的。另外,由上面收益率的定义可知,价格与收益率之间是一一决定的关系,给定价格,就可以算出收益率;反之,知道了收益率,就可以知道价格。因此资产定价问题也可以转为求均衡市场中资产的收益率。所以在以下的章节里有时也等价地以收益率为研究对象。

当投资于一个证券组合时,需要考虑这个组合的总收益和收益率。显然,一个投资组合的总收益率等于每种资产的总收益率的加权和,权重为每种资产上的投资金额;同样的,一个投资组合的净收益率等于每种资产的净收益率的加权和,权重也是相应的每种资产上的投资权重。

5.1.2 套利组合

有时,在构造证券组合策略的过程中,投资者可能需要卖出其并不拥有的资产,称之为"卖空"。其原理是,即投资者从拥有这种资产的其他投资者或公司借入(一般要通过中介机构,比如证券经纪公司)这种资产,在市场上出售,得到收益,然后再将其所得用于购买其他资产。正是由于卖空机制的引入,我们可以把"低买高卖"这一众人皆知的赚钱过程倒过来实施,在证券市场上"高卖低买"。这也说明了证券市场在投资过程中的重要作用。如果投资者的空头部位和多头部位正好抵消,那么这种投资行为就构成了一个无成本的投资组合,或称为一个套利组合。

定义 5.1　如果资产组合 $a = (a_1, a_2, \cdots, a_n)^T$ 满足 a_i 不全为 0,并且 $a_1 + a_2 + \cdots a_n = 0$,则称其为一个套利组合(Arbitrage Portfolio)。

需要注意的是,套利组合与下一节要讲的套利机会是两个不同的概念。一个组合是套利组合,只是说明它的净投资成本是否为零,而不考虑其收益如何,是否大于零。当一个套利组合的收益为正时,它才构成套利机会。所以套利组合也叫无成本组合(Costless Portfolio)。

5.1.3 多余资产

在经济中存在的可交易资产数量常常很大,给定市场上的交易证券集合,在许多情况下,它们的支付可能是相关联的。比如可能存在一只证券 j,它的期末支付可能与一个由其他资产适当组合所得到的支付完全一样,也就是说证券 j 的支付可以表示成其他证券支付的线性组合。在这种情况下，支付矩阵 X 就不是满秩的。只要经济中交易是无摩擦和无成本的，我们就可以将该资产组合与这一资产视为等价的。上述构造两个期末支付相等的组合的过程也称为资产或组合的复制（Duplication）。

令 $Y_{\setminus j}$ 为剔除了证券 j 以后的证券市场支付矩阵，$Y_{\setminus j}=[y_1,\cdots,y_{j-1},y_{j+1},\cdots,y_N]_{S\times(N-1)}$，这里 y_n 是证券 n 的支付向量。显然，如果一个支付可以由原来 N 只证券组合所生成的话，那么该支付也能够由剔除了 j 以后的 $N-1$ 只证券组合所生成。因为没有 j 我们也可以得到同样的支付，所以证券 j 也叫做多余证券（Redundant Securities）。在帮助参与者进行资源配置的时候，多余证券并没有额外的价值，没有它们，证券市场仍然有同样的功能。因此，在我们的分析中可以把它忽略。也就是说，由于它们总是能够达到相同的配置，在这个意义上，Y 和 $Y_{\setminus j}$ 是两个等价的市场结构。

当然，在提出多余证券的概念的同时，也提出了它为什么会存在的问题。如果没有摩擦，多余证券的存在并没有什么意义。可是当市场上存在摩擦时，它们的产生和存在以及所起的作用就是有原因的。在这种环境下，即使某个证券的支付与其他证券的支付是有关联的，它也不再是多余证券，因为要用其他证券来复制它是需要成本的。因此，当市场存在摩擦时，多余证券的准确定义应该是它是否不影响均衡配置，而只比较它与其他证券的支付是不够的。

当我们假设市场无摩擦时，由于互为复制的资产或组合对于投资者来说是等价的，那么在定价时我们可以根据其中一个资产组合的价格定出其复制资产组合的价格。

5.2 无套利原理

5.2.1 套利机会

记交易证券的价格向量为 $X=[x_1,\cdots,x_N]^T$，支付矩阵为 Y。我们感兴趣的是价格 X 如何确定，特别是 X 和 Y 之间的关系。所谓定价问题，就是根据证券未来的价格以及一些假设来确定它当前的价格，而把从 Y 到 X 的映射叫做资产定价关系或者资产定价模型（Asset Pricing Model）。通常，这种模型包含对市场以及市场参与者所做的特定假设，正如第 1 章描述的证券市场经济，但是这一章不准备依赖于这些经济关系和经济的具体特征来为证券定价，而是探索资产定价的一般原理和方法。即仅仅通过一个“相对定价”——无套利原理，用基础证券的状态价格来为证券组合定价。在运用无套利原理为资产定价之前，我们先阐述一个与其关系密切的定义——套利机会。

最简单的一个套利机会的例子是借款利率与贷款利率不等，而且无交易费用，经济中的个体便可以通过不断的借和贷来取得财富，直至借贷利率相等，套利机会消除。不过套利机

会并不仅限于这种无成本取得确定收益的场合,正式地,我们做以下定义:

定义5.2　如果经济中存在满足以下条件之一的资产组合 θ,就称经济中存在套利机会:

(1)当前投资成本为零或者为负,而未来的支付至少在一个状态下严格为正。也即:$X^T\theta \leqslant 0$,并且 $Y\theta > 0$。

(2)当前投资成本为负,而未来的收益非负。也即:$X^T\theta < 0$,并且 $Y\theta \geqslant 0$。

我们将(1)和(2)式定义的套利机会分别称为 *I* 型和 *II* 型套利机会。

根据以上的定义,如果 *I* 型套利机会存在,则经济中可以找到这样的资产组合,它能以不大于零的投资成本得到正的投资收益,用通俗的话说也就是"天上掉馅饼";如果存在 *II* 型套利机会,则投资者可以用负的投资成本获得不小于零的投资收益,用通俗的话说就是"借钱不用还"。而无套利条件就是说一个均衡的市场中这两种套利机会都不应该存在,也就是不存在满足(1)和(2)的投资组合。

例5.1　市场上交易的3只证券,*A*,*B* 和 *C*。它们的支付和价格如下:

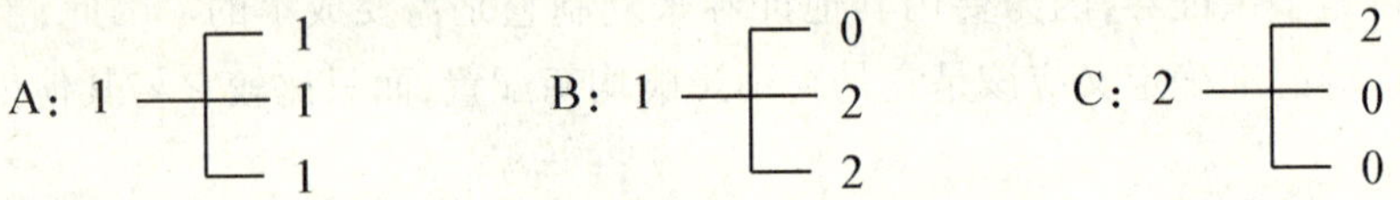

A: 1 —— 1, 1, 1　　B: 1 —— 0, 2, 2　　C: 2 —— 2, 0, 0

其中,每一支付分布中初始节点处的数字代表证券的价格。因此,价格向量是 $X = [1,1,2]^T$,而支付矩阵是:

$$Y = \begin{bmatrix} 1 & 0 & 2 \\ 1 & 2 & 0 \\ 1 & 2 & 0 \end{bmatrix}$$

考虑如下的组合:$\theta_1 = [2, -1, -1]^T$,即买入2个单位的证券 *A*,卖空1个单位的证券 *B* 和1个单位的证券 *C*。这个组合的当前成本为 $X^T\theta_1 = 2 - 1 - 2 = -1$。负的成本表示有正的现金流流入。组合在1期的净支付为

$$Y\theta_1 = \begin{bmatrix} 1 & 0 & 2 \\ 1 & 2 & 0 \\ 1 & 2 & 0 \end{bmatrix} \times \begin{bmatrix} 2 \\ -1 \\ -1 \end{bmatrix} = 0$$

很明显,这是Ⅱ型套利机会:现在有正的现金流流入而未来的现金流总是确定为0。进一步观察可以发现,市场上存在Ⅱ型套利机会的原因是支付相同的资产的交易价格不一样。为了理解这一点,考虑由如下证券 *B* 和证券 *C* 构成的组合:$[0,1,1]^T$。这个组合的支付是期末在三种状态下都为2,这与2单位的证券 *A* 的支付完全相同。而2单位的证券 *A* 的价格是2,而这个组合 $[0,1,1]^T$ 的价格却是3。因此,买入较便宜的资产(2单位的资产 *A*)同时卖出支付相同但较贵的资产(证券 *B* 和 *C* 的组合),就可以获取无风险利润,构成了第Ⅱ类

套利。

现在考虑另外一个组合：$\theta_2 = [2,0,-1]^T$，即买入2单位的证券A并卖出1单位的证券C。这个组合的支付为：

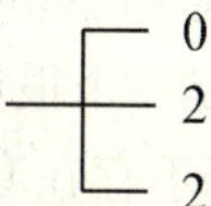

而这个组合在今天的成本为$X^T\theta_2 = 2 + 0 - 2 = 0$。这是Ⅰ型套利机会：现在没有任何成本的支出，而在未来状态2和状态3下都有正的支付。

在此我们有必要解释一下我们对套利的定义。上面定义的套利只依赖于交易证券的支付和价格，而我们假定所有参与者都知道这些支付和价格。这意味着：①套利不依赖于任何私有信息。特别地，套利依赖于证券在每一状态下的支付，但不依赖于每一状态发生的可能性，而私有信息一般是针对状态发生的概率。②如果存在套利机会并且市场无摩擦的话，所有人都可以利用这些套利机会。利用这些公开信息，任何人都可以进行相应的交易。如果某个参与者拥有对未来将发生什么的信息优势，他就可以利用这种优势与其他参与者进行交易而获得利润，这类似于一种生产机会了。这与我们所定义的套利有所区别。

5.2.2　无套利原理

无套利原理，也称为无套利条件、无套利假设，是金融经济学中广泛运用的分析工具。简单来说，套利是指一种低买高卖的行为，投资者同时进行两个或多个交易，在当前就锁定了未来的一个无风险的收益。上面的例子表明，给定支付矩阵，证券价格不能是任意的，否则就有可能存在套利机会，而存在套利机会的价格不可能是市场均衡的结果。存在套利机会就相当于一种"免费午餐"，如果市场上的投资者是理性的，并且他们的偏好都是不满足的，那么他们都将会追逐这种免费午餐，这不可能是一个均衡的情形，但通过这样进行套利，市场套利机会很快就会被消除。在上述例子中，由于存在第Ⅰ型套利机会，参与者会不断地以2∶1的比例买入证券A卖出证券C，这样会增加他在未来状态2和状态3下的消费，由于个体对这两个状态的消费是不满足的，他会无限制的进行这个交易，其他参与者也会这样做，这时的经济就不会是一个均衡。然而随着参与者不停地买入证券A，它的价格会上升。同样，卖出证券C也会使它的价格下降。价格的变化会使组合的成本上升为大于0，从而消除套利机会。因此可以断言，在一个发展良好的金融市场上不应当存在套利机会，这就是下面的无套利原理。

定理5.1　在市场均衡中不存在套利机会。

此外，上面的讨论说明无套利只依赖于不满足公理，这是对参与偏好的一个很弱的假设。实际上，它并不要求所有参与者都是不满足的，只要求其中一个或者一些是不满足的，而这个条件在实际中是很容易达到的。无套利也不依赖于经济的其他特征。因此,我们将这个定理作为金融学的一个一般性原理。

定义 5.3　无套利原理(Principle of No - Arbitrage):证券市场中不存在套利机会。

作为证券价格和支付的基本性质,无套利原理对证券价格和支付之间的关系或资产定价关系做出了限制。我们将看到,无套利是一个很重要的原理,在定价中有着重要运用。

从上面的讨论中,我们可以看到,市场不存在套利机会依赖于两个假设:一是至少部分市场参与者的不满足性,二是市场无摩擦。如果不满足性的假设是自然满足的话,那么无套利的假设实际上等同于市场无摩擦的假设。对于一般的市场而言,如劳动力和商品市场,交易成本和限制往往是非常严重的,相比而言,证券市场中的摩擦要轻微得多。证券本身的产生(发行)和交易往往成本很低甚至可以忽略不计。正是在这样的前提下,我们把无套利作为金融学的一个基本原理。

5.2.3　套利分析和均衡分析

在经济学中,均衡分析是一种基本分析方法。假定消费者追求最大消费效用,生产者追求最大生产利润,然后在一定条件下,存在一个一般经济均衡的价格体系,使得商品的供需达到均衡。金融资产的定价似乎也应该走这条路。但是由于金融市场最主要的特征在于未来的不确定性,沿"均衡定价论"的道路前进十分艰难。1958 年莫迪利阿尼和米勒开始提出将无套利假设来作为金融资产定价的出发点。当然无套利条件只是"均衡定价论"的推论,即达到一般均衡的价格体系一定是无套利的。但是把它单列出来以后既可以脱离均衡定价的复杂框架,更可以直接对资产定价。在现代金融理论中,无套利条件既是一个核心的假设,同时也是一种基本的分析方法,通过假定市场不存在套利机会,可以得出许多有用的关系式,从而为资产定价。于是对于金融经济学来说,又逐渐发展成为"套利定价论",这一理论十分有效,尽管由此无法建立全市场的理论框架,但是对于微观金融来说,套利定价论显得更为重要。

在套利分析中,我们并不假设经济达到了一般均衡,而是假设经济中不存在套利机会,包括前面定义的Ⅰ型和Ⅱ型套利机会。套利分析和均衡分析方法之间既有联系又有区别,这体现在均衡条件要比无套利条件强很多。因此在无套利条件成立的基础上再加上均衡假设,往往能得到一些更强的分析结果。但是,对于金融资产尤其是衍生金融产品的定价问题,套利分析一般就足够解决一切问题。并且套利分析比均衡分析的过程简洁得多,得到的结果在形式上也很漂亮。

下面我们解释一下为什么说均衡条件比无套利条件更强。为了理解均衡分析与套利分析之间的关系,还要分析两者的定义。从微观经济学的角度来看,经济达到均衡意味着所有经济个体都在现有的条件下达到了其效用或者期望效用最大化。在均衡状态,经济中没有任何一个个体还存在进一步改进福利的机会。这时如果假设经济中还存在套利机会的话,每个个体都会乐意享受这样的免费午餐,也就是购买Ⅰ型和Ⅱ型套利机会中的套利组合,这样一来经济必然不会是均衡的。也就是说如果经济已经达到了均衡,每个个体都达到了自己的最大效用水平,这个经济就必然不存在套利机会。所以,在一个均衡的经济中无套利条件是必然成立的。但是,不存在套利机会不一定表示经济一定达到了均衡。在经济中的资产收益一定的前提下,套利机会存在与否取决于经济中的资产价格,因为一组资产价格唯一地确定了资产的收益率。所以,套利机会的有无只与经济中的价格有关,与个体是否在这样的价格中恰当地买卖资产从而实现了其期望效用最大化无关。可能存在这样的情况,就是个体在某一组特定的资产价格下找不到套利机会,但是这组价格并不是均衡价格。

5.2.4 较弱的无套利条件

与套利原理相近但是相对较弱的另一条件是“市场一价法则”,该法则讲述的是:如果两种投资在未来的支付一致,那么这两种投资的当前价值即投资成本必然相等。也就是说,假设有两个投资组合 θ_1 和 θ_2,那么

$$Y\theta_1 = Y\theta_2 \Rightarrow X^T\theta_1 = X^T\theta_2$$

或者等价地:

$$Y\theta = 0 \Rightarrow X^T\theta = 0$$

无套利条件下市场必然满足上面的一价法则,但反之未必成立。事实上,一价法则是直接从不存在第Ⅱ类套利机会就可以得出的结论:如果一价法则不成立,经济中存在某个组合 θ 使得 $Y\theta=0$,但是 $X^T\theta\neq 0$。如果 $X^T\theta<0$,组合 θ 即为一个Ⅱ型套利机会,如果 $X^T\theta>0$,那么组合 $-\theta$ 也是一个Ⅱ型套利机会。但是一价法则并没有排除Ⅰ型套利机会,因此它只是排除了一部分套利机会,比无套利条件要弱。

同样,还有一种较弱的无套利条件是“排除无风险套利”。所谓无风险套利机会,就是指投资者可以不花费成本而获得确定的正投资收益。而排除无风险套利条件就是经济中不存在这样的无风险套利机会。也就是说,支付为正的证券或者证券组合的价格为正。即:

$$Y\theta > 0 \Rightarrow X^T\theta > 0。$$

5.3 资产定价基本定理

金融经济学的一个主要研究内容是资产定价,前面我们说过,如果一个经济达到了均衡,那么必然不存在套利机会。只有当经济偏离均衡状态,资产价格“错误”时,才会有套利现象的出现,使得经济向均衡回归。因此,套利机会的存在与否取决于经济中资产价格是否错误。于是我们可以从这个角度来为资产定价,只有当资产价格避免了套利机会才有可能

是正确的价格。那么,什么样的资产价格才可以避免套利机会的出现呢?

5.3.1 Arrow - Debreu 证券与状态价格回顾

为了考察资产价格,我们要用到决定资产价格的最基本因素:状态价格。前面已经介绍过,它是一些状态或有证券(也叫做 Arrow - Debreu 证券、基础证券)的当前价格。

我们在第 2 章在介绍状态价格时已经对 Arrow - Debreu 证券进行了介绍。这里我们再回顾一下。首先,所谓 Arrow - Debreu 证券,也就是状态 s 或有证券,是指当状态 s 出现时,该证券的支付为 1,而在其他状态下支付为 0 的证券。由所有可能的状态或有证券即它们的完全集合所构成的证券市场,叫做 Arrow - Debreu 证券市场。在这个市场中可以用 A - D 证券的组合生成任意形式的支付,并且此时具有独立支付的证券数等于状态数,因此 Arrow - Debreu 证券市场是完全市场。

其次,所谓状态价格 φ_s 就是状态 s 或有证券在 0 期的价格,也就是在未来某一种状态下有 1 单位支付而在其他状态发生时支付为 0 的证券的当前价格,状态价格向量表示为:$\varphi \equiv [\varphi_1, \cdots, \varphi_s, \cdots \varphi_S]^{T}$。如果无套利假设成立,那么状态价格应该大于 0。

5.3.2 线性定价法则

有了对应于各种未来可能状态的当前状态价格,经济中所有资产的当前价格也就唯一确定了,这就是我们引入状态价格的好处。例如,假设某个资产 n 的未来支付向量为 $Y_n = \begin{pmatrix} y_{1n} \\ 0 \\ \cdots \\ 0 \end{pmatrix}$,该资产的支付又可写为 $Y_n = y_{1n} \times \begin{pmatrix} 1 \\ 0 \\ \cdots \\ 0 \end{pmatrix}$。根据刚刚对状态价格的定义,状态 1 或有证券 $\begin{pmatrix} 1 \\ 0 \\ \cdots \\ 0 \end{pmatrix}$ 的当前价格为状态 1 的状态价格 φ_1,所以可以容易地知道该资产 n 的支付 Y_n 的当前价格为:$x_n = y_{1n} \times \varphi_1$。同理,如果资产 n 的未来支付向量为 $Y_n = \begin{pmatrix} y_{1n} \\ y_{2n} \\ \cdots \\ y_{Sn} \end{pmatrix}$,则该资产的支付又可写为 $Y_n = y_{1n} \times \begin{pmatrix} 1 \\ 0 \\ \cdots \\ 0 \end{pmatrix} + y_{2n} \times \begin{pmatrix} 0 \\ 1 \\ \cdots \\ 0 \end{pmatrix} + \cdots + y_{Sn} \times \begin{pmatrix} 0 \\ 0 \\ \cdots \\ S \end{pmatrix}$,于是该资产的当前价格用状态价格表

示出来就是:$x_n = y_{1n} \times \varphi_1 + y_{2n} \times \varphi_2 + \cdots + y_{Sn} \times \varphi_S$,或者 $x_n = Y_n{}^{\mathrm{T}} \varphi \; i = 1, \cdots, n$。

将所有 N 只资产的价格与状态价格的关系都一一写成上述的表达式,就成了以下的方程组:

$$x_1 = y_{11}\varphi_1 + y_{21}\varphi_2 + \cdots + y_{S1}\varphi_S$$

$$x_2 = y_{12}\varphi_1 + y_{22}\varphi_2 + \cdots + y_{S2}\varphi_S$$

$$\cdots\cdots\cdots\cdots\cdots\cdots\cdots\cdots\cdots$$

$$x_N = y_{1N}\varphi_1 + y_{2N}\varphi_2 + \cdots + y_{SN}\varphi_S$$

于是,每种资产的当前价格都可以通过这样的方法求得。由于上述表达式是线性等式,因此也将这样求资产价格的方法称为“线性定价法则”。该定价法则线性特征的常见应用是计算资产组合的价值,也即:若干份 A 证券与若干份 B 证券组成的证券组合的总价值,应该等于 A 证券价格的同样倍数与 B 证券价格的同样倍数之和。换句话说,也就是一个证券组合的价值应该等于它的组成证券的价值之和。

定理 5.2　在一个无摩擦的市场中,对于任意 $a, b \in R$ 以及具有支付 y_1, y_2 和 $y_3 = ay_1 + by_2$ 的 3 只证券,有 $V(ay_1 + by_2) = aV(y_1) + bV(y_2)$。其中 $V(\cdot)$ 是一个从证券的 1 期支付到其当前价格的映射或函数,这里 $V(y_n) = \varphi^{\mathrm{T}} y_n$。

也即资产组合的价格是每种资产价格的一个线性函数。以后我们将看到,线性定价法则是金融资产定价的一个重要方法。

如果把上面的线性关系方程组写为矩阵形式,有 $X = Y^{\mathrm{T}} \varphi$:

$$\begin{pmatrix} x_1 \\ x_2 \\ \cdots \\ x_n \end{pmatrix} = \begin{pmatrix} y_{11} & y_{21} & \cdots & y_{S1} \\ y_{12} & y_{22} & \cdots & y_{S2} \\ & \cdots\cdots\cdots & & \\ y_{1N} & y_{2N} & \cdots & y_{SN} \end{pmatrix} \begin{pmatrix} \varphi_1 \\ \varphi_2 \\ \cdots \\ \varphi_S \end{pmatrix}$$

其中 $(\varphi_1, \varphi_2, \cdots, \varphi_S)^T$ 是该经济的一个状态价格向量。

5.3.3　资产定价基本定理

本章开始讨论了无套利,接下来又通过状态价格得到了线性定价法则。那么,无套利和线性定价法则之间的关系是什么呢?

前面我们说过,根据状态价格的定义,状态价格必须为正。原因很简单,如果某种状态的状态价格小于等于 0,这表示投资者可以不花费或者花费负的成本就可以购买未来某一状态下的正的 1 元财富。即使这种状态不一定出现,当其他状态出现时其支付也是 0,但是这潜在的盈利可能性也意味着经济中存在免费的午餐。根据无套利假设,我们知道,在一个均衡的经济中这样的套利机会应该是不存在的。于是可以得到下面的资产定价基本定理:

定理5.3（资产定价基本定理）经济中不存在Ⅰ型和Ⅱ型套利机会的充分必要条件是：存在正的状态价格向量$\varphi \gg 0$,使得：

$$X = Y^{\mathrm{T}} \varphi \tag{5.1}$$

资产定价基本定理表明,未来价值为正的组合,其当前也应该有正的价值。结合前面讲的线性定价法则,这里的正的状态价格相当于正的线性定价法则,于是定理5.3也可以表述为:正线性定价法则等价于无套利假设。也就是说,无套利假设意味着证券的当前价格是证券的未来各种可能价格的正线性组合。

这个定理充分性证明非常简单,也即很容易地可以从正线性定价法则推出不存在套利机会。同学们可以自己作为练习来推导。它的必要性涉及凸集分离定理,这里就不再证明。

需要注意的事,根据定理5.4,无套利意味着存在一个可为所有交易证券定价的正的状态价格向量。一般来讲,这样的价格向量不止一个,定理5.4并没有对状态价格向量的唯一性给出任何结论。

例5.2　考虑下面的证券,假设市场中只有证券A,其价格和支付如下：

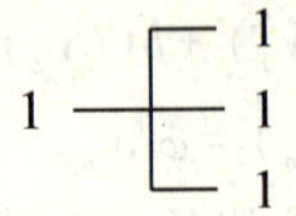

$$1 \begin{cases} 1 \\ 1 \\ 1 \end{cases}$$

很明显,经济中不存在套利机会。那么,任意满足$\varphi_1 + \varphi_2 + \varphi_3 = 1$的严格为正的状态价格向量$\varphi \gg 0$都可以为证券A定价。现在假设市场中还有证券B,其价格和支付如下：

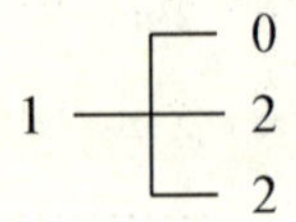

$$1 \begin{cases} 0 \\ 2 \\ 2 \end{cases}$$

此时,任意满足条件$2\varphi_2 + 2\varphi_3 = 1, \varphi_1 > 0$的正的状态价格向量$\varphi \gg 0$都可以为证券B定价。以上两个条件都满足的状态价格向量就是两者的交集：

$$\left.\begin{array}{l} \varphi_1 + \varphi_2 + \varphi_3 = 1 \\ 2\varphi_2 + 2\varphi_3 = 1 \end{array}\right\} \Rightarrow \varphi_1 = 1/2, \varphi_2 + \varphi_3 = 1/2$$

很明显,φ的解不是唯一的,但是由这些φ给出的解仍然不会使得证券A和证券B的价格存在套利机会。现在假定市场中还有证券C,它的价格和支付如下：

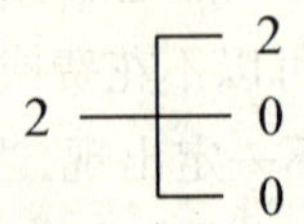

$$2 \begin{cases} 2 \\ 0 \\ 0 \end{cases}$$

C的价格和支付对状态价格的限制条件是:$\varphi_1 = 1$。这与上面的结果$\varphi_1 = 1/2, \varphi_2 +$

$\varphi_3 = 1/2$ 矛盾,因此可以为所有证券定价的 $\varphi \gg 0$ 是不存在的。这并不奇怪,因为从例 5.2 我们已经知道这三种证券的价格和支付确实提供了套利机会。

定理 5.4 在一个完全证券市场中,状态价格向量是唯一的。

证明:令 X 为 N 只交易证券的价格向量,θ_s 为由它们来复制状态 s 或有证券的组合,也即:$Y\theta_s = 1_s$,这里 1_s 表示第 s 个分量为 1,其他分量为 0 的向量。根据资产定价基本定理,存在 $\varphi \gg 0$ 使得 $X = Y^{\mathrm{T}}\varphi$。$X^{\mathrm{T}} = \varphi^{\mathrm{T}} Y \Rightarrow X^{\mathrm{T}} \cdot \theta_s = \varphi^{\mathrm{T}} Y \cdot \theta_s = \varphi^{\mathrm{T}} \cdot 1_s = \varphi_s$,也就是说状态 s 的状态价格由 $\varphi_s = X^{\mathrm{T}}\theta_s$ 唯一给定。

5.4 风险中性定价

5.4.1 状态价格与无风险利率

在这一节中,我们假设市场上交易的证券中存在一只无风险债券,它在一期的支付确定为 1。在现实生活中,可以认为国债具有这样的无风险性质。令它的支付向量为 $Y_1 = [1,1,\cdots,1]^{\mathrm{T}} = \vec{1}$,它的价格为 X_1,这里 $\vec{1}$ 表示元素全为 1 的列向量。由资产定价基本定理,存在一个可以为所有交易证券定价的正的状态价格向量 $\varphi \gg 0$,因此 φ 也能为无风险债券定价。所以,

$$x_1 = \varphi^{\mathrm{T}} Y_1 = \varphi^{\mathrm{T}} \vec{1} = \sum_{s=1}^{S} \varphi_s$$

也就是说我们知道无风险债券的当前价格是所有状态价格之和。

定义 1 单位的无风险证券投资获得的收益率为 r_F,也叫做无风险利率(Interest Rate)。则由该定义:

$$x_1(1 + r_F) = 1 \text{ 或 } r_F = \frac{1 - x_1}{x_1}$$

利率也叫做货币的时间价值,它反映了以今天的 1 单位资源交换未来确定的资源时,市场所提供的回报。与刚才无风险债券的定价关系结合在一起,我们得到:

$$\frac{1}{1 + r_F} = \sum_{s=1}^{S} \varphi_s$$

于是我们可以把无风险债券的定价公式重新写成:

$$x_1 = \frac{1}{1 + r_F} = \sum_{s=1}^{S} \varphi_s \tag{5.2}$$

该公式就是期末具有确定支付 1 的无风险债券的价格,其中分子的 1 是债券的未来支付。这种把债券的价格表示成其支付的线性函数的方法就是通常所说的折现。也就是说债

券的价格就是它的未来支付通过利率的折现值。这个线性函数的系数$\frac{1}{1+r_F}$也称为折现因子,而r_F就是折现率。由(5.2)式可以很容易地知道,折现只是用状态价格向量表示的定价公式的一种等价写法。这个也很自然,因为每一个状态价格可以理解为未来某种状态下1元钱收益的现值,那么所有的状态价格相加就是未来确定的1元钱的现值。

5.4.2 风险中性定价

资产定价基本定理十分简单,但是对资产定价分析却有着十分重要的意义,正是在这一定理基础之上发展出了资产的风险中性定价理论。这里举一个简单的例子。

例5.3 考虑一个两种资产两种状态的经济,其中一种是无风险资产,期末支付向量为:$[1,1]^T$,收益率为$r_F>0$;另一种为风险资产,期末支付为:$[y_1,y_2]^T$。这两种资产的当前价格向量为:$X=[x_1,x_2]^T$。求该风险资产的当前价格。

解:这一经济的支付矩阵为:

$$Y=\begin{pmatrix}1 & y_1\\1 & y_2\end{pmatrix}$$

利用资产定价基本定理,在无套利情况下,存在$\varphi_1,\varphi_2>0$,使得:

$$\begin{pmatrix}1 & 1\\y_1 & y_2\end{pmatrix}\begin{pmatrix}\varphi_1\\\varphi_2\end{pmatrix}=\begin{pmatrix}x_1\\x_2\end{pmatrix}$$

也即:

$$\varphi_1+\varphi_2=x_1=\frac{1}{1+r_F} \tag{5.3}$$

$$y_1\varphi_1+y_2\varphi_2=x_2$$

定义:

$$\hat{\pi}_1=(1+r_F)\varphi_1,\hat{\pi}_2=(1+r_F)\varphi_2$$

由于状态价格为正,$\varphi_s>0$,于是上面定义的$\hat{\pi}_s$满足一般的概率条件:

$$0<\hat{\pi}_s<1,\hat{\pi}_1+\hat{\pi}_2=1 \tag{5.4}$$

其中第2个条件用到了(5.2)式的第一个表达式。

将(5.4)式代入(5.3)式的第二个表达式,可以得到:

$$x_2=\frac{1}{1+r_F}(\hat{\pi}_1y_1+\hat{\pi}_2y_2) \tag{5.5}$$

由(5.5)式,我们确实可以将$\hat{\pi}_s$解释为状态s出现的"概率",于是该风险资产的价格可以解释为不同状态出现的概率与此时收益的乘积之和,再乘以无风险贴现因子。也即风险资产现在的价格等于它未来的"期望价格"(按上述定义的"概率"计算)的贴现值。

乍一看上述的结果,似乎非常的理所当然,就像本章开篇所提到的那样,这个问题正如概率论的起源那样古老和自然:把金融资产的未来价值看作一个随机变量,那么这个随机变量的数学期望就可当做该金融资产的当前价值。但是再仔细想一想,这里的(5.4)式其实跟原来的想法有根本上的不同:①这里的“概率”$\hat{\pi}_s$ 并不是状态 s 出现的真实概率 p,甚至也不是我们主观估计的每种状态发生的概率,而只是由状态价格得到的,不过它刚好符合概率的一些性质,因此我们将它虚拟为“概率”;②如果(5.5)式右端括号中的部分表示的是风险资产的期望价格,那么(5.5)式意味着风险资产的期望收益等于无风险资产的收益率 r_F,而这肯定是不可能的,因为风险资产的期望收益率通常包含正的风险升水,因此合适的折现率应该高于 r_F,从而来补偿资产持有者承担的风险。这也恰好说明 $\hat{\pi}$ 并不是经济中各种状态发生的真实概率 π。

也正因为如此,(5.5)式的意义才非同小可。我们将其推广到一般情形,可以得到:如果以虚拟概率 $\hat{\pi}$ 为基础,任何资产的期望收益率都等于无风险收益率 r_F。这个结果等价于说投资者都是“风险中性”的,因此 $\hat{\pi}$ 也被称为“风险中性概率”。这是一个非常有用的结果,以后我们将看到,正是在这一基础上发展出了资产的风险中性定价理论,这一理论用于期权等衍生金融工具的定价非常有效。

事实上,风险中性概率向量其实就是规范化的状态价格向量。由于无风险收益 r_F 一般不为1,都是大于1的(即无风险净收益率大于0),因此 $\sum_{s=1}^{S}\varphi_s < 1$,而为了要构造出一个“概率”形式,于是就将 φ_s 规范化为 $\hat{\pi}_s$,定义:

$$\hat{\pi}_s = \frac{\varphi_s}{\sum_{s=1}^{S}\varphi_s} \tag{5.6}$$

虽然这个概率 $\hat{\pi}_s$ 不是我们前面讲的真实状态发生的概率 p_i,但它们是一一对应的,因此 $\hat{\pi}_s$ 也被称为定义于自然状态空间 S 上的一个等价概率测度。利用这个等价概率测度,我们可以将资产定价公式重新写为:

$$x_n = \varphi^{\mathrm{T}} Y_n = \sum \varphi_s y_{s\ n} = \frac{1}{1+r_F}\sum_s \hat{\pi}_s y_{sn}, \quad n = 1,\cdots,N \tag{5.7}$$

或者:

$$x_n = \frac{E^{\hat{\Pi}}[\tilde{y}_n]}{1+r_F}, n = 1,\cdots,N \tag{5.8}$$

(5.8)式只是把(5.7)式的离散状态换成了连续状态的变量,其中 $\hat{\Pi} = \{\hat{\pi}_s, s\in S\}$ 表示 S 上的一个概率测度:$\hat{\pi}_s > 0, \forall s\in S$ 且 $\sum_s \hat{\pi}_s = 1$,而 $E^{\hat{\Pi}}$ 表示在概率测度 $\hat{\Pi}$ 下取期望值。(5.8)式只是我们的资产定价基本定理(5.1)式的另一种表述:证券价格就是它在测度 $\hat{\Pi}$ 下的期望值支付对无风险利率的折现。这个公式对所有的证券都适用而不仅仅是无风险证券。正因为如此,(5.8)式也叫做风险中性定价公式,而 $\hat{\Pi}$ 被称作风险中性概率测度。

需要注意的是,风险中性定价公式是对我们新定义的 $\hat{\Pi}$ 而不是实际的概率测度 P 取期望值。P 反映的是各状态的实际概率,而 $\hat{\Pi}$ 则是在式(5.6)中由状态价格定义的,只是规范化的状态价格向量,而状态价格其实已经把风险因素考虑进去了。状态价格的含义非常丰富,它既包含了某种概率的含义在里面,又是对未来支付的一种不确定性折现。此外,更重要的是,状态价格包含了个体对未来不同状态下消费的偏好和效用的信息,所以个体对每个状态下的1单位消费给出的当前价格都不尽相同。为了对这个问题有更清楚的认识,让我们来看看以下例子:

例5.4　在1期,经济有两个自然概率相等的状态:a 和 b。市场上有两只证券,1和2,它们的未来支付和当前价格如下:

证券1: 9/10 → 1, 1　　　证券2: 1/2 → 2, 0

求该经济中的定价算子,并说明经济中证券的价格都可以写成该定价算子的风险中性定价形式。

证券1是无风险债券,由其支付和当前价格可以知道利率 $r_F = 1/9$。给定两个状态发生的自然概率都是1/2,证券2的期望支付为1,与债券1的期望支付相同,但两者的当前价格却不一样,因为证券2是有风险的。但是证券2有风险并不一定意味着其当前价格一定比无风险证券的价格低,这一点我们在后面再解释。

首先由两只证券的未来支付和当前价格,我们无法构造套利机会,并且该市场是完全的,因此我们一定能够找到一组能够为证券定价的正线性算子,也就是状态价格。给定两只证券的价格,我们有 $\varphi_a + \varphi_b = 9/10$ 以及 $2\varphi_a = 1/2$,因此状态价格为:$\varphi_a = 1/4 = 0.25$,$\varphi_b = 13/20 = 0.65$。由于无风险利率为1/9,所以风险中性概率测度为 $\hat{\pi}_1 = \frac{1/4}{9/10} = 5/18 \approx 0.28$,$\hat{\pi}_2 = \frac{13/20}{9/10} = 13/18 \approx 0.72$。利用风险中性定价公式,可以得到:

$$\frac{E^{\hat{\Pi}}[\tilde{y}_1]}{1+1/9} = \frac{\frac{5}{18}\times 1 + \frac{13}{18}\times 1}{1+\frac{1}{9}} = 9/10$$

$$\frac{E^{\hat{\Pi}}[\tilde{y}_2]}{1+1/9} = \frac{\frac{5}{18}\times 2 + \frac{13}{18}\times 0}{1+\frac{1}{9}} = \frac{1}{2}$$

这就是两只证券价格的风险中性定价形式。

这个例子说明,所谓风险中性定价,其实并不是说真实经济是没有风险的,也不是说投资者都是风险中性的,实际上其本质就是在风险世界中的定价,因为状态价格就是考虑了风险之后的价格。而取"风险中性定价"这个名字,只不过是因为将风险定价的算子——也即状态价格——进行规范化重整后,定价就变成了以此规范化的状态价格算子作为概率算期望收益后的无风险利率折现形式。考虑到本例题中真实状态发生的概率其实是各为50%,其定价也不会是无风险定价或者说折现;而在与该风险世界等价的无风险世界,状态 a 发生的概率要变为28%,状态 b 发生的概率要变为72%,才可以用无风险利率折现,此时的定价结果才与真实的风险世界无区别。换句话说,按真实概率求当前资产价格要按风险收益率折现,因此风险溢价体现在收益率上;而等价的风险中性定价是按重整后的概率对期末支付无风险利率折现,风险体现在重整了的概率上。

这里有一个问题,根据两个状态价格 $\varphi_a = 0.25, \varphi_b = 0.65$,意味着状态 b 或有证券 $\begin{pmatrix}0\\1\end{pmatrix}$ 比状态 a 或有证券 $\begin{pmatrix}1\\0\end{pmatrix}$ 要贵,意思就是说这两者的风险不同了,可是为什么呢?按照通常的想法,这两个状态或有证券的方差是一样的,价格是否也应该一样呢?

这两个状态或有证券的方差肯定是一样的,不只是这个例子,根据定义,所有的状态或有证券的方差都是一样的,但是 φ_b 比 φ_a 更贵正是因为两者的风险其实是有区别的。虽然用方差作为其风险的度量,两者的总风险是一样的(以后我们会看到方差不是度量风险的唯一方式,要对偏好或者证券分布加上很严格的假设才能达到,比如二次效用函数和服从正态分布的收益率),但是正如我们在第4章提到的,风险也是要分类的,总风险可以分为两类:市场风险(或曰总体风险、系统性风险)和剩余风险(个体风险、非系统性风险)。给风险证券定价的风险溢价与证券风险的构成有关,如果是特质风险是不会有补偿的,而如果是与市场整体禀赋和消费相关的总体风险,那么证券将会有风险补偿。比如正的系统性风险就有正的风险溢价,如本例的 $(1,0)^T$;而如果是负的系统性风险则有负的风险溢价,如本例 $(0,1)^T$。

这也正说明了状态价格含义的丰富,正如我们所说,它既包含了概率的意义,又包含了个体对未来不同状态下消费的偏好和效用的信息,所以个体对每个状态下的1单位消费给出的当前价格都不尽相同。第2章已经从更具经济含义的一般均衡的角度进行了分析,在那里我们已经看到,各种状态价格之比就是不同状态下消费的边际效用之比。

还有一个问题是,这一章我们虽然知道了证券的当前价格可以用状态价格线性表示,可是如何求状态价格(或者等价的风险中性概率)这一问题仍然没有解决。我们仍然要在没有套利机会的完全市场下,根据已有基础资产的价格来确定状态价格,正如例5.4表明的,在两状态的经济中,要已知一只无风险证券和一只风险证券的价格后(也即知道了经济中两只独立支付证券的当前价格)才能得到此时的状态价格以及风险中性概率测度。在随后的期权定价一章中同样需要知道股票的价格和无风险利率才可以求得期权价格。因此,更一般的状态价格还是要回到第4章里的完全市场下一般均衡进行求解,或者利用一般均衡下的资本资产定价模型来得到,后者是本书第8和第9章的内容。

5.4.3 资产定价基本定理的应用

资产定价基本定理可以导出风险中性定价模型,也就是说:无套利假设等价于存在对未来的不确定性的一种重新估计,使得任何时候的金融资产的价格都等于其未来价格的平均值,它是期权定价的重要理论基础。除此之外,线性定价法则和无套利假设也几乎贯穿了本书所有的内容。我们将看到在以后的章节如套利定价理论(APT)、期权定价等内容中都将用到线性定价法则和无套利假设。

这里,我们给出一个简单的实际应用的例子,来说明资产定价基本定理是如何应用的。假定有两家公司A和B,模型仍然是最简单的两期两状态模型。这两家公司的股票价格如下所示:

	当前价格	未来价格	
		状态1	状态2
公司A	62	100	30
公司B	56	40	90

同时,在这样的条件下,分别有两个对两家公司的投资方案在等待决策:究竟是向A公司投资好,还是向B公司投资好。

	当前投资	未来收入	
		状态1	状态2
公司A	10	10	12
公司B	8	12	6

这个简单的例子是想说明凭感觉或者用传统方法来决策是会犯错误的。因为很明显,一眼看上去似乎应该向A公司投资,因为向A公司投资不会亏。但这都是没有考虑前面一个表格的结果。按照第一个表,如果无套利假设成立,那么状态价格就可以确定,从而就能对投资计划的"当前价值"定价。事实上,由:

$$100\varphi_1 + 30\varphi_2 = 62$$

$$40\varphi_1 + 90\varphi_2 = 56$$

可解得两个状态价格分别为 $\varphi_1 = 0.5, \varphi_2 = 0.4$。这样,对A公司和B公司的投资方案的净现值为:

$$NPV_A = 10\varphi_1 + 12\varphi_2 - 10 = 10 \times 0.5 + 12 \times 0.4 - 10 = -0.2,$$
$$NPV_B = 12\varphi_1 + 6\varphi_2 - 8 = 12 \times 0.5 + 6 \times 0.4 - 8 = -0.4,$$

因此,应该接受向B公司投资的方案。

当然,这个例子仅仅是示意性的。根据这一原理,我们不难构造出更为复杂更贴近实际的例子来。这里最引人注意的是:净现值的计算不是用未来价值的数学期望来计算的,即通过估计未来两个状态的实际可能发生的概率来计算未来的平均价值,而是通过由无套利假设导出的状态价格来计算的。

本章小结

首先用收益率等方法表示了市场结构,并介绍了冗余资产和套利组合的概念。接下来介绍了什么是套利机会,以及套利机会的几种类型,包括:$X^T\theta \leqslant 0$,并且 $Y\theta > 0$;以及 $X^T\theta < 0$,并且 $Y\theta \geqslant 0$。套利不依赖于任何私有信息,并且在无摩擦的假设下,所有人都可以利用这些机会。因此,均衡市场或者说证券市场中不存在套利机会。由无套利假设和线性定价法则,我们得到了正的线性定价法则,也即本章的中心内容资产定价基本定理(注意该定理与通常所说的资本资产定价模型是两个概念,同学们不要混淆了):经济中不存在套利机会的充分必要条件是:存在正的状态价格向量 $\varphi \gg 0$,使得 $X = Y^T\varphi$。资产定价基本定理表明,未来价值为正的组合,其当前也应该有正的价值。最后我们用风险中性定价重新表述了资产定价基本定理。

习题

1. 经济在1期有4个可能的状态。市场中有5只可交易证券,它们的支付矩阵如下:

$$Y = \begin{bmatrix} 1 & 1 & 0 & 0 & 0 \\ 1 & 2 & 1 & 0 & 0 \\ 1 & 3 & 2 & 1 & 0 \\ 1 & 4 & 3 & 2 & 1 \end{bmatrix}$$

假设5只交易证券的价格分别是1,2,1.5,1,0.5。

(1)在这样的价格和支付下存在套利机会吗?

(2)你能构建第Ⅰ类和第Ⅱ类套利机会吗?

2. 某股票具有如下形式的价格和支付:50 —⟨ 60 / 45 ⟩,同时某债券价格和支付形式如下:

$$10 \begin{cases} 11 \\ 11 \end{cases}$$

。请用风险中性定价求支付(10;0)的价格，该支付对应的现实中的证券类型是什么？

3. 仍然考虑习题1中的市场。假设第1,2,4,5只证券的价格分别为0.8,2,0.6,0.2。

(1)计算这4只证券的状态价格和利率。

(2)构建等价概率测度。

6 期权定价——无套利和资产定价基本定理的应用

在上一章我们学习了什么是无套利原理以及资产定价的基本定理,知道了关于定价关系的一些基本性质。然而我们描述的只是这些性质的一般形式。本章我们将阐述期权定价,这既是现代金融经济学的主要内容之一,是资产定价的一个重要方面,也是上一章的套利分析和资产定价基本定理的应用。

期权交易实质上就是一种权利的交易。在这种交易中,期权购买者为了获得期权合约所赋予的权利,就必须向期权出售者支付一定的费用。这一费用就是期权费(期权价格),即期权合约本身的价格。在期权交易中,期权价格(价值)的决定是一个重要而复杂的核心问题。自 1973 年以来,许多专家和学者纷纷提出各自的期权定价模型,以说明期权价格的决定和变动。在这些模型中,最著名的模型主要有如下两个:一个是布莱克—舒尔斯模型(The Black - Scholes Model),另一个则是二项式模型(The Binominal Model)。这两个模型的原理都是一样的,都用到了无套利原理,可以认为 B - S 公式就是二项分布公式的极限形式。本章我们只介绍二叉树模型,因为我们的目的是说明无套利原理和风险中性定价的应用。在本书的最后一章对公司财务定价时用到了 B - S 公式。在此之前,为了更好地说明二叉树模型的内涵,我们有必要先对各种期权定价模型的理论基础——期权的基本性质、影响期权价格的主要因素以及期权价格的边界等问题进行深入的分析。

6.1 期权概念

期权的种类有很多,有股票期权、期货期权、实物期权等证券形式,其本质都是一样。本章以股票期权为例,先对期权的定义和分类进行介绍。

所谓期权(Option),就是一种权利,该权利的持有人在规定的时间内有权按照约定的价格,向期权的出售者那里买入或卖出一定数量的某种标的资产。这里,期权买方可以执行其权利的日期叫做到期日(Maturity Date),而期权合约上约定的价格叫做执行价格(Exercise Price),用 K 来表示。

对于期权来说有两种大的分类:欧式期权和美式期权。所谓欧式期权,就是只有在到期日才能够执行的期权;而美式期权则是在到期日前的任意日期都可以选择执行。因为美式期权给予期权的持有人提前执行的权利而不是义务,因此比欧式期权具备了更多的权利。此外,与欧式期权相比,由于美式期权的支付可以提前执行,因此也比欧式期权更加复杂。如果所有者提前执行,在到期日以前也可以获得支付,因此除了支付的确切值不确定以外,支付的日期也是不确定的。

对于期权本身来说,有看涨和看跌之分,而由于期权是买卖双方签订的合约,因此对于看涨和看跌期权来说分别又有买方和卖方之分。因此期权一共有四种头寸,买入看涨期权、卖出看涨期权、买入看跌期权和卖出看跌期权。

所谓看涨期权(Call Option),就是指是在某一确定时间以某一确定的价格(执行价格)购买某项确定的标的资产的权利。而一个看跌期权(Put Option)是在某一确定时间以某一确定的价格(执行价格)出售某项确定的标的资产的权利。期权购买方为了获得这个权利,必须支付给期权出售方一定的费用,称为期权费(Premium)或期权价格(Option Price)。

期权购买方(Buyer),也称为持有者(Holder)或期权多头,在支付期权费之后,就拥有了在合约规定的时间行使其购买或出售标的资产的权利,也可以不行使这个权利,而且不承担任何义务期权的出售方(Seller),也叫做签发者(Writer)或期权空头。在收取了买方所支付的期权费之后,就承担了在规定时间内按照买方要求履行合约即卖出或买入标的资产的义务,而没有任何权利。

下面我们来看期权的期末支付。以一个欧式看涨期权为例。记一只股票在 1 时期的支付为随机变量 $\tilde{S}$,0 期的价格为 S。期权的执行价格为 K。该股票的看涨期权的期末支付为:$\tilde{c}=\max[\tilde{S}-K,0]$,而看跌期权的期末支付为:$\tilde{p}=\max[K-\tilde{S},0]$。图 6.1 描述了欧式看涨和看跌期权在 1 期的支付以及与当时的资产价格之间的关系。

期权合约的独特之处在于其多头方获得了按合约约定买卖某种资产的权利,完全没有义务,而其空头方则只有按照多头方要求履行买卖的义务,全然没有权利。为此,期权合约的多头方必须事先向空头方缴纳期权费,才能获得相应的权利。

期权交易中还有一个很重要的概念叫做内在价值(Intrisic Value),也就是如果今天执行期权所带来的支付。对于看涨期权买方来说,内在价值就是市场价格高于执行价格带来的收益,为 $S-K$。而对于看跌期权买方来说,内在价值就是执行价格高于市场价格带来的收益,看跌期权的内在价值为 $K-S$。

如果一份期权的内在价值大于 0,我们称这样期权为实值(in the Money);如果内在价值等于 0,称为平值(at the Money);如果期权内在价值小于 0,称为虚值(out of the Money)。

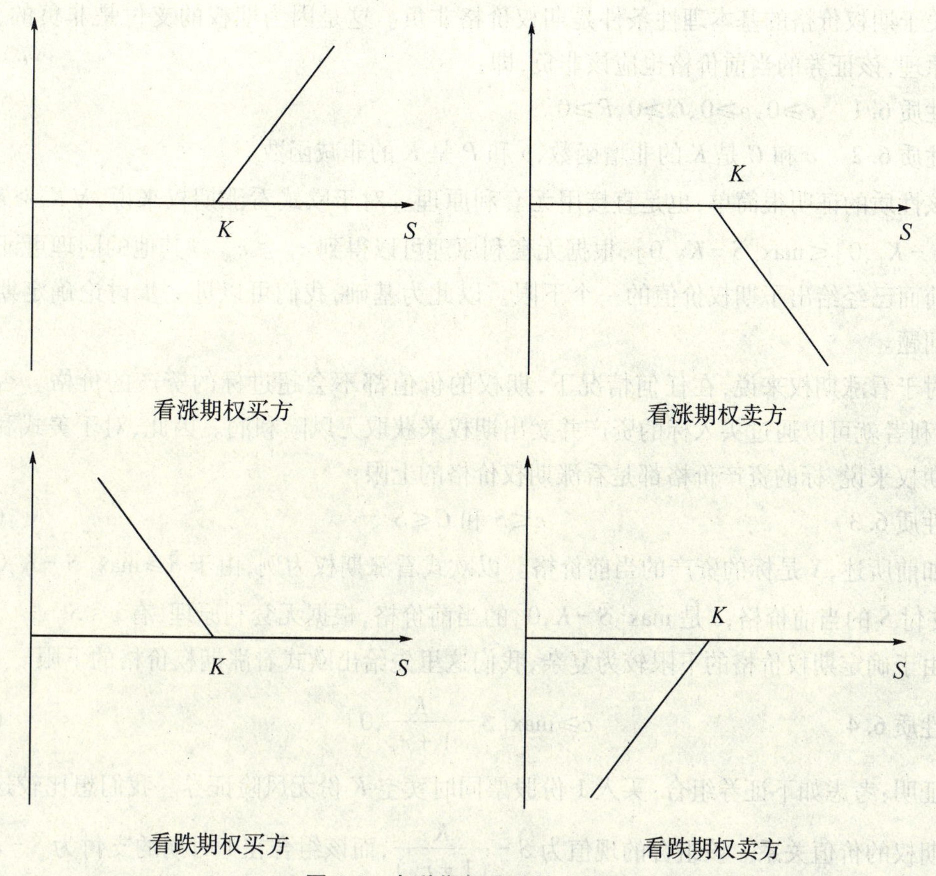

图 6.1 各种期权头寸的支付图

需要注意的是,与股票的单边持有不同,期权是双方签订的、互为买卖方的交易,是零和交易。零和交易的意思就是,期权购买者所得到的支付正是来自于期权卖出者的付出。当然,双方的支付和付出是由标的资产(这里假设是股票)的价格决定的,都是可正可负的,但其总和必定为零。因此,从经济总体来看,期权的净头寸恒为0。

记 c 为欧式看涨期权在 $t=0$ 时期的价格,p 为欧式看跌期权在 $t=0$ 时期的价格。C 和 P 记为相应的美式期权的价格。我们首先利用无套利原理得到期权价格的基本性质和边界,再分析期权定价。

6.2 期权价格的性质和边界

期权的价格取决于几个因素,如期权的标的资产的当前价格和未来价格,以及到期的时间,利率,等等。为了推导出期权定价的精确公式,我们先得找出期权价格的上、下限。

关于期权价格的基本理性条件是期权价格非负。这是因为期权的支付是非负的，由无套利原理，该证券的当前价格也应该非负，即：

性质6.1 $c \geqslant 0, p \geqslant 0, C \geqslant 0, P \geqslant 0$。

性质6.2 c 和 C 是 K 的非增函数，p 和 P 是 K 的非减函数。

该性质的证明很简单，也是直接用无套利原理。对于欧式看涨期权来说，$\forall K_1 > K_2$，有 $\max[\tilde{S} - K_1, 0] \leqslant \max[\tilde{S} - K_2, 0]$，根据无套利原理可以得到 $c_{K_1} \leqslant c_{K_1}$。其他的同理可证。

前面已经给出了期权价值的一个下限。以此为基础，我们可以进一步讨论确定期权边界的问题。

对于看涨期权来说，在任何情况下，期权的价值都不会超过标的资产的价格。否则的话，套利者就可以通过买入标的资产并卖出期权来获取无风险利润。因此，对于美式和欧式看涨期权来说，标的资产价格都是看涨期权价格的上限：

性质6.3
$$c \leqslant S \text{ 和 } C \leqslant S \tag{6.1}$$

如前所述，X 是标的资产的当前价格。以欧式看涨期权为例，由于 $\tilde{S} \geqslant \max[\tilde{S} - K, 0]$，而 S 是支付 $\tilde{S}$ 的当前价格，c 是 $\max[\tilde{S} - K, 0]$ 的当前价格，根据无套利原理，有 $c \leqslant S$。

由于确定期权价格的下限较为复杂，我们这里先给出欧式看涨期权价格的下限。

性质6.4
$$c \geqslant \max[S - \frac{K}{1 + r_F}, 0] \tag{6.2}$$

证明：考虑如下证券组合：买入1份股票同时卖空 K 份无风险证券。我们想比较这个组合与期权的价值关系。该组合的现值为 $S - \frac{K}{(1 + r_F)}$，而该组合在1时期的支付为 $\tilde{S} - K$。因为 $\max[\tilde{S} - K, 0] \geqslant \tilde{S} - K$，根据无套利原理，未来支付较大的证券当前价格也应该较高，所以 $c \geqslant S - \frac{K}{(1 + r_F)}$。结合前面期权价格非负的下限，可以得到：$c \geqslant \max[S - \frac{K}{1 + r_F}, 0]$。

综合上面两个性质，我们得到了欧式看涨期权的上下限：

$$\max[S - \frac{K}{1 + r_F}, 0] \leqslant c \leqslant S \tag{6.3}$$

以上我们主要以看涨期权为例分析了期权价格的上下限，那么看跌期权的结果又如何呢？对于以相同资产为标的并且执行价格相同的看涨和看跌期权来说，它们之间有如下密切关系。

定理6.1（看涨—看跌期权平价关系）如果存在无风险证券并且其利率为 r_F，那么：

$$c + \frac{K}{1 + r_F} = p + S \tag{6.4}$$

证明：考虑等式两边的两个组合，等式左边的组合为：买入1份执行价格为 K 的看涨期权和 K 份无风险证券；等式右边的组合为：买入1份执行价格为 K 的看跌期权和1份股票。

这两个组合在期末的支付都是一样的,这是因为当 $\tilde{S}\leqslant K$ 时,两个组合的期末支付都等于 K;当 $\tilde{S}>K$ 时,两个组合的支付都是 $\tilde{S}$,因此这两个组合的期末支付在任何情况下都一样,根据无套利原理,这两个组合的当前价值也应该一样,即(6.4)式成立。

6.3 美式期权:是否需要提前执行

为了确定美式期权的价值及其边界,我们需要对美式期权作更深入的分析。由于美式期权与欧式期权的唯一区别在于美式期权多了一个提前执行的权利(当然,美式期权提前执行的条件是提前执行比持有到期更优),因此美式期权的价格应该不低于相应的欧式期权的价格。于是:

$$C\geqslant c, P\geqslant p$$

如果提前执行发生,那么不等式严格成立。下面我们分析在什么情况下美式期权不会提前执行,而在什么情况下提前执行会发生,以及提前执行对期权价格的影响。

影响期权提前执行的一个重要因素是标的股票的股利发放。在前面的讨论中,我们只有等到1期才会有支付,事实上,股票也可能在当前的0时期就有支付发生,这就是股利。如果一旦发放了股利,就会影响标的股票在未来1时期的支付,因此可能使得期权持有人选择提前执行期权。我们先分析没有股利发放时的美式期权情形,再考虑发放股利时美式期权的提前执行情况。

6.3.1 无股利发放时的美式期权

是否提前执行,除了与股利发放有关外,在看涨和看跌期权之间的区别是很大的。我们对看涨和看跌期权分别处理,先看考虑无股利发放时的美式看涨期权。

由于现金会产生收益,而提前执行看涨期权得到的标的资产无收益,再加上美式期权的时间价值总是为正的,因此我们可以直观地判断提前执行无收益资产的美式看涨期权是不明智的。为了推导这个结论,我们将继续持有时的期权价值与提前执行比较相比较:

由于提前执行所得到的支付为 $S-K$,但是:

$$S-K\leqslant S-\frac{K}{1+r_F}\leqslant \max\left[S-\frac{K}{1+r_F},0\right]\leqslant c \tag{6.5}$$

也就是说,提前执行美式看涨期权所得到的价值不会高于将它作为欧式看涨期权继续持有的价值大。因为在某些状态下不等式严格成立,因此对于没有股利发放的美式看涨期权来说,是不会提前执行的。

其中(6.5)式的第一个不等式是因为货币是有时间价值的。因为如果选择提前执行,就需要在0期立即支付执行价格,而不是等到1期,此时所得到的支付是 $S-K$。而如果是等到期末再执行，那么支付就是 $\tilde{S}-K$，即付出 K 得到 $\tilde{S}$，该支付的当前现值是 $S-\frac{K}{1+r_F}$，显然比立即执行得到的支付 $S-K$ 要多。所以当利率大于 0 时，同样的付出当然越晚越好。第二个不等式是到期日可以有不执行的权利，因为如果到期时当 $\tilde{S}<K$ 时我们可以选择不执行期权，此时 $\max[\tilde{S}-K,0]$ 的支付肯定要优于 $\tilde{S}-K$ 的支付。这个不等式体现了选择权的价值。最后一个不等式用到了欧式看涨期权的价格下限。因此，提前执行期权的代价是要放弃时间价值和选择权价值。如果没有股利发放，理性人是不会提前执行美式看涨期权的，所以同一种无收益标的资产的美式看涨期权和欧式看涨期权的价值是相同的，即 $C=c$。

现在我们来考察提前执行无股利发放股票的美式看跌期权是否合理。尽管没有股利发放，但是提前执行美式看跌期权可能是最优的，因为提前执行虽然有成本，也有收益，这需要我们对提前执行的成本和收益进行比较。这里，提前执行的成本是放弃了未来的选择权，而收益是执行价格的时间价值，因为看跌期权的买方是支付执行价格的一方。如果选择提前执行，持有者现在就可以得到执行价格而不需要等到将来。所以美式看跌期权的价值应该等于立即执行得到的支付和继续作为欧式期权持有到期的期权价值的较大者。根据看涨和看跌期权的平价关系，我们可以知道：

$$P=\max[K-S,p]=\max[K-S,\frac{K}{1+r_F}-S+c]$$

如果 $K-S>\frac{K}{1+r_F}-S+c$，那么提前执行是最优的。也就是当$\frac{r_F}{1+r_F}K>c$ 时提前执行。只有当看跌期权深度实值也就是内在价值远大于 0 时，此时 K 远大于 S，不等式$\frac{r_F}{1+r_F}K>c$ 成立。

6.3.2　有股利发放时的美式期权

由于提前执行有股利发放的股票的美式期权可较早获得标的资产，从而获得现金收益，而现金收益可以派生利息，因此在一定条件下，提前执行有收益资产的美式看涨期权有可能是合理的。

我们假设在期权到期前的 0 时刻，标的股票还发放股利，股利现值为 D；仍然是 0 时期，发放股利后股票的价格变为 S。美式看涨期权的持有者在 0 时期有两个选择：①支付 K 执行期权，在获得股利后马上卖出股票，得到总额为 $D+S$ 的支付；②持有期权直到到期日 1 期。在最优执行策略下，美式看涨期权的价值应该为两者之中的较大者：

$C_D=\max[S+D-K,c]$。其中 C_D 是发放股利前美式看涨期权的价值。

同样的，对于看跌期权有：$P_D=\max[K-S-D,p]$。因此 $C_D\geqslant c$，$P_D\geqslant p$，即对于美式期权来说，股利促使持有者提前执行看涨期权，推迟执行看跌期权。

另外，当有股利发放时，看涨期权和看跌期权的平价关系也稍微有所不同，变为：

$$c + \frac{K}{1 + r_F} + D = p + S$$

具体推导与定理6.1类似，这里略去，留给同学们作为练习。

6.4 完全市场中的期权定价

如果证券市场是完全的，那么存在唯一的状态价格向量 $\varphi = (\varphi_1, \cdots, \varphi_N)^{\mathrm{T}}$，如果标的资产在状态 s 发生时支付为 y_s，根据资产定价基本定理，看涨期权的价格为：

$$c = \sum_{s=1}^{S} (\varphi_s \cdot \max[y_s - K, 0]) = \frac{1}{1 + r_F} E^{\hat{\Pi}}[\max(\tilde{Y} - K, 0)]$$

这里 $\hat{\Pi}$ 是风险中性测度。为了得到更具体的结果，我们考虑一个更加具体和简化的模型：二叉树模型（the Binomial Model）。它是1979年由考克斯（Cox）、罗斯（Ross）和鲁宾斯坦（Rubinstein）得到的，是期权数值定价方法的一种。二叉树模型的优点在于其比较简单直观，不需要太多的数学知识就可以加以应用。同时，它不仅可以为欧式期权定价，而且可以为美式期权定价；不仅可以为无收益资产定价，而且可以为有收益资产定价，应用相当广泛，目前已经成为最基本的期权定价方法之一。

6.4.1 二叉树模型和无套利定价方法

二叉树模型是假设股票服从二叉树过程。首先把期权的有效期分为很多很小的时间间隔，并假设在每一个时间间隔内证券价格只有两种运动的可能：从开始的 S 上升到原先的 u 倍，即到达 Su；下降到原先的 d 倍，即 Sd。其中，$u > 1$，$d < 1$，如图6.2所示。价格上升的概率假设为 p，下降的概率假设为 $1 - p$。由于我们这里只考虑当前和未来两个时刻，因此这里我们以单步二叉树为例。

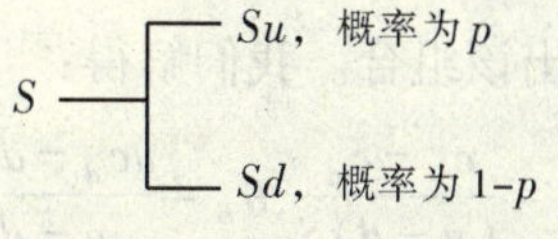

S —— Su，概率为 p

S —— Sd，概率为 $1-p$

图6.2 从0时刻到1时刻时间内资产价格的变动

在较大的时间间隔内，这种二值运动的假设当然不符合实际，但是当时间间隔非常小的时候，比如在每个瞬间，资产价格只有这两个运动方向的假设是可以接受的。因此，二叉树模型实际上是在用大量离散的小幅度二值运动来模拟连续的资产价格运动。

相应地，期权价值也会有所不同，设上升和下降时的期权价值分别为 c_u 和 c_d。由于这里只有一期,因此 $c_u=\max[Su-K,0]$,$c_d=\max[Sd-K,0]$。除了股票资产,我们假设这个两期两状态经济中还存在无风险证券,利率是 r_F。假设该无风险证券在 1 期的支付为 1,当前价格为 B,利用上一章的结论,债券价格就是 1 期支付按照无风险利率折现,我们有:

$$B=\frac{1}{1+r_F}$$

因此无风险证券的价格也可以用二叉树过程来表示

$$B\begin{cases}1,\ 概率为\ p\\ 1,\ 概率为\ 1-p\end{cases}$$

在上述二叉树模型中,因为经济只有两个状态,因此无风险债券和股票构成了完全市场。此时我们可以用无风险债券和股票复制任何其他证券的支付。根据无套利原理,它们的价格完全由无风险债券和股票的复制组合来决定,而复制组合的价格又可以由组合中股票和债券的持有量及其价格决定。因此,我们可以用上述思路来为欧式看涨期权定价,用股票和债券的组合来复制期权的支付,从而得到期权的价格。

由于到期日看涨期权的支付为 $\max[\tilde{S}-K,0]$,这是个不确定的支付,依赖于到期时的股票价格。我们将股票价格按照上面二叉树过程的结果代入到期时看涨期权的支付,可以得到:$c_u=\max[Su-K,0]$,$c_d=\max[Sd-K,0]$:

$$c_1=\begin{cases}c_u=\max[Su-K,0], & 概率为\ p\\ c_d=\max[Sd-K,0], & 概率为\ 1-p\end{cases}$$

现在考虑一个由股票和债券形成的组合,并希望该组合能复制上述支付。假设有 θ_S 股票和 θ_B 份的债券。这个组合在 1 期两个可能状态下的支付为 v:

$$v_1=\begin{cases}v_u=\theta_S Su+\theta_B, & 概率为\ p\\ v_d=\theta_S Sd+\theta_B, & 概率为\ 1-p\end{cases}$$

要使得该组合的期末支付等于期权的期末支付,就要令:$v_u=c_u$ 并且 $v_d=c_d$,求使得这两个等式满足的 θ_S 和 θ_B,并求解出该组合。我们解得:

$$\theta_S=\frac{c_u-c_d}{(u-d)S},\theta_B=\frac{uc_d-dc_u}{u-d}$$

由于该股票和债券的组合与期权有相同的期末支付,根据无套利原理,这个组合的当前价格也应该与期权的当前价格相同,也即:

$$\theta_S S+\frac{\theta_B}{1+r_F}=c$$

将上面 θ_S 和 θ_B 的表达式代入,可以得到期权价格为:

$$c=\frac{1}{1+r_F}\left[\frac{(1+r_F)-d}{u-d}c_u+\frac{u-(1+r_F)}{u-d}c_d\right] \tag{6.6}$$

复制组合中所包含的股票数目 θ_S 也叫做股票的对冲比率（Hedge Ratio），通常用 Δ 表示。为什么叫对冲比率呢？因为我们的经济只有两个状态，因此任何两个支付线性无关的证券都可以形成完全市场，都可以用来复制其他证券的支付。如果重新对上面的求解过程进行思考，将股票和期权视作组合，无风险证券视为多余证券，那么也可以用期权和股票的组合来复制无风险债券的支付。此时期权加上经过股票对冲后的组合就成为无风险的了，因此 Δ 也叫对冲比率。

6.4.2 资产定价基本定理和期权定价

以上是在完全市场中运用了无套利原理和复制方法，用股票和债券的价格为期权定价。我们也可以直接利用资产定价基本定理和状态价格来为期权定价，先求出两个状态的状态价格，然后直接用状态价格为期权定价。

首先，我们要求前面给出的股票和无风险证券的价格过程不存在套利机会。也就是说，作为上升和下降幅度的 u 和 d 必须满足一定的条件。如果 $B=\frac{1}{1+r_F}$，那么 u 和 d 一定满足：$u>1+r_F$ 并且 $d<1+r_F$。

这是因为如果上述条件不满足就会存在套利机会。比如假设 $u\leqslant 1+r_F$，考虑这样一个套利组合：卖出一份股票同时买入 $S(1+r_F)$ 份无风险证券，成本正好为0。因此该组合是一个套利组合。考虑这个套利组合在1期时的支付：当股票价格上升时，组合的支付为 $[(1+r_F)-u]S\geqslant 0$；当股票价格下降时，组合的支付为 $[(1+r_F)-d]S>0$。这显然是一个套利机会。由于均衡时市场中应该没有套利机会，因此 $u>1+r_F$。同理可证 $d<1+r_F$。

因为1期只有两个可能状态，由资产定价基本定理，存在状态价格向量 $\varphi=(\varphi_u,\varphi_d)^{\mathrm{T}}$，$\varphi\gg 0$，使得 $S=\varphi_u Su+\varphi_d Sd$，$B=\varphi_u+\varphi_d$。其中 φ_u 和 φ_d 是分别对应于状态 u 和状态 d 的状态价格。由此立即得到：

$$\varphi_u=\frac{1}{1+r_F}\frac{1+r_F-d}{u-d},\ \varphi_d=\frac{1}{1+r_F}\frac{u-(1+r_F)}{u-d}$$

因为经济只有两个状态，股票和债券的支付线性独立，因此构成了完全市场，并且它们的价格唯一地确定了状态价格。有了状态价格，根据资产定价基本定理，可以得到此时期权的价格为：

$$\begin{aligned}c&=\varphi_u\max[Su-K,0]+\varphi_d\max[Sd-K,0]\\&=\varphi_u c_u+\varphi_d c_d\\&=\frac{1}{1+r_F}\left[\frac{(1+r_F)-d}{u-d}c_u+\frac{u-(1+r_F)}{u-d}c_d\right]\end{aligned} \tag{6.7}$$

这个结果与前面利用组合复制的方法得到的结果(6.6)式是一样的。

给定状态价格,我们可以定义等价的风险中性概率测度:

$$\hat{\pi}=\frac{\varphi_u}{\varphi_u+\varphi_d}=\frac{1+r_F-d}{u-d},\ 1-\hat{\pi}=\frac{\varphi_d}{\varphi_u+\varphi_d}=\frac{u-(1+r_F)}{u-d}$$

利用风险中性定价公式,我们可以把期权定价公式重新写为:

$$c=\frac{1}{1+r_F}[\hat{\pi}c_u+(1-\hat{\pi})c_d]=\frac{E^{\hat{\Pi}}[c_1]}{1+r_F} \tag{6.8}$$

比较以上两种方法,我们可以看到,无套利定价法和风险中性定价法实际上具有内在一致性。这个结论在第5章里我们已经得到了。此外,从期权定价的例子中可以看出,在无套利定价过程中,我们并没有考虑资产价格上升和下降的实际概率,由于标的资产的期望收益率等于不同情况下收益率以概率为权重的加权平均值,在无套利定价法下无须考虑概率就意味着资产期望收益具有无关性,这正好符合风险中性的概念。而(6.8)式中的概率 $\hat{\pi}$ 实际上是风险中性世界中的概率而非实际的概率,因此期权定价仍然是与资产的期望收益率无关的。

在二叉树股价过程假设下,证券市场是完全的,因此我们可以用无套利原理,用股票和债券的价格为期权定价,这就是二叉树定价模型。它是无套利原理在衍生证券定价中的一个重要应用。

6.4.3 多步二叉树模型:倒推定价法

以上所述的单步二叉树模型虽然比较简单,但已包含着二叉树定价模型的基本原理和方法。如果经济不止2期,可以进一步拓展到多步二叉树模型,这也更与实际相符。应用多步二叉树模型来表示证券价格变化的完整树型结构如图6.3所示。

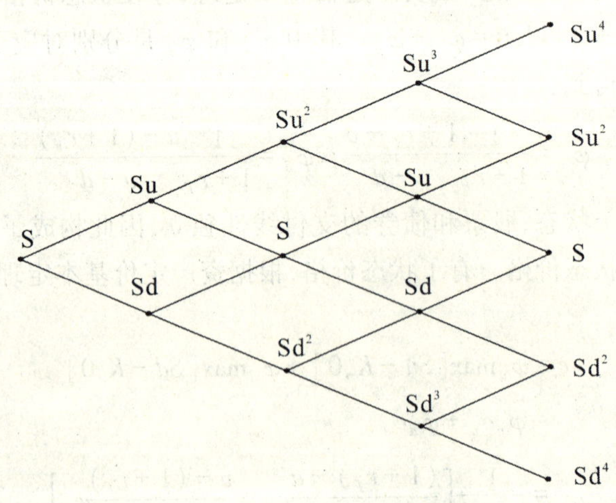

图6.3 资产价格的树型结构

通常我们可以假设 $u=\frac{1}{d}$,这样可以大大简化多步二叉树模型。当时间为0时,证券价格为 S。时间为1期时,证券价格要么上涨到 Su,要么下降到 Sd;时间为2期时,证券价格就有三种可能:Su^2、Sud(等于 S)和 Sd^2,以此类推。

得到每个结点的资产价格之后,就可以在二叉树模型中采用倒推定价法,从树型结构图的末端 T 时刻开始往回倒推,为期权定价。由于在到期 T 时刻的期权价值是已知的,例如看涨期权价值为 $\max(S_T-X,0)$,看跌期权价值为 $\max(X-S_T,0)$,因此在风险中性条件下在求解 $T-1$ 时刻的每一结点上的期权价值时,都可通过将 T 时刻的期权价值在一个时期长度内以无风险利率 r_F 折现求出。同理,要求解 $T-2$ 时的每一结点的期权价值时,也可以将 $T-1$ 时的期权价值在一个时期的时间长度内以无风险利率 r_F 贴现求出。依此类推。采用这种倒推法,最终可以求出0时刻(当前时刻)的期权价值。

以上是欧式期权的情况,如果是美式期权,就要在树型结构的每一个结点上,比较在本时刻提前执行期权和继续再持有一个时期,到下一个时刻再执行期权,选择其中较大者作为该结点的期权价值。

6.5　用期权将市场扩充为完全市场

上一节我们看到,如果证券市场是完全的,因而可以用完全市场中的支付线性无关的证券为期权定价。

在实际生活中,由于证券价格往往不止两个可能的变化状态,而是可变空间很大,可能的自然状态往往远大于市场上发行的公司股票数目,所以我们通常不能靠市场上的公司股票和债券复制出S种状态或有的A-D证券。那么真实的证券市场是否一定不完备呢?如果期权不是多余证券,也就是说当市场不完全时我们又该如何为期权定价呢?这一节我们要学习如何通过期权来扩充证券市场,并使得市场完全化。因为完全市场不仅有助于我们对资产进行定价,也可以提高资源配置的有效性。我们要证明,在一定条件下,由唯一一种证券或者证券组合,加上一些以它为标的资产的期权,可以复制出所需要的具有支付线性无关的证券,从而这样的市场仍然是完全的。

假设存在一只证券(或证券组合),它的支付为 $Y_s, s\in S$。如果对于任意的 $s,s'\in S$ 并且 $s\neq s'$,都有 $Y_s\neq Y_s{}'$,称该证券在1期具有状态分离的支付。不失一般性,我们可以对自然的可能状态做适当的调整,假设当 $s<s'$ 时有 $Y_s<Y_s{}'$,也就是按照证券支付的大小来重新排列状态,有:$0<Y_1<Y_2<\cdots<Y_S$。称这个证券为基本证券。

现在我们引入以该证券为标的资产的欧式看涨期权。考虑一份执行价格为 Y_l 的欧式看涨期权的买权。由于期权的持有者在到期日有以执行价购买标的资产的权利而非义务，他只有在该证券的未来支付高于 Y_l 才会履约，其他情况会放弃这个权利。结合该证券的支付排列状况，这份看涨期权的买权在各种状态下的支付收益是 c_l：

$$c_l=\begin{cases}0 & s\leqslant l\\ Y_s-Y_l & s>l\end{cases}$$

创造 $S-1$ 种这样的欧式看涨期权的买权，执行价格分别为 $Y_1,Y_2,\cdots,Y_{S-1}$，与原有的基本证券组合在一起，这 S 只风险证券的支付矩阵是：

$$Y=\begin{bmatrix}Y_1 & 0 & 0 & \cdots & 0\\ Y_2 & Y_2-Y_1 & 0 & \cdots & 0\\ Y_3 & Y_3-Y_1 & Y_3-Y_2 & \cdots & 0\\ & & \cdots\cdots & & \\ Y_S & Y_S-Y_1 & Y_S-Y_2 & \cdots & Y_S-Y_{S-1}\end{bmatrix}$$

显然，由于 $Y_1\neq 0$ 并且 $Y_s\neq Y_s{}'$，这个矩阵必然是满秩的，它的秩为 S。因此，由基本证券和以其为标的资产的 $S-1$ 只欧式看涨期权所构成的证券市场是完全市场。这也说明了期权的引入有助于市场的完全化。

此外，我们用基本的证券和以其为标的资产的期权组合可以复制状态或有证券，从而得到所有的 A－D 证券。为了使复制过程尽量简单，我们使用的期权与上面的期权形式稍有不同。这个方法同时将说明，期权在复制各种形态的状态或有支付时非常方便和灵活。

必要时增加基本证券的持有份数，可以同比例地放大基本证券的支付，我们总可以得到 $Y_1>0, Y_{s+1}>Y_s+1, s=1,\cdots S-1$。举例来说，如果在一个有 3 种可能状态的经济中，某证券的支付是(0.01,0.20,0.03)，先将它的状态重新排列可以得到(0.01,0.03,0.20)，然后将该证券的份数增加到 100 份，使其收益变为(1,3,20)，这样就满足条件 $Y_{s+1}>Y_s+1$ 了。

除了前面定义的欧式看涨期权 c_l 以外，再发行一种以基本证券为标的资产、执行价格为 Y_l+1 的看涨期权，其状态依存支付 c_l^* 为：

$$c_l^*=\begin{cases}0 & s\leqslant l\\ Y_s-Y_l-1 & s>l\end{cases}$$

由于条件 $Y_{s+1}>Y_s+1$ 保证了 $Y_s-Y_l-1>0$。如果参与者同时购买了 1 份 c_l 和 1 份 c_{l-1}^*，并出售 1 份 c_{l-1} 和 1 份 c_l^*，那么该组合的收益支付将是：

$$[c_l-c_l^*]-[c_{l-1}-c_{l-1}^*]=\begin{cases}1 & s=l\\ 0 & s\neq l\end{cases}$$

这就是对应于状态 l 的 A－D 证券的支付，从而上述期权组合就是状态 l 或有证券，期权组合的成本就是该状态或有证券的价格。因此用这个期权组合可以复制任意的状态或有要求权。

本章小结

本章用无套利分析为期权定价,可以作为上一章的现实应用。首先介绍了期权的概念,以及期权的边界,在讨论边界时我们用到了上一章讲过的无套利假设。接下来我们在完全市场下用无套利方法为二叉树期权定价,并用风险中性方法再次进行了验证。最后我们讲解了期权的作用之一——将市场扩充为完备市场。

习题

1. 利用无套利原理除了能给期权定价,也能给很多衍生产品定价,如远期合约。远期合约是在未来(1期)以当前(0期)确定的价格交易某一证券或者商品的合约,在当期没有现金流产生。在当期约定的未来交易价格称为远期价格。比方说,考虑一份在1期以F_0的价格购买1单位黄金的远期合约。合约的买方同意到期日(1期)从卖方买入1单位黄金,在当前没有现金流交换。假设无风险利率为r_F。考虑两种在1期得到1单位黄金的方法:第一,现在以S_0的价格买入1单位黄金,持有到期末;第二,买一份远期合约,在1期支付远期价格F_0并得到1单位黄金。这两种方法都在1期得到1单位黄金,期末黄金的价格假设为S_1。

(1)请用无套利原理求出远期价格,并表示成S_0和r_F的表达式;

(2)假设持有1单位黄金不仅得到它的1期价格,还可以得到额外的收益y,y将如何影响远期价格?

2. 股票价格具有如下形式的二叉树结构:

$$10 \left\{ \begin{array}{l} 12 \\ 9 \end{array} \right.$$

假设两个可能结果发生的概率相等,无风险利率为10%。

(1)请为一个以此股票为标的资产、执行价格为8的看涨期权定价。

(2)假设你得到一个新的利好消息:股票价格上升到12的概率大于0.5,而股票价格仍然是10。此时看涨期权的价格是上涨还是下跌?为什么?

7　组合选择一：不确定环境下风险厌恶者的投资行为

基于无套利原理，我们得到了资产定价基本定理，由此知道了可交易证券的价格和支付可以定义相应的状态价格，并应用到期权定价上。无套利原理在资产定价中的确具有很大的威力，这种套利定价方法的好处是几乎不需要经济的任何具体特征，然而这也是它的缺点所在。因为套利定价并不能告诉我们状态价格是由什么经济基本面决定的，比如经济中的风险、参与者的偏好等。比如期权定价，虽然能通过股票对期权进行准确的定价，但是股票的价格又是如何决定的，无风险利率又是如何决定的呢？此外还有对金融市场资源配置效率的考察，以及投资者偏好对均衡价格的影响，等等。同时，虽然一些资产定价模型的基础仅仅是较弱的无套利原理，但追加均衡条件往往会得到更强的理论结果。

因此，在金融经济学中，仍有一些领域是仅靠套利分析无法解决的。要回答上述问题，并深入了解究竟是什么决定了所有交易证券的价格以及它们在资源配置中所起的作用，我们仍需回到一般均衡分析框架下。本章将对不确定经济环境下个体的最优投资组合进行总体性的描述。具体来说，本章我们要讨论当个体是风险厌恶者时，在什么条件下他会进行风险资产的投资、该最优投资组合的性质以及随机占优的证券收益率分布条件下个体的选择。个人在不确定环境下的决策，或者说经济均衡的达到，需要涉及两个方面，首先就是给定某个储蓄（或曰投资）水平下的最优投资组合选择问题，这将得到给定投资金额之下的最优投资组合和期望效用；其次是最优消费问题，即求解当前的最优消费和储蓄各占总财富的多少，这需要比较当前消费得到的效用与未来消费得到的期望效用，其中未来的消费是由未来的禀赋加上最优组合得到的。这两个决策共同决定了证券市场的出清、商品市场的出清以及证券的均衡价格。第 2 章和第 4 章已经重点讨论了最优消费问题，本章将把注意力放在给定财富水平下的投资组合选择上。此外，本章刻画的是风险厌恶投资者的一般投资决策，下一章将会对投资者的偏好做进一步约束，探讨在特殊的二次效用函数或者资产收益正态分布假设下，用均值方差偏好分析个人的投资组合选择以及资产定价问题。

7.1 最优消费/投资问题的解

给定参与者风险厌恶的偏好性质,我们现在来考虑风险厌恶者在不确定下的消费和投资组合问题。记秩为 N 的交易证券的支付矩阵为 X,相应的价格向量为 S。在时间可加、状态独立的期望效用函数下,参与者的最优消费和投资问题可以写成:

$$\begin{aligned} &\max_{\theta} u_0(c_0) + \sum_{s=1}^{S} p_s u_1(c_{1s}) \\ &s.t. \quad c_0 = e_0 - X^{\mathrm{T}}\theta \\ &\qquad\ \ c_1 = e_1 + Y\theta \end{aligned} \tag{7.1}$$

问题(7.1)的最优问题解的存在性只有一个充要条件,即市场不存在套利机会。原因也很简单,无套利是必要套件,因为如果存在套利机会,参与者可以随意增加他们的消费从而不可能存在最优解。充分条件则由于如果不存在套利机会,交易证券支付的状态价格都为正,也就是每一消费的价格为正,因为每个参与者的资源约束是有界的,如果目标函数连续,那么预算集中一定存在一个最优点。

把预算约束直接代入效用函数(这里忽略了消费非负的约束),可以将(7.1)重新写成:

$$\max_{\theta} u_0(e_0 - X^T\theta) + \sum_{s=1}^{S} p_s u_1(e_{1s} + Y_s\theta)$$

求解该优化问题很简单,只需针对每种证券 n 求上式关于 θ_n 的一阶导数即可:

$$u_0'(c_0)x_n = \sum_{s=1}^{S} p_s u_1'(c_{1s})Y_{s,n}, n = 1, \cdots, N$$

将这个方程改写为连续变量形式即为:

$$u_0'(c_0)x_n = E[u_1'(\tilde{c}_1)\tilde{Y}_n], n = 1, \cdots, N \tag{7.2}$$

上述方程的含义是:当市场达到均衡时,参与者将 x_n 的财富用于当前消费得到的边际效用,应该等于他将该 x_n 的财富投资于一单位证券 n 并使其未来消费增加 $\tilde{Y}_n$ 所得到的边际效用。这个结论再次提示我们,不确定环境下的经济学跟确定条件下的微观经济学有很大的相似之处。在微观经济学的消费者理论里,消费者应选择最优的商品组合,使得最后一单位的货币支出无论用来购买哪一种商品,其带来的边际效用都相等,这里类似,只不过改为了参与者在今天消费 1 单位货币和将其省下来投资以取得明天的消费之间是无差异的,也即其边际效用是相等的。

例 7.1　考虑一个经济,将来有两个概率相等的状态。市场中只有一只交易证券,其价格和支付如下,其中 x 是该证券的当前价格。如果某参与者在 0 期的禀赋为 w_0,1 期的禀赋为0,其效用函数为 $U(c)=\log c_0+\frac{1}{2}\rho(\log c_{1a}+\log c_{1b})$,其中 $0\leqslant\rho\leqslant1$ 为时间折现系数,表示的是投资者等待未来消费的耐心程度。求参与者的最优消费问题,以及此时的组合选择。

$$x \begin{cases} 1 \\ 2 \end{cases}$$

首先根据描述可以写出该参与者的期望效用函数:

$$U(c)=\log c_0+\frac{1}{2}\rho(\log c_{1a}+\log c_{1b})$$

如果将参与者持有的证券份数记为 θ,且 $c_0=w_0-\theta x, c_{1a}=2\theta, c_{1b}=1\theta$,那么其优化问题可以写为:

$$\max_{\theta}\log(w_0-\theta x)+\frac{1}{2}\rho(\log2\theta+\log\theta)$$

对 θ 求导,结果为:$-\frac{x}{w_0-\theta x}+\frac{\rho}{\theta}=0$。由此可以得到最优证券投资份额 $\theta=\frac{\rho}{1+\rho}\frac{w_0}{x}$,从而最优消费是:

$$c_0=w_0-\theta x=\frac{1}{1+\rho}w_0,\ c_{1a}=2\theta=\frac{\rho}{1+\rho}\frac{2w_0}{x},\ c_{1b}=1\theta=\frac{\rho}{1+\rho}\frac{w_0}{x}$$

注意到参与者当前的消费金额 c_0 和投资金额 θx 的分配都是依赖于经济中的共有参数如个人所拥有的财富、证券价格、时间折现系数等。例如,如果一个人的时间折现系数越接近于1,也就是他有非常大的耐性推迟消费,此时他将会把一半的财富(对数效用函数下)用于投资,一半用于今天消费;而当其极不愿意将财富留到未来消费时,其当前消费接近于个人的总财富、投资金额则接近于0。另外当前的储蓄或者说投资是证券价格 x 的减函数,但需要注意的是,当前的消费的表达式里却没有出现证券价格,而总是等于财富按时间系数折现的值(读者可以想想这是为什么)。最后,当个人总财富增加时,他会既增加当前的消费,又增加对未来的投资。

7.2 投资组合的选择

为了方便起见,我们考虑上述最优消费和投资组合问题(7.1)的等价表示。记组合 θ 的市场价值为:

$$W_0\equiv e_0-c_0=X^{\mathrm{T}}\theta$$

这里,W_0是个体参与者投资于证券组合 θ 的0期储蓄,注意这里它指的是扣除了当前消费后的金融财富,而不是参与者的总财富。我们可以将最优消费和投资组合问题(7.1)分解为两个部分,首先就是最优投资组合问题,即求解给定某个储蓄(投资)水平 W_0 下的最优组合选择,这将得到给定投资金额下的最优投资组合和期望效用。然后是最优消费问题,即求解当前的最优消费和储蓄各占总财富的多少,这需要比较当前消费得到的效用与未来消费得到的期望效用,其中未来的消费是由未来的禀赋加上最优组合得到的。

给定储蓄(投资总额)水平,第一个问题即投资组合的选择问题就是:

$$v_1(W_0) \equiv \max_{\{\theta: X^{\mathrm{T}}\theta = W_0\}} E[u_1(e_1 + \tilde{Y}\theta)] \tag{7.3}$$

其中 $\tilde{Y} = [\tilde{Y}_1, \cdots, \tilde{Y}_n, \cdots, \tilde{Y}_N]$ 是 N 只证券的随机支付行向量,函数 $v_1(W)$ 叫做财富的间接效用函数,因为它不是直接针对消费品的,而是间接定义在财富上的。以后我们将主要使用间接效用函数,它表示个体收入通过购买最优投资组合所获得的最大期望效用。

有了(7.3)式的最优组合选择问题后,(7.1)式给出的完整的消费和组合选择问题可以表述成:

$$\begin{aligned}&\max_{W_0}\{u_0(e_0 - W_0) + \max_{\{\theta: X^{\mathrm{T}}\theta = W_0\}} E[u_1(\tilde{e}_1 + \tilde{Y}\theta)]\}\\ &= \max_{W_0} u_0(e_0 - W_0) + v_1(W_0)\end{aligned}$$

可以看到,给定储蓄的间接效用函数 $v_1(W)$,求解最优消费和储蓄问题就很简单了。因此,我们在本章及今后的内容中将会主要考虑给定储蓄或者说投资总额水平下的最优投资组合选择问题。

这里我们简单地将投资者在 1 期的禀赋设定为 0,就是说参与者只拥有 0 期的禀赋和交易证券,而当前的交易证券是不能用于消费的,只能持有或者进行交换,到 1 期获得市场支付后再进行消费。忽略时间指标后,此时参与者的投资组合选择问题变为:

$$v(W_0) \equiv \max_{\{\theta: X^{\mathrm{T}}\theta = W_0\}} E[u(\tilde{Y}\theta)] \tag{7.4}$$

假设经济中存在无风险证券,令它的序号为第 1 只证券,其收益率也就是利率为 r_F。第 2 到第只 N 证券的随机收益为:$\tilde{Y}_2, \cdots, \tilde{Y}_N$,第 n 种资产的总收益率和净收益率分别为 $\tilde{R}_n = \dfrac{\tilde{Y}_n}{x_n}$ 和 $\tilde{r}_n = \dfrac{\tilde{Y}_n}{x_n} - 1$,因此证券的收益率向量为 $[r_F, \tilde{r}_2, \cdots, \tilde{r}_N]^{\mathrm{T}}$。在第 1 章中曾对证券组合进行过描述,除了可以用证券的持有量来表示一个投资组合外,还可以用证券的持有金额来表示,比如可以用一个 n 维列向量 $a = (a_1, \cdots, a_N)^{\mathrm{T}}$ 来表示投资组合,其中 a_1 表示无风险证券的投资金额,$a_n(n=2, \cdots, N)$ 表示风险证券 n 的投资金额。本书中证券没有卖空限制,也就是说 $a_n(n=1, \cdots, N)$ 可以为负。其投资总成本即为储蓄水平:$W_0 = \sum_{n=1}^{N} a_n$。

假设风险厌恶者具有严格凹的效用函数 $u(W)$,即 $u' > 0, u'' < 0$,这表示个体是风险厌恶的,并且认为财富越多越好。考虑如下的证券组合选择问题,投资 a_n 在第 n 种风险资产上,

剩下的 a_1 投资在无风险资产上,其中 $a_1 = W_0 - \sum_{n=2}^{N} a_n$。则个体的投资收益,也即在第 1 期的支付 $\tilde{W}$ 为:

$$\begin{aligned}\tilde{W} &= \sum_{n=1}^{N} \theta_n \tilde{Y}_n = \sum_{n=1}^{N} a_n \tilde{R}_n = \sum_{n=1}^{N} a_n (1 + \tilde{r}_n) \\ &= a_1(1 + r_F) + \sum_{n=2}^{N} a_n (1 + \tilde{r}_n) \\ &= (W_0 - \sum_{n=2}^{N} a_n)(1 + r_F) + \sum_{n=2}^{N} a_n (1 + \tilde{r}_n) \\ &= W_0(1 + r_F) + \sum_{n=2}^{N} a_n (\tilde{r}_n - r_F)\end{aligned}$$

其中,$W_0 = \sum_{n=1}^{N} a_n$。风险证券与无风险证券的收益率之差 $\tilde{r}_n - r_F$ 叫做风险证券的超额收益(Excess Return),同时也可以叫做风险溢价。注意这里的风险溢价概念与第 3 章介绍风险厌恶时定义的风险溢价有所不同,这里定义的风险溢价指的是超过无风险的收益率部分,在金融上更加常用。

从而个体面对的最优组合选择问题(7.4)可以进一步详细地写为:

$$\max_{\{a_n\}} E[u(\tilde{W})] = \max_{\{a_n\}} E[u(W_0(1 + r_F) + \sum_{n=2}^{N} a_n (\tilde{r}_n - r_F))] \tag{7.5}$$

上述最大化问题的解在其一阶条件为 0 的时候得到:

$$E[u'(\tilde{W})(\tilde{r}_n - r_F)] = 0,\ n = 2, \cdots, N \tag{7.6}$$

这给出了求解的 a_n 的 $N-1$ 个不等式。由于效用函数是凹函数,(7.6)式同时还是充分条件。

7.3 最优组合的性质

7.3.1 最优投资组合满足的条件

通常(7.6)式的解依赖于两个因素,一是证券收益率的分布,二是参与者的风险厌恶程度。我们先考虑解的一般性质,下一节再基于收益率的随机占优分析投资组合选择的问题。

因为 u 的一阶导数为正,因此 $\tilde{r}_n - r_F > 0$ 的概率必须属于(0,1)。就是说资产 n 的收益率至少要有高于无风险收益率的可能性,否则如果确定地有 $\tilde{r}_n < r_F$,由于 $u' > 0$,(7.6)式不可能成立。此时个体不会对资产 n 有正的投资,相反,个体还会无限地卖空风险资产。

但是仅有 $\tilde{r}_n - r_F > 0$ 的概率属于(0,1),还不足以保证个体会投资在风险资产上,从直觉上看，风险厌恶个体要在一种风险资产上有正的投资，至少要求该风险资产的期望收益率高于无风险收益率，因为投资者还要承担不确定的风险。这个直觉是对的。一般来说，对风险厌恶者而言，只有当风险资产的收益率高于无风险资产的收益率时，他才会在风险资产上进行投资。下面的定理说明了这一点。

定理 7.1 风险厌恶个体投资于风险资产的充分必要条件是，经济中至少有一种风险资产的期望收益率高于无风险资产收益率。

证明："⇒"：假设个体不会在任何风险资产上进行投资，或者卖空一些风险资产，那么个体的一阶条件在 $a_n=0$ 处必然非正，此时个体将全部收入投资于无风险资产才会达到最优。即：

$$E[u'(W_0(1+r_F))(\tilde{r}_n-r_F)]\leqslant 0, n=2,\cdots,N$$

由于 $W_0(1+r_F)$ 是确定值，可以拿到期望函数符号外面来，并且 $u'>0$，所以上式又等价于：

$$E[\tilde{r}_n-r_F]\leqslant 0, n=2,,\cdots,N$$

因此，只有当所有的风险资产都没有正的风险溢价的时候，个体才不会在风险资产上进行投资。

"⇐"：当一种或多种风险资产有正的风险溢价时，即存在 n 使得：

$$E[\tilde{r}_n-r_F]>0, \tag{7.7}$$

则存在 n' 使得 $a_n'>0$。注意这里的 n' 不一定等于 n，就是说即使当某个风险资产的收益率大于无风险收益率，个体也不一定会在这种资产上投资，因为个体可能觉得其他同时也满足此条件的资产会优于这种资产。然而，当经济中只有一种风险资产的时候，(7.7)式说明一个正的风险溢价将导致在这种资产上的正的投资；如果该风险资产的风险溢价为负，那么会导致投资者卖空这项资产；如果该资产的风险溢价为0，其投资金额也为0。

这里我们要引入一个概念：风险升水或风险溢价，它指的是风险资产的期望收益率与无风险利率之间的差。注意区分风险溢价与超额收益的差别。上一章我们定义了一个风险溢价的概念，并借此建立了风险厌恶测度。不过那里的风险升水概念是经济学意义上的，而金融经济学或者投资学中风险升水的概念有所不同。假设参与个体在均衡中持有的资产组合为 $a=(a_1,\cdots,a_N)^{\mathrm{T}}$，期末随机支付可以写为：

$$\begin{aligned}\widetilde{W} &= W_0(1+r_F)+\sum_{n=2}^{N}a_n(\tilde{r}_n-r_F)\\ &= W_0(1+r_F)+\sum_{n=2}^{N}a_n(\tilde{r}_n-\bar{r}_n)+\sum_{n=2}^{N}a_n(\bar{r}_n-r_F)\end{aligned}$$

其中，$\bar{r}_n=E[\tilde{r}_n]$，表示资产 n 的期望收益率。显然 $(\tilde{r}_n-\bar{r}_n)$ 是一个公平赌博，而 $(\bar{r}_n-r_F)$ 则是个体承担风险 $(\tilde{r}_n-\bar{r}_n)$ 所获得的补偿，我们称它为资产 n 的风险溢价：

$$l_n = \bar{r}_n - r_F = E[\tilde{r}_n] - r_F$$

这个风险升水的定义与上一节的定义略有不同：①l_n是投资者选择承担资产 n 风险时所获得的补偿，而之前定义的 h 是个体为了回避风险愿意支付的“保险费”；②个体支付 h 后与他承受风险时的场合处于同一效用水平，而个体在接受风险补偿 l_n后将比他只投资于无风险资产时效用更高，否则他不会投资于这种风险资产。

7.3.2 单只风险证券下投资决策的比较静态分析

以下我们将进一步考察个体风险厌恶程度对他的风险投资量的影响。我们先假设经济中只有一种风险资产和一种无风险资产。经济中只有唯一一种风险资产的假设条件，可以让我们暂时避免参与者的风险投资在不同资产间的分配问题。

令 $A(W)$ 为参与者的绝对风险厌恶系数，W_0 为他的总投资额，假设 $E[\tilde{r}_n] > r_F$。显然，个体对待风险的态度不同，他参与风险投资的程度也会不同。而且个体风险厌恶程度越高，他在风险资产上的投资金额就应该越低。这点很容易从最优投资组合条件(7.6)中得到：

当经济中只有一种风险资产和无风险资产时，假设风险资产的随机收益率和期望收益率分别为 $\tilde{r}$ 和 $\bar{r}$。因为 $E[\tilde{r}] > r_F$，假设个体在风险资产上的投资金额为 a，a 满足最优投资组合问题的求解条件(7.6)：

$$E[u'(W_0(1+r_F) + a(\tilde{r} - r_F))(\tilde{r} - r_F)] = 0$$

如果风险 $E[(\tilde{r} - r_F)^2]$较小，将上式左边在 $W_0(1+r_F)$附近按泰勒展开式展开：

$$\begin{aligned} 0 &= E[u'(W_0(1+r_F) + a(\tilde{r} - r_F))(\tilde{r} - r_F)] \\ &\approx E[u'[W_0(1+r_F) + au''(W_0(1+r_F))(\tilde{r} - r_F)](\tilde{r} - r_F)] \\ &= u'[W_0(1+r_F)]E[(\tilde{r} - r_F)] + au''[W_0(1+r_F)]E[(\tilde{r} - r_F)^2] \end{aligned}$$

将 a 解出，得：

$$a \approx \frac{\bar{r} - r_F}{A[W_0(1+r_F)]E[(\tilde{r} - r_F)^2]} \tag{7.8}$$

其中，分子为风险资产的风险溢价，分母第一项是绝对风险厌恶系数，当资产的风险 $E[(\tilde{r} - r_F)^2]$的风险溢价不变的情况下，参与者的绝对风险厌恶系数越大，他在该风险资产上的投资金额越少。此外，(7.8)式还说明，对于一个风险厌恶个体，资产的风险溢价越低，个体的投资金额越少。

不过(7.8)式从直观上只说明的是投资金额和风险厌恶程度之间的关系，并没有很清楚地说明参与者在风险资产上的投资金额与其投资总额之间的关系。而如果个体的绝对风险厌恶系数是参与者总储蓄 W_0的单调减(增)函数，那么当参与者的储蓄增加时，个体在风险资产上的投资将随之增加(减少)。这就是下面的定理 7.2。这里，W_0既可以认为是总的储蓄水平或者用于投资的总金额，也可以认为是投资者的初始收入或者财富，因为在第 1 节说明了我们关注的主要是给定财富水平下的最优投资组合问题，而最优消费和储蓄问题在最优投资组合问题得到了解决的前提下变得很简单，本书不予考虑。

定理 7.2 $a'(W_0)>0$ 当且仅当 $A'(W_0)<0$（递减绝对风险厌恶，*DARA*）；$a'(W_0)<0$ 当且仅当 $A'(W_0)>0$（递增绝对风险厌恶，*IARA*）；$a'(W_0)=0$，当且仅当 $A'(W_0)=0$（常数绝对风险厌恶的，*CARA*）。

证明：假设风险资产的风险溢价为正，风险资产的投资金额 a 满足的最优投资问题的一阶条件为：$E[u'(\tilde{W})(\tilde{r}-r_F)]=0$，其中 $\tilde{W}=W_0(1+r_F)+a(\tilde{r}-r_F)$。利用隐函数求导法则，在一阶条件两边对 W_0 求导为：

$$\frac{da}{dW_0}=-\frac{E[u''(\tilde{W})(\tilde{r}-r_F)](1+r_F)}{E[u''(\tilde{W})(\tilde{r}-r_F)^2]} \tag{7.9}$$

由于参与者是风险厌恶的，因此 $u''<0$，上式右端分母为负，所以$\frac{da}{dW_0}$的符号就应该与右边分子的符号相同。先考察期望算子符号里面的 $u''(\tilde{W})(\tilde{r}-r_F)$。由绝对风险厌恶系数的定义 $A(W)=-u''(W)/u'(W)$，并且 $u'>0$，所以 $u''(\tilde{W})(\tilde{r}-r_F)$可以化为：

$$u''(\tilde{W})(\tilde{r}-r_F)=-A(\tilde{W})u'(\tilde{W})(\tilde{r}-r_F) \tag{7.10}$$

如果 $A(W)$是 W 的单调减函数，当 $\tilde{r}>r_F$ 时，由 $\tilde{W}=W_0(1+r_F)+a(\tilde{r}-r_F)$有 $\tilde{W}>W_0(1+r_F)$，从而 $A(\tilde{W})<A[W_0(1+r_F)]$；当 $\tilde{r}\leqslant r_F$ 时，$\tilde{W}\leqslant W_0(1+r_F)$，这时 $A(\tilde{W})\geqslant A[W_0(1+r_F)]$，综合这两种情况，可以把(7.9)式重新写成：

$$-A(\tilde{W})u'(\tilde{W})(\tilde{r}-r_F)\geqslant -A[W_0(1+r_F)]u'(\tilde{W})(\tilde{r}-r_F) \tag{7.11}$$

对(7.11)式两边取期望，并与(7.10)式结合在一起，可以得到：

$$u''(\tilde{W})(\tilde{r}-r_F)>-A[W_0(1+r_F)]E[u'(\tilde{W})(\tilde{r}-r_F)]=0 \tag{7.12}$$

这里取严格不等式是因为 $\tilde{r}>r_F$ 的概率大于0；(7.12)的右边等于0是因为后面部分是一阶条件。所以可以得到 $u''(\tilde{W})(\tilde{r}-r_F)>0$。将此结果代回(7.9)式，最后得到$\frac{da}{dW_0}>0$。这表明当参与者的绝对风险厌恶系数是其总投资金额的减函数(*DARA*)时，也就是说当他的风险厌恶程度随总投资水平的增加而降低时，说明他变得比以前更能够承受风险，此时他在风险资产上的投资金额将会随着其总投资额的增加而增加。用微观经济学的术语来描述，可以认为这时个体视风险资产为正常商品。

类似地，我们可以得到，当参与者的绝对风险厌恶系数是总投资金额（或者总储蓄）的单调增函数(*IARA*)时，个体总投资金额的增加会增加他的风险厌恶程度，说明个体越害怕风险，此时他会减少持有的风险资产，风险资产就是次品。而当参与者具有常数绝对风险厌恶系数(*CARA*)时，参与者的绝对风险厌恶系数与其总投资金额无关，参与者总投资水平的变化也不会影响他对该风险资产的投资金额。

定理7.2考虑的是风险资产的投资额如何依赖于总的投资金额的变化。也可以考虑一个平行的问题，就是对于一个具有单调递增效用函数、风险厌恶的参与者来说，他的投资金额的比例是如何依赖于总投资水平的变化。也就是说，当总投资额增加百分之一时，风险资产上的投资额将会变化百分之几呢？这要用到相对风险厌恶系数 $R(W)$ 和弹性的概念。我们引入参与者风险资产投资额 a 对财富的弹性来刻画风险资产的相对投资倾向：

$$\eta(W_0)=\frac{\dfrac{da}{a}}{\dfrac{dW_0}{W_0}}=\frac{W_0}{a}\frac{da}{dW_0}$$

当一个风险厌恶者具有递减的相对风险厌恶系数时，则 $\eta>1$，他对风险资产的投资比例将随着财富的百分比变化的上升而上升；而当一个风险厌恶者有单调递增的相对风险厌恶系数时，则 $\eta<1$，他对风险资产的投资比例随着财富百分比变化的上升而降低；如果是常数的相对风险厌恶系数，则 $\eta=1$，个体将始终以财富中的某个固定不变的比例投资于风险资产。这就是下面的定理7.3。

定理7.3　如果以 η 表示个体的风险资产需求对财富的弹性，则：

$\eta>1$，当且仅当 $R'(W_0)<0$（递减相对风险厌恶，$DRRA$）；$\eta<1$，当且仅当 $R'(W_0)>0$（递增相对风险厌恶，$IRRA$）；$\eta=1$，当且仅当 $R'(W_0)=0$（常数相对风险厌恶，$CRRA$）。

证明：假设个体的效用函数满足 $u'>0$ 和 $u''<0$。我们将弹性 $\eta(W_0)$ 的定义重新表述为：

$$\eta(W_0)=\frac{W_0}{a}\frac{da}{dW_0}=1+\frac{(da/dW_0)W_0-a}{a}$$

把(7.9)式代入上式，得：

$$\begin{aligned}\eta(W_0)&=1-\frac{E[u''(\tilde{W})(\tilde{r}-r_F)](1+r_F)W_0+aE[u''(\tilde{W})(\tilde{r}-r_F)^2]}{aE[u''(\tilde{W})(\tilde{r}-r_F)^2]}\\&=1-\frac{E[u''(\tilde{W})(\tilde{r}-r_F)[(1+r_F)W_0+a(\tilde{r}-r_F)]]}{aE[u''(\tilde{W})(\tilde{r}-r_F)^2]}\\&=1-\frac{E[u''(\tilde{W})(\tilde{r}-r_F)\tilde{W}]}{aE[u''(\tilde{W})(\tilde{r}-r_F)^2]}\end{aligned}\tag{7.13}$$

上式中最后一个等式用到了定义 $\tilde{W}=W_0(1+r_F)+a(\tilde{r}-r_F)$。下面我们以 $R'(W_0)<0$ 为例进行证明，其余情况类似。由于 $u''<0$，所以(7.13)右边分母是负值。要证明此时 $\eta>1$，只需要证明分子的符号为正，即：

$$E[u''(\tilde{W})(\tilde{r}-r_F)\tilde{W}]>0\tag{7.14}$$

先看期望运算符号中间的部分：$u''(\tilde{W})(\tilde{r}-r_F)\tilde{W}$。由相对风险厌恶系数的定义 $R(W)=-u''(W)W/u'(W)$，我们有：

$$u''(\widetilde{W})(\tilde{r}-r_F)\widetilde{W}=-R(\widetilde{W})u'(\widetilde{W})(\tilde{r}-r_F) \tag{7.15}$$

跟定理7.2类似,可以证明:

$$R(\widetilde{W})u'(\widetilde{W})(\tilde{r}-r_F)\leqslant R[W_0(1+r_F)]u'(\widetilde{W})(\tilde{r}-r_F) \tag{7.16}$$

代入(7.15),并在两边取期望,得到:

$$E[u''(\widetilde{W})(\tilde{r}-r_F)\widetilde{W}]>-R[W_0(1+r_F)]E[u'(\widetilde{W})(\tilde{r}-r_F)]=0 \tag{7.17}$$

(7.14)式得证,从而$\eta>1$。$R'(W_0)>0$和$R'(W_0)=0$的情况可以类似证明。

在经济中只有一个风险资产和一个无风险资产的情况下,前面的三个定理揭示了组合选择如何依赖于资产的收益率、风险溢价以及参与者的风险厌恶程度和财富。需要注意的是,上述结论不能推广到经济中存在多种风险资产的情况。例如,假设$E[\tilde{r}_n]>r_F$对任意n都成立,可以知道对某些n而言a_n为正,但也不能排除对某些证券而言其a_n为负的可能性。这是因为除了期望收益以外,参与者也关心风险,特别是整个组合的风险。下一章我们将看到,有时卖空一只证券可以减少整个组合的风险,而这个好处超过了它的收益可能带来的好处。再比如,随着参与者财富的变化,个体会调整他在各项风险资产上的投资比重。如果$A'(W)<0$,当W_0增加时,个体可能会增加他在某一个风险高的资产上的投资,同时降低他在另一个风险较低的资产上的投资。

7.4 风险测度和随机占优

7.4.1 方差作为风险测度的局限

这一节我们考虑不同资产之间的风险比较。这里我们指的是资产的客观风险部分,即与参与者的主观偏好无关的风险测度。前面我们讲过的风险厌恶系数反映了参与者对待风险的态度,是对参与者的主观偏好进行描述。

上一章我们指出,在定义风险厌恶度量的同时,我们也得到了对于小风险本身的一个度量,就是资产的方差。但是它并不满足一个合理的资产风险测度所需要的条件,那就是:在其他条件不变的情况下,以其为测度,增加风险将降低所有风险厌恶者的效用并增加风险爱好者的效用,并且不改变风险中立者的效用。我们将在下一章详细讨论在什么情况下方差可以作为风险的准确度量,此时个体的效用函数仅依赖于资产的期望收益和方差。下面我们要介绍一个可以直接对证券或证券组合进行排序的方法,这也是对证券风险测度的一般方法:二阶随机占优。

7.4.2 二阶随机占优

当一个参与者选择最优组合时,他实际上是对所有的可能组合或者说这些组合的收益率进行排序。对组合收益率的考虑包括两方面的因素:组合的期望收益和风险。对这两个因素的权衡可能又依赖于参与者的偏好。下面我们考虑收益率的某些特定性质,这些性质允许参与者可以直接对证券或者证券组合进行排序,而不需要考虑自己的偏好。这就是资产收益率的二阶随机占优。这是个一般的相对风险测度。说这种测度是相对的,是因为它没有告诉我们一种特定的资产风险有多大,而只是对资产之间的风险进行比较和排序。

出于需要,接下来我们不是针对证券的收益率 $\tilde{r}_n$ 而是对总收益率 $\tilde{R}_n$ 进行分析。假设有两只风险证券,它们的随机总收益率为 $\tilde{R}_A$ 和 $\tilde{R}_B$,只要随机总收益率的取值范围有限,不失一般性地,我们可以假设 $\tilde{R}_A$ 和 $\tilde{R}_B$ 是闭区间[0,1]上的连续分布。记 $F_A(x)$ 和 $F_B(x)$ 分别为 $\tilde{R}_A$ 和 $\tilde{R}_B$ 的累积分布函数。

定义7.1　如果证券 A 和证券 B 的期望总收益率相等:$E(\tilde{R}_A)=E(\tilde{R}_B)$,并且对 $\forall y\in[0,1]$,都有:

$$S(y)=\int_0^y[F_A(x)-F_B(x)]dx\leqslant 0 \tag{7.18}$$

则称证券 A 二阶随机占优于证券 B(A Second order Stochastic Dominates B,SSD),记为 $A\underset{SSD}{\geqslant}B$。

(7.18)式的意思是,虽然两者的期望收益率是相等的,但是与证券 B 相比,证券 A 的总收益率分布在0附近有较小的权重,而在1附近有较大的权重,如图7.1所示。或者可以这样理解,在维持资产 B 的期望收益率不变的情况下,降低其较小收益率(0附近)的权重而增加其较大收益率(1附近)的权重,就得到一项二阶随机优于 B 的资产。

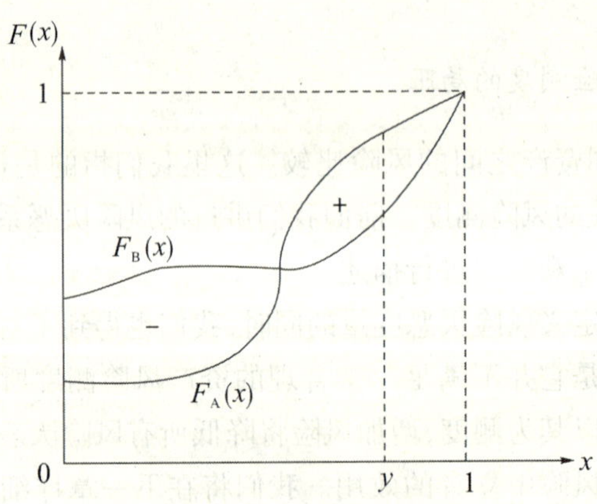

图7.1　资产 A 二阶随机占优于 B

下面我们将证明,如果 $A\underset{SSD}{\geqslant}B$,证券 A 带给所有风险厌恶者的期望效用都比证券 B 带来的期望效用大,而两只证券带给风险中立者的期望效用相等。事实上,存在下面的定理:

定理7.4　$A\underset{SSD}{\geqslant}B$ 的充分必要条件是,对于任意凹函数 $u(x)$,$u''\leqslant 0$,都有 $E[u(\tilde{R}_A)]\geqslant E[u(\tilde{R}_B)]$,也就是:

$$\int_0^1 u(x)dF_A(x) \geqslant \int_0^1 u(x)dF_B(x) \tag{7.19}$$

证明：必要性⇒：如果有 $A \underset{SSD}{\geqslant} B$，并且 $u(x)$ 是凹函数，$u'' \leqslant 0$。要证明 $\int_0^1 u(x)d[F_A(x) - F_B(x)] \geqslant 0$，利用分部积分技巧：

$$\int_0^1 u(x)d[F_A(x) - F_B(x)]$$

$$= u(x)[F_A(x) - F_B(x)]\mid_0^1 - \int_0^1 u'(x)[F_A(x) - F_B(x)]dx$$

$$= -\int_0^1 u'(x)[F_A(x) - F_B(x)]dx$$

利用(7.18)式，再次分部积分，上面最后一个等式可以写为：

$$-\int_0^1 u'(x)[F_A(x) - F_B(x)]dx$$

$$= -u'(x)S(x)\mid_0^1 + \int_0^1 u''(x)S(x)dx = \int_0^1 u''(x)S(x)dx \tag{7.20}$$

这是因为：

$$S(0) = \int_0^0 [F_A(x) - F_B(x)]dx = 0$$

$$S(1) = \int_0^1 [F_A(x) - F_B(x)]dx$$

$$= x[F_A(x) - F_B(x)]\mid_0^1 - \int_0^1 xdF_A(x) + \int_0^1 xdF_B(x)$$

$$= \int_0^1 xdF_B(x) - \int_0^1 xdF_A(x) = E(\tilde{R}_B) - E(\tilde{R}_A) = 0$$

又因为 $u'' \leqslant 0$ 并且 $S(x) \leqslant 0$，所以(7.18)式大于等于0，所以 $\int_0^1 u(x)d[F_A(x) - F_B(x)] \geqslant 0$，必要性得证。

充分性⇐：采用反证法，假设对任意凹函数都有 $\int_0^1 u(x)dF_A(x) \geqslant \int_0^1 u(x)dF_B(x)$，但是此时 A 并不是随机占优于 B 的，即(7.18)式 $S(y) = \int_0^y [F_A(x) - F_B(x)]dx \leqslant 0$ 不成立，则存在 b，$0 < b \leqslant 1$，使得：

$$S(b) = \int_0^b [F_A(x) - F_B(x)]dx > 0 \tag{7.21}$$

我们要构造出一个凹函数，使得(7.19)式不成立从而出现矛盾。令：

$$u(x)=\begin{cases}-\dfrac{1}{2}x^2 & 0\leqslant x\leqslant b\\ -bx+\dfrac{b^2}{2} & b<x\leqslant 1\end{cases}$$

这样定义的 $u(x)$ 是凹函数,根据(7.20)式和(7.21)式:

$$\int_0^1 u(x)d[F_A(x)-F_B(x)]=\int_0^1 u''(x)S(x)dx=\int_0^b -S(x)dx<0$$

这与条件 $\int_0^1 u(x)dF_A(x)\geqslant\int_0^1 u(x)dF_B(x)$ 矛盾。所以假设不成立,即 $S(y)=\int_0^y[F_A(x)-F_B(x)]dx\leqslant 0$ 是成立的。

由(7.20)式,如果 $A\underset{SSD}{\geqslant}B$,风险爱好者将会发现证券 B 给他带来更高的期望收益率,而一个风险中立者会认为证券 A 和 B 之间没有差别。也就是说 $A\underset{SSD}{\geqslant}B$ 说明 B 比 A 有更高的风险。

但是 $\underset{SSD}{\geqslant}$ 并不是一个全序的排序关系,它不能为所有的风险资产排序。如果某两个资产 A 和 B 之间既没有 $A\underset{SSD}{\geqslant}B$,也没有 $B\underset{SSD}{\geqslant}A$,我们就无法从二阶随机占优的意义上来判断究竟哪一个资产的风险更高。此外,即使某些证券之间满足这些条件,但在构造组合时,这些性质并不能保持不变,因而在分析投资组合选择时随机占优并不是经常使用。因此对于组合选择问题我们需要考虑的是有一些限制却更有用的条件。在下一章均值方差分析那里我们将对收益率分布、参与者的效用函数或者两者同时进行一些限制,以期得到最优组合的一些具体性质。

本章小结

本章对风险厌恶投资者的一般投资组合问题进行了分析。首先从一般均衡的角度证明,在得到最优消费的同时,也得到了最优投资组合。接下来我们将一般均衡问题分解为两个步骤,一是决定如何将总财富分配在当前和未来,二是在给定投资财富的前提下,如何进行投资。从本章第2节开始就将重点放在第二步上,即给定一定的财富水平下的投资选择问题。首先得到了在多种风险资产存在的情况下投资决策的一般条件 $E[u'(\tilde{W})(\tilde{r}_n-r_F)]=0$,随后我们给出了最优投资组合满足的性质,最后对风险测度的随机占优方法进行了介绍。

习题

1. 假设你必须将财富 w 投资于两只证券，一只无风险债券和一只股票。无风险债券的收益率为 r_F，股票的收益率为 $\tilde{r}$，均值为 $\bar{r}$，方差为 σ^2。假设你的目标是最大化你的二次效用函数的期望值：$E[\tilde{w}-\frac{1}{2}\alpha\tilde{w}^2]$

（1）求解最优组合。

（2）讨论并解释最优投资组合会随债券和股票的期望收益率 r_F 和 $\bar{r}$，股票的波动率 σ 以及偏好系数 α 如何变化。

2. 假设1时期有4个等概率的可能状态。考虑风险资产 A 和 B，它们的收益率如下表所示：

状态	1	2	3	4
$\tilde{r}_A$	0.05	0.05	0.07	0.07
$\tilde{r}_B$	0.09	0.08	0.04	0.03

请在二阶随机占优的意义上为它们排序。

8 组合选择二：均值—方差分析

证券市场并不存在绝对无风险的证券，我们只是把那些风险相对小的证券视为无风险的。对投资者而言，绝大多数证券是有风险的，所以，对这些风险证券性质的研究以及合理价格的确定成为了投资决策分析的首要任务。我们希望建立一种模型，通过市场来决定风险证券相对于无风险证券的均衡价格。我们在这一章里先建立模型，下一章再讨论均衡定价的问题。

在经济学中，我们通常用三种数学方法来处理不确定性：①套利分析；②效用函数分析；③均值—方差分析。套利分析是现代金融经济学领域的一种重要、简洁的分析和定价方法，无套利条件假设和相关的资产定价基本定理我们已经在第 5 章中进行了详细介绍，并且在后续章节中还要经常用到。而在本书的第 3 章中我们就已经讨论了期望效用函数的存在性，以及个体的风险偏好和投资行为，虽然建立在期望效用最大化基础之上的资产定价和消费选择是一种适用范围很广、理论推导上很完美的方法，但是在实际应用中，完全刻画一个人在所有不同状态下的效用几乎是不可能的，所以这种方法缺乏可操作性。

1952 年，马可维兹（Markowitz）发表了一篇关于组合投资理论的论文，这篇论文的理论是假设投资者只关心金融资产或资产组合的收益率的均值（期望收益率）和方差：在收益方差一定时追求尽可能高的期望收益率，或者是在一定的期望收益率水平上尽可能降低投资收益的方差。这篇论文发表后，资产选择的均值—方差模型得到了长足发展。均值—方差模型不能完全用来刻画个体的偏好，但由于它的灵活性以及经验上的可操作性，均值—方差模型分析得到了广泛应用。在马可维兹（Markowitz）工作的基础上，夏普（Sharpe，1964）和林特勒（Lintner，1965）等得出了著名的资本资产定价模型（Capital Asset Pricing，CAPM）。由于 CAPM 模型在实际操作中的简单易行和富有成效，马可维兹（Markowitz）和夏普（Sharpe）也因此获得了 1990 年的诺贝尔经济学奖。尽管均值—方差分析和 CAPM 模型也存在局限性，但它们直到今天仍然在金融理论中占据十分重要的地位。

本章首先证明当效用函数是二次效用函数或者资产的回报率服从正态分布时，均值—方差可以完全刻画个体的偏好。并且我们讨论了这种情况下无差异曲线的形状，确定了投资者的选择目标。其次，我们建立了证券组合前沿的理论，得到了投资者的选择对象，这也是 CAPM 理论的基础。

8.1 基本定义

在进入本章内容之前,我们先给出一些基本定义。其实有的定义我们在第2章中已经接触过了,这里再复习和强调一下。

当我们投资在不止一种资产上时,需要考虑证券组合的收益率。假设有 n 种不同的资产,初始财富 W_0 被分配到 n 种资产上进行投资,设 a_i 表示投资在资产 i 上的金额,那么 $W_0 = a_1 + a_2 + \cdots a_n = \sum_{i=1}^{n} a_i$;如果用比例表示,假设 w_i 为投资在第 i 种资产上的财富比例,有 $w_1 + w_2 + \cdots w_n = \sum_{i=1}^{n} w_i = 1$。正如在第5章里所讲过的,如果以 $\tilde{R}_i$ 表示投资第 i 种资产的总随机收益率,那么到期末,由 i 产生的收益为 $\tilde{R}_i a_i$ 或 $\tilde{R}_i w_i W_0$,该证券组合 p 的总随机收益率为:

$\tilde{R}_p = \dfrac{\sum_{i=1}^{n} \tilde{R}_i w_i W_0}{W_0} = \sum_{i=1}^{n} \tilde{R}_i w_i$,组合的总期望收益率为:$\bar{R}_p = \dfrac{\sum_{i=1}^{n} \bar{R}_i w_i W_0}{W_0} = \sum_{i=1}^{n} \bar{R}_i w_i$

同理,证券组合的随机的净收益率为:$\tilde{r}_p = \dfrac{\sum_{i=1}^{n} \tilde{r}_i w_i W_0}{W_0} = \sum_{i=1}^{n} \tilde{r}_i w_i$,期望的净收益率为:

$$\bar{r}_p = \frac{\sum_{i=1}^{n} \bar{r}_i w_i W_0}{W_0} = \sum_{i=1}^{n} \bar{r}_i w_i \tag{8.1}$$

下面我们用一个例子来说明证券组合的期望净收益率的计算方法。

例8.1 假设投资者投资的时间为一期,投资的初始财富 W_0 为10 000元,假设投资者选择A、B、C三种股票进行投资。三种股票的资料如表8.1所示:

表8.1 A、B、C三种股票资料

证券名称	股数(只)	每股初始价格(元)	投资金额(元)	在证券组合中所占的投资比例
A	1000	2	2000	0.2
B	1000	3	3000	0.3
C	500	10	5000	0.5
证券组合的初始市场价值 W_0 = 10 000元				

投资者估计它们的期望收益率分别为8%、10%和12%。这意味着投资者估计三种股票的期末价格分别为2.16元[因为(2.16-2)/2=0.08]、3.3元和11.2元。证券组合的期

望回报率一般来说有两种计算方式,两种方式都得到相同的结果。第一种方法是先计算出证券组合的期末期望价值,再利用计算收益率的公式计算收益率;另外一种方法是计算每种股票的期望回报率,再将其加权求和得到组合的收益率,其中权重等于各种股票在初始证券组合中的投资比例,如表8.2、表8.3所示:

表8.2　　证券组合的期望收益率计算(1)

证券名称	股数(只)	每股预期价格(元)	预期价值(元)
A	1000	2.16	2160
B	1000	3.3	3300
C	500	11.2	5600
证券组合的预期期末价值 $W_1 = 11\ 060$ 元			
证券组合的期望收益率 $\bar{r}_p = (11060 - 10000)/10000 = 10.6\%$			

表8.3　　证券组合的期望回报率计算(2)

证券名称	占证券组合初始价值的比例	证券的期望收益率(%)	在证券组合的期望收益率中所贡献的部分
A	0.2	8	$0.2 \times 8\% = 1.6\%$
B	0.3	10	$0.3 \times 10\% = 3\%$
C	0.5	12	$0.5 \times 12\% = 6\%$
证券组合的期望收益率 $\bar{r}_p = 1.6\% + 3\% + 6\% = 10.6\%$			

正如表8.2、表8.3中看到的,我们既可以用证券组合中各种证券的初始投资金额来表示证券组合,也可以用证券组合中各种证券所占证券组合初始价值的投资比例来表示证券组合。这里(2000,3000,5000)和(0.2,0.3,0.5)都是表示同样的一个组合。

此外,在实际的证券市场中,存在着交易成本、税收、卖空限制等约束条件,为了主要分析证券的风险与价格之间的关系,这里假设所有的分析都是在一种非常理想的证券市场中进行,在这个市场中,没有交易成本、税收,也可以以无风险利率进行无限制的借贷,证券的份数是无限可分的。我们将这种市场称为无摩擦市场。如今,如何对所有这些假设条件的放松,使其接近我们的现实市场,是现代金融理论的前沿课题。

8.2　二次效用函数和服从正态分布的资产回报率

我们在第3章里讨论了如何用期望效用函数来描述个体的投资行为。虽然这种建立在期望效用函数最大化基础之上的资产定价和消费选择是一种理论上非常广泛和完美的方法,但是,在实际中,完全刻画一个人在所有不同状态下的效用几乎是不可能的,所以这种方法缺乏实际的可操作性。在实际的证券市场中,我们需要一种切实可行的方法,这就是马可维兹(Markowitz)于1952年提出的资产选择的均值—方差模型。这种模型以资产回报的均值和方差作为选择的对象而不是考虑个人的效用函数。那么,期望效用分析和均值—方差分析究竟有什么区别和联系呢?在什么情况下这两种方法是一致的呢?这是本节将要讨论的问题。

一般来讲,资产回报的均值和方差并不能完全包含个体做选择时所需要的信息。但是,在一定的条件之下,个体的期望效用函数能够仅仅表示为资产的均值和方差的函数,从而,投资者可以只把资产回报的均值和方差作为选择的目标。下面我们就来讨论这种条件:

假设个体的初始财富为 W_0,个体通过投资各项金融资产来最大化他的期末财富给他带来的期望效用,这里的期末财富是一个随机变量 $\widetilde{W}$。个体的 Von. N－M 效用函数为 $u(W)$,在期末财富的期望值这一点,对效用函数进行泰勒(Taylor)展开:

$$u(\widetilde{W}) = u\{E(\widetilde{W}) + [\widetilde{W} - E(\widetilde{W})]\}$$
$$= u[E(\widetilde{W})] + u'[E(\widetilde{W})][\widetilde{W} - E(\widetilde{W})] + \frac{1}{2}u''[E(\widetilde{W})][^{\widetilde{W}} - E(\widetilde{W})]2 + \cdots$$

对上式取期望值,$\widetilde{W} - E(\widetilde{W})$一项为零,得到:

$$E[u(\widetilde{W})] = u[E(\widetilde{W})] + \frac{1}{2}u''[E(\widetilde{W})]\sigma^2 + \sum_{k=3}^{\infty}\frac{1}{k!}u^{(k)}[E(\widetilde{W})]E[\widetilde{W} - E(\widetilde{W})]^k \tag{8.2}$$

令 $m^k(\widetilde{W})$ 表示 $\widetilde{W}$ 的 n 阶中心矩 $E[\widetilde{W} - E(\widetilde{W})]^k$,则有:

$$E[u(\widetilde{W})] = u[E(\widetilde{W})] + \frac{1}{2}u''[E(\widetilde{W})]\sigma^2 + \sum_{k=3}^{\infty}\frac{1}{k!}u^{(k)}[E(\widetilde{W})]m^k(\widetilde{W}) \tag{8.3}$$

很明显,个体的偏好不仅依赖于财富的期望收益率和方差,还依赖于财富的高阶矩,因为三阶及以上的中心矩 $m^3(\widetilde{W})$, $m^4(\widetilde{W})$,…也影响他的期望效用。但是,也可以看出,如果所有的高阶矩为0,或者当高阶矩是期望和方差的函数时,期望效用就仅仅只是期望和方差的函数,从而均值和方差就可以用来完全刻画个体的偏好。

因此,只有在这两种特殊情况下,个体的期望效用才只依赖于期望收益和收益的方差,从而个体偏好可以完全用均值和方差来刻画。

当参与者的偏好只取决于未来财富分布的两个特征——均值和方差,而与分布的其他特征无关时,我们也把这类偏好叫做均值—方差偏好(mean－variance preference)。均值—方差偏好包括下面两种情况:一种情况是个体具有二次效用函数,另一种情况是期末财富服从正态分布。

我们先看第一种情况,即个体具有二次效用函数,此时:

$$u(W) = W - \frac{b}{2}W^2,\ b > 0$$

如果将个人在期末的随机财富值代入上述二次效用函数,可以得到:$E[u(\tilde{W})] = E[\tilde{W} - \frac{b}{2}\tilde{W}^2], b > 0$。如果个体的偏好呈二次效用函数,由于该函数三阶以及更高阶的导数都是零,由前面的泰勒展开式(8.2)中只余下前两项,从而资产的期望收益和方差完全决定了个体持有风险资产所获的期望效用。另外,我们也可以直接求出该期望效用函数值:$E[\tilde{W} - \frac{b}{2}\tilde{W}^2] = \bar{W} - \frac{b}{2}[\bar{W}^2 + \mathrm{Var}(\tilde{W})] = (1 - \frac{b}{2}\bar{W})\bar{W} - \frac{b}{2}\sigma_W^2$。同样可以发现该效用函数值仅仅依赖于财富的均值和方差,因此我们只需关注期末财富的均值和波动就好了。

个人关注财富的期末均值和方差,那么他对这两项性质是怎么看待的呢?在金融领域我们通常会听到大家讲说我们偏好收益更高以及波动更小的资产,这个直觉是如何得来的呢?仍然以这里的二次效用为例,我们用期望效用函数对财富的均值和方差求导,得到其比较静态等式,可以看到 $\frac{\partial E[u(\tilde{W})]}{\partial \bar{W}} = \frac{\partial[(1 - \frac{b}{2}\bar{W})\bar{W} - \frac{b}{2}\sigma_W^2]}{\partial \bar{W}} = 1 - b\bar{W}$,$\frac{\partial E[u(\tilde{W})]}{\partial \sigma_W} = \frac{\partial[(1 - \frac{b}{2}\bar{W})\bar{W} - \frac{b}{2}\sigma_W^2]}{\partial \sigma_W} = -b\sigma_W$。由于二次效用函数中 $b > 0$ 并且 $W \leqslant \frac{1}{b}$,因此期望效用函数对财富的均值的导数大于0,而对财富的波动的导数则小于0,也就是说个人希望财富的期望值越高越好,而财富的扰动越小越好。我们通常所说的人们偏好高收益低风险就是这么来的。

在个人具有二次效用函数的情况下,我们可以得到此时风险厌恶者的无差异曲线。此时首先要确定对均值和方差这两个特征个人的无差异曲线是什么方向,其次该曲线是凹还是凸,也就是边际替代率是递增还是递减的。对于第一个问题,由于这里的第二种商品"方差"消费越多时我们的效用越低,即认为越多越差,所以可以认为方差(或标准差)是类似于商品中的次品,因此在横轴为 σ_W、纵轴为 $\bar{W}$ 的坐标上,投资者的无差异曲线应该是越往西北方向的效用越高。另外,曲线的凹凸性可以观察边际替代率 $-\frac{d\bar{W}}{d\sigma_W}$ 对 σ_W 是递增还使递减的。如果是递增的就是凸函数,如果递减的则为凹函数。由于 $-\frac{d\bar{W}}{d\sigma_W} = -\frac{\frac{dv}{d\sigma_W}}{\frac{dv}{d\bar{W}}} = \frac{b\sigma_W}{1 - b\bar{W}}$,其中 v 表示期望的二次效用函数(见图8.1)。该边际替代率随着 σ_W 的增加而增加,因此无差异曲线的形状是凸的,也就是:

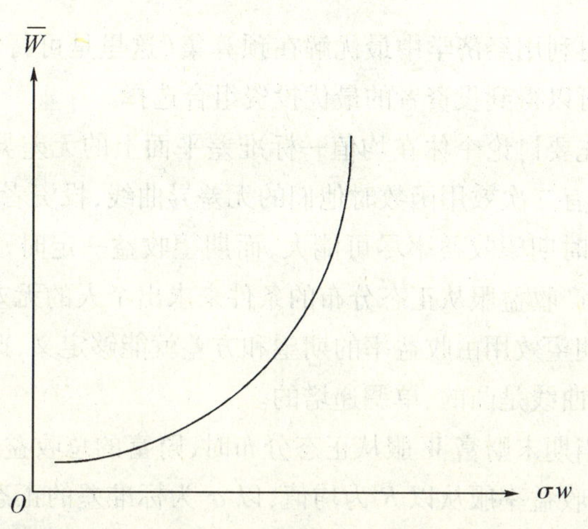

图 8.1 拥有二次效用函数个人的无差异曲线

个人的选择只依赖于财富的均值和方差是一个很好的性质,它意味着我们在选择金融资产时也只需要考虑该资产收益率的期望值和方差。

但是二次效用函数在投资者那里可能并不是非常具有代表性,因为我们通常假定个人是幂指数效用函数(包括对数效用函数)。那么如果大家更多的是对数效用函数,可能就不只关注收益的均值和方差了。此时为了还能够保证均值—方差分析的适用性,我们要用到另一种假设:期末财富 $\tilde{W}$ 服从正态分布 $N(\mu,\sigma^2)$。这种假设也可以保证期望效用只依赖于资产的期望收益和方差。因为在这种情况下,根据正态分布的性质,三阶以上的中心矩 $m^3(\tilde{W})$,$m^4(\tilde{W})$,…中,奇数阶的全为零,偶数阶的可以写为均值和方差的函数,如下所示:

$$E\left[\tilde{W}-E(\tilde{W})\right]^k=\begin{cases}0 & \text{如果 } k \text{ 为奇数}\\ \dfrac{k!}{(k/2)!}\dfrac{\left[\mathrm{Var}(\tilde{W})\right]^{k/2}}{2^{k/2}} & \text{如果 } k \text{ 为偶数}\end{cases}$$

所以此时(8.3)式中的 $m^k(\tilde{W})$ 仅仅只是 $E(\tilde{W})$ 与 $\mathrm{Var}(\tilde{W})$ 的函数,此时均值和方差刻画了资产收益和期望效用的全部特征,此时投资者也仅仅需要关注资产收益的均值和方差就够了,因此也可以认为此时投资者具备了均值—方差偏好。需要注意的是由于正态分布是关于中心轴对称的,所以与一般股票的责任有限(即价格不能为负)的现实不相符,后来改进为假设股票等资产价格是服从对数正态分布的,也即对数收益率服从正态分布。

由于均值—方差分析的简单容易和经验性,它在金融理论里所起的作用是里程碑式的。接下来我们就将在资产收益率的均值—方差框架下探讨资产选择的一般条件,同时也是下一章均值—方差资产定价的基础。

为了在均值—方差偏好下进行资产选择,我们需要确定个体选择的目标和对象。个体的目标可以用个体基于资产收益均值和方差的效用无差异曲线刻画,个体的选择对象即是可行集,即可以达到的证券和证券组合的收益和方差,这两者都可以在投资收益率的均值和方差平面上表示出来，再利用经济学中最优解在预算集（这里是可行集）和无差异曲线相切的地方达到的原则，便可以得到投资者的最优投资组合选择。

具体来看，我们首先要讨论个体在均值—标准差平面上的无差异曲线的形状。前面我们已经讨论了当个体具有二次效用函数时他们的无差异曲线，投资者都是风险厌恶的，他们希望在收益的方差一定时期望收益率尽可能大，而期望收益一定时，收益的方差尽可能小。这里我们要仅仅依靠资产收益服从正态分布的条件来求出个人的无差异曲线。由于当期末财富服从正态分布时，期望效用由收益率的期望和方差就能够定义，此时可以证明在均值—标准差平面上的无差异曲线是凸的、单调递增的。

由收益率的定义，当期末财富 $\tilde{W}$ 服从正态分布时，财富的总收益率 $\tilde{R}$ 也服从正态分布，所以不妨假设资产的总收益率服从以 $\bar{R}$ 为均值，以 σ 为标准差的正态分布。此时我们可以把效用函数写为：

$$U = U(R;\bar{R},\sigma)$$

由于此时假设资产的收益服从正态分布，由前面所述，当期末财富服从正态分布时，期望效用完全依赖于资产期望收益和方差，因此可以得到此时的期望效用为：

$$V(\bar{R},\sigma) \equiv E(U) = \int_{-\infty}^{\infty} U(R)f(R;\bar{R},\sigma)\,dR$$

即期望效用可以表示成均值和和标准差的函数。因此，我们可以将个体的无差异曲线也表示成均值和标准差的函数，即描绘出在均值—标准差平面上的无差异曲线。为了要得到无差异曲线的形状，有了以下定理：

定理8.1 当资产的收益率 R 服从以 $\bar{R}$ 为均值，以 σ 为标准差的正态分布时，风险厌恶者的期望回报与风险之间的边际替代率是正的，无差异曲线是凸的，并且越是位于西北方向的无差异曲线，其效用越高。

证明：第一步，证明风险厌恶者的无差异曲线的斜率为正，即$\frac{d\bar{R}}{d\sigma}>0$。

由于个体的期望效用函数可以写成：

$$V(\bar{R},\sigma) \equiv E(U) = \int_{-\infty}^{\infty} U(R)f(R;\bar{R},\sigma)\,dR \tag{8.4}$$

设 z 为服从标准正态分布的随机变量，并令 $z=\frac{R-\bar{R}}{\sigma}$，由积分的变量替换公式，我们可以把(8.4)式写为：

$$V(\bar{R},\sigma) \equiv E(U) = \int_{-\infty}^{\infty} U(\bar{R}+\sigma z)f(z;0,1)\,dz \tag{8.5}$$

把期望效用对收益率的标准差求导，得到

$$\frac{dE(U)}{d\sigma} = \int_{-\infty}^{\infty} U'(\bar{R}+\sigma z)\left(\frac{d\bar{R}}{d\sigma}+z\right)f(z;0,1)\,dz = 0 \tag{8.6}$$

因为一条无差异曲线定义为期望效用是恒定的,所以令(8.6)式等于零,得到的解就代表着一条无差异曲线。对(8.6)式进行分解,得到:

$$0 = \frac{d\bar{R}}{d\sigma}\int_{-\infty}^{\infty} U'(\bar{R} + \sigma z)f(z;0,1)\,dz + \int_{-\infty}^{\infty} U'(\bar{R} + \sigma z)zf(z;0,1)\,dz \tag{8.7}$$

因此无差异曲线的斜率为:

$$\frac{d\bar{R}}{d\sigma} = -\frac{\int_{-\infty}^{\infty} U'(\bar{R} + \sigma z)f(z;0,1)\,dz}{\int_{-\infty}^{\infty} U'(\bar{R} + \sigma z)zf(z;0,1)\,dz} > 0 \tag{8.8}$$

这个结果说明风险厌恶者的无差异曲线的斜率为正。该式的符号证明见附录。

接下来第二步,要证明无差异曲线的凸性。

设$(\bar{R}_1,\sigma_1)$,$(\bar{R}_2,\sigma_2)$是同一条无差异曲线上的两点。考虑这两点之间的中点:$\left(\frac{\bar{R}_1+\bar{R}_2}{2},\frac{\sigma_1+\sigma_2}{2}\right)$,我们要证明这一点位于更高的无差异曲线上,这样就证明了无差异曲线的凸性。

在第3章我们讲述过风险厌恶者的效用函数是凹函数,根据其凹性:

$\pi u(x)+(1-\pi)u(y)<u[\pi x+(1-\pi)y]$,于是可以得到:

$$\frac{1}{2}U(\bar{R}_1+\sigma_1 z)+\frac{1}{2}U(\bar{R}_2+\sigma_2 z)<U\left(\frac{\bar{R}_1+\bar{R}_2}{2}+\frac{\sigma_1+\sigma_2}{2}z\right)$$

由于$(\bar{R}_1,\sigma_1)$,$(\bar{R}_2,\sigma_2)$是同一无差异曲线上的两点,因此它们的期望效用函数值相同,于是有:

$$E[U(\bar{R}_1+\sigma_1 z)]=E[U(\bar{R}_2+\sigma_2 z)]<E\left[U\left(\frac{\bar{R}_1+\bar{R}_2}{2}+\frac{\sigma_1+\sigma_2}{2}z\right)\right]$$

所以,$(\bar{R}_1,\sigma_1)$,$(\bar{R}_2,\sigma_2)$的中点$\left(\frac{\bar{R}_1+\bar{R}_2}{2},\frac{\sigma_1+\sigma_2}{2}\right)$位于一条更高的无差异曲线上,即无差异曲线是凸的。其形状如图8.2所示。

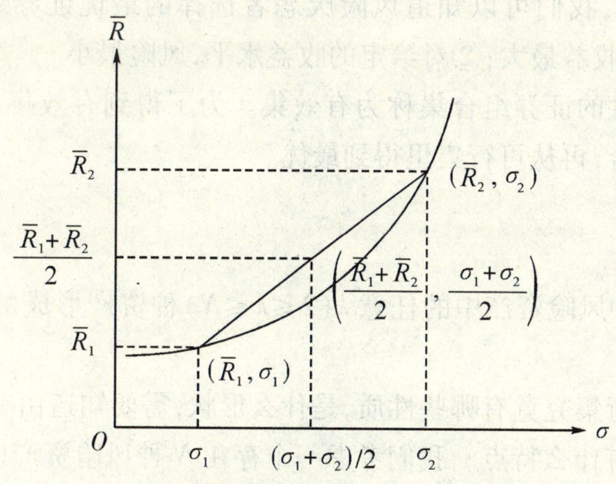

图8.2　风险厌恶者的无差异曲线的凸性

另外，由以上证明可知，越是西北方向的无差异曲线，它代表的效用越高。这里的无差异曲线的形状与我们以前在微观经济学中得到的一般商品的无差异曲线的形状不一样，以前得到的一般商品的无差异曲线是单调递减的而不是现在单调递增的凸函数，而且微观经济学中的无差异曲线是越往东北方向的无差异曲线其代表效用越高。原因是，在当时我们将两种商品都认为是正常商品，或者说两种商品带给人的效用都是单调递增的"好"的商品。但是在这里，由于一种"商品"是风险 σ，而风险对风险厌恶者来说是不好的商品，因此风险的增加要求另一种"商品"收益的相应增加而不是减少，所以这里的无差异曲线的边际替代率为正而不是通常的负值。

尽管定理 8.1 是在一定的假设下得到的，但这个定理的结果是比较符合实际的，因此，在本章以下的部分以及下一章，我们作出如下假设：

假设：所有风险厌恶者的无差异曲线如图 8.1 所示，即在均值—标准差平面上为严格增的凸函数，并且，越在西北方的无差异曲线，其效用越高。

由定理 8.1 得到的无差异曲线，我们可以知道，风险厌恶者的目标是回报尽可能的高，而风险尽可能的小。那么，如何在这两个相互平衡的目标之间做出选择，这就是下一节的内容。

8.3 均值—方差偏好下的证券组合选择理论

由前一节的内容，我们知道风险厌恶者所追求的目标是收益尽可能的高，而风险尽可能的小。假设市场上有非常多的证券，同时证券之间又可以形成无穷多的证券组合，我们将这些可供选择的证券及其证券组合构成的集合称为可行集，该集合中的任何元素在均值—标准差平面 $(\sigma,\bar{R})$ 上都可以用一个点来表示。那么投资者是如何在可行集中的无穷组合里进行选择呢？由定理 8.1，我们可以知道风险厌恶者选择的最优证券组合将满足如下条件：①对给定的风险水平，收益最大；②对给定的收益水平，风险最小。

满足上面两个条件的证券组合集称为有效集。为了得到有效集，我们先要考虑我们的选择对象——可行集合，再从可行集里得到最优。

8.3.1 可行集

定义 8.1 由 N 种风险资产中的任意 $k(2\leqslant k\leqslant N)$ 种资产形成的证券组合构成的集合称为可行集。

为了具体了解可行集究竟有哪些性质，是什么形状，需要知道由初始证券构成的证券组合的收益均值和方差有什么特点。我们考虑一个存在 N 种风险资产 $(N\geqslant 2)$、资产交易无摩擦的经济，假设该经济允许卖空行为。假设这 N 种资产的收益率不是完全共线性的，也就是说任何一种风险资产的随机收益率都不能表示成别的风险资产的随机收益率的线性组合。N 种风险资产收益率用随机向量 $\tilde{r}$ 表示,$\tilde{r}=(\tilde{r}_1,\cdots\tilde{r}_N)^T$,用 $\bar{r}$ 表示随机收益率向量 $\tilde{r}$ 的期望值向量 $\bar{r}=(\bar{r}_1,\cdots\bar{r}_N)^T$。注意这里的收益率不是总收益率,而是净收益率,这更符合金融学的常规。N 种风险资产的收益率的方差—协方差矩阵可以表示为:

$$V=\begin{pmatrix} Var(\tilde{r}_1) & \mathrm{Cov}(\tilde{r}_1,\tilde{r}_2) & \cdots & \mathrm{Cov}(\tilde{r}_1,\tilde{r}_N) \\ \mathrm{Cov}(\tilde{r}_2,\tilde{r}_1) & Var(\tilde{r}_2) & \cdots & \mathrm{Cov}(\tilde{r}_1,\tilde{r}_2) \\ & \cdots\cdots\cdots\cdots & & \\ \mathrm{Cov}(\tilde{r}_N,\tilde{r}_1) & \mathrm{Cov}(\tilde{r}_N,\tilde{r}_2) & \cdots & Var(\tilde{r}_N) \end{pmatrix}$$

V 是非退化的对称矩阵,因为该 N 种资产收益不是完全线性相关的,因此该矩阵的行列式不等于 0。由于 $\sigma_n^2=Var(\tilde{r}_n)>0$,可以知道 V 还是正定矩阵。

比如第 1 节的例 8.1,我们已经知道 A、B、C 三种股票的期望回报率向量为 $\bar{r}=(8\%,10\%,12\%)^{\mathrm{T}}$,假设其方差—协方差矩阵 V 为:

$$V=\begin{pmatrix} 0.04 & 0.02 & 0.07 \\ 0.02 & 0.09 & 0.08 \\ 0.07 & 0.08 & 0.16 \end{pmatrix}$$

这里的收益率均值、方差均为外生给定,相当于已经对单个资产给出了定价,或者说暂时在证券价格已知的情况下考虑证券选择问题。至于如何内生决定资产的价格将是本书第 9 章——资本资产定价模型的内容。

我们从均值方差角度来考察投资者的资产组合,以下以两种证券构成的投资组合为例,整个投资组合的期望收益率为:

$$\bar{r}_p=w_1\bar{r}_1+w_2\bar{r}_2$$

组合的方差为:

$$\sigma_p^2=\sum_{i=1}^{2}\sum_{j=1}^{2}w_iw_j\sigma_{ij}$$

把它展开来得到:

$$\sigma_p^2=w_1w_1\sigma_{11}+2w_1w_2\sigma_{12}+w_2w_2\sigma_{22}$$

定义 $\rho_{ij}=\dfrac{\sigma_{ij}}{\sigma_i\sigma_j}$ 为任意两种资产之间的相关系数,其取值范围在 $(-1,1)$ 之间,此外,一个随机变量对自身的协方差就是方差,则前式可以变为:

$$\begin{aligned}\sigma_p^2&=w_1{}^2\sigma_1{}^2+2w_1w_2\rho_{12}\sigma_1\sigma_2+w_2{}^2\sigma_2{}^2\\&=(w_1\sigma_1+w_2\sigma_2)^2-2w_1w_2\sigma_1\sigma_2+2w_1\sigma w_2\rho_{12}\sigma_1\sigma_2\end{aligned}$$

可以看到两个证券进行组合以后,该组合的标准差 σ_p 比这两个证券标准差的直接凸组合 $w_1\sigma_1+w_2\sigma_2$ 要小,除非两个证券完全线性相关(相关系数 $\rho_{12}=1$),此时两者相等,其他情况都是资产组合以后会起到一个降低风险的作用。根据上式我们可以在证券投资选择集中描绘出由于投资比例变化，而形成的所有投资组合的风险收益组合点。由此形成的区域称为投资者的可行集，此时由两个证券组合得到的可行集是一条曲线，形状如图 8.3 所示：

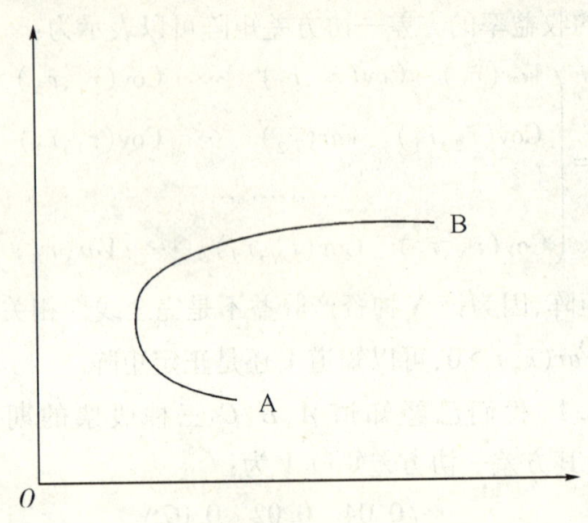

图 8.3　两个证券构成的可行集

下面我们来看多个风险资产形成的可行集什么样的。由于收入是有限的，投资者的决策要面临收入的约束，假定初始禀赋或财富为 W_0，这个财富将分布在由几种证券组成的资产组合中。

假设经济中任何一个风险资产组合，可以唯一地由各个风险资产组合的权重 $w=(w_1, w_2, \cdots w_n)^T$ 来决定，如前所述，这里 w 是一个 n 维的权重列向量，并且 $w_1+w_2+\cdots w_n=\sum_{i=1}^n w_i = w^{\mathrm{T}}\vec{1}=1$。这里 $\vec{1}=(1,\cdots,1)^T$ 是每个分量均为 1 的 n 维向量。证券投资组合的期望收益率用 $\bar{r}_p$ 来表示，则 $\bar{r}_p=\sum_{i=1}^n w_i\bar{r}_i = w^{\mathrm{T}}\bar{r}$，组合的方差为：

$$\begin{aligned}
\sigma_p^2 &= E(\tilde{R}_p-\bar{r}_p)^2 = E[(\sum_{i=1}^n w_i\tilde{r}_i - \sum_{i=1}^n w_i\bar{r}_i)^2] \\
&= E[\sum_{i=1}^n w_i(\tilde{r}_i-\bar{r}_i)\sum_{j=1}^n w_j(\tilde{r}_i-\bar{r}_j)] = \sum_{i=1}^n\sum_{j=1}^n w_iw_jE(\tilde{r}_i-\bar{r}_i)(\tilde{r}_j-\bar{r}_j) \\
&= \sum_{i=1}^n\sum_{j=1}^n w_iw_j\sigma_{ij}
\end{aligned}$$

如果将其写为矩阵形式，即为：$\sigma_p^2=\sum_{i=1}^n\sum_{j=1}^n w_iw_j\sigma_{ij}=w^{\mathrm{T}}Vw$。这里的 σ_{ij} 是任意两种资产之间的协方差。

如果任意给定 n 种证券，那么所有这些证券及由这些证券构成的证券组合将形成坐标平面的一个区域，这个区域通常是开口向右的一支双曲线所围的部分，这个区域即是投资者进行投资能够取得的点,或者说可行集,它是个二维区域,并且左边界向左凸,如图 8.4 中 *ANB* 所围区域。

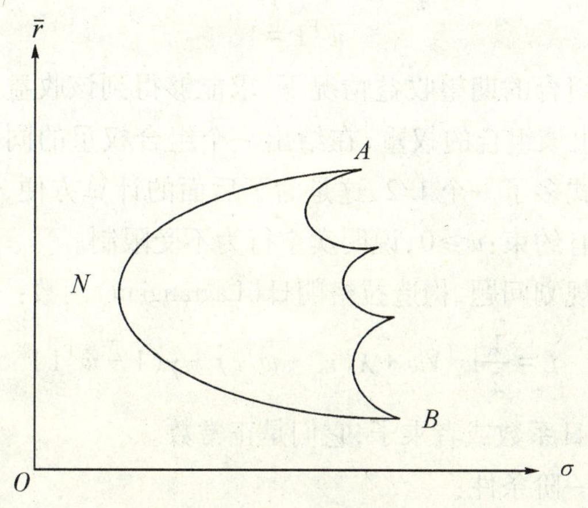

图 8.4　三个证券的可行集

任何一种证券或证券组合都落在$(\sigma,\bar{r})$坐标系中的某个点上,因此,我们既可以用一个加在各个证券上的权来表示证券组合,也可以用均值—标准差平面上的一个点来表示证券组合,进一步地,用均值—标准差平面上的一个集合可以表示可行证券组合的集合。下文将交替使用这两种等价表示方式:即均值—标准差平面上的点,或一个证券或证券组合。

上述可行集上的各点,其风险收益状况的组合是各不相同的。作为风险厌恶的投资者会根据其偏好规则进行选择。这个偏好规则就是前面讲的有效集定理,投资者从满足如下条件的证券组合中选择其最优证券组合:即在风险一定的条件下,收益越大,效用越大;在收益一定的条件下,风险越小,效用越大。这样在可行域中形成了一些最佳的投资组合,这些最佳投资组合形成了一条有效边界。这条边界即是可行域边界的曲线顶点以上的 *NA* 部分,称为有效集曲线,也就是通常所说的有效边界或者说前沿组合,如何在给定证券可行集的情况下得到这个有效前沿便是我们下一节的内容。

8.3.2　不存在无风险资产的有效证券组合前沿

定义 8.2　如果一个证券组合 w_p,它的收益率方差在所有具有相同期望收益率的证券组合中方差最小,那么就称为一个前沿证券组合(边界组合,Frontier Portfolio),所有前沿证券组合构成的集合称为组合前沿(组合边界,Portfolio Frontier,*PF*),有时也被称为均值—方差前沿(Mean - Variance Portfolio,MVP)。

根据定义,每一个前沿证券组合 w_p 就是如下二次规划的解:

$$\min_{\{w\}}\frac{1}{2}w^{\mathrm{T}}Vw \tag{8.9}$$

使得:

$$w^{\mathrm{T}}\bar{r}=\bar{r}_p$$

$$w^{\mathrm{T}}\vec{1}=1$$

目标函数是在给定组合的期望收益情况下,求能够得到该收益但同时方差又取到最小的最优组合 w_p,也即求出该组合的权重,在给出一个组合权重的同时当然也就确定了一个组合。这里方差的表达式多了一个1/2,这是为了后面的计算方便,对问题的求解结果没有任何影响。注意这里没有约束:$w\geqslant 0$,说明卖空行为不受限制。

为了求解上述二次规划问题,构造拉格朗日(Lagrangian)函数:

$$L=\frac{1}{2}w^{\mathrm{T}}Vw+\lambda(\bar{r}_p-w^{\mathrm{T}}\bar{r})+\gamma(1-w^{\mathrm{T}}\vec{1})$$

这里 λ 和 γ 称为拉格朗日系数或者乘子,它们是正常数。

求上述二次问题的一阶条件:

$$\frac{\partial L}{\partial w}=Vw_p-\lambda\bar{r}-\gamma\vec{1}=\vec{0} \tag{8.10}$$

$$\frac{\partial L}{\partial \lambda}=\bar{r}_p-w_p^{\mathrm{T}}\bar{r}=0 \tag{8.11}$$

$$\frac{\partial L}{\partial \gamma}=1-w_p^{\mathrm{T}}\vec{1}=0 \tag{8.12}$$

这里 $\vec{0}=(0,\cdots,0)^T$ 是每个分量均为0的 n 维向量。

由于资产收益率的方差—协方差矩阵 V 是正定的,二阶条件自然满足,从而上述一阶必要条件同时还是充分条件。

在方程(8.10)两端同时左乘以矩阵 V^{-1},解出 w_p:

$$w_p=\lambda(V^{-1}\bar{r})+\gamma(V^{-1}\vec{1}) \tag{8.13}$$

将条件 $w^{\mathrm{T}}\bar{r}=\bar{r}^{\mathrm{T}}w=\bar{r}_p$ 代入上面的(8.13)式,在(8.13)式两边左乘以向量 $\bar{r}^{\mathrm{T}}$,得到:

$$\bar{r}_p=\lambda(\bar{r}^{\mathrm{T}}V^{-1}\bar{r})+\gamma(\bar{r}^{\mathrm{T}}V^{-1}\vec{1}) \tag{8.14}$$

将条件 $w^{\mathrm{T}}\vec{1}=\vec{1}^{\mathrm{T}}w=1$ 代入(8.13)式,在(8.13)式两边同时左乘以向量 $\vec{1}^{\mathrm{T}}$ 后可以得到:

$$1=\lambda(\vec{1}^{\mathrm{T}}V^{-1}\bar{r})+\gamma(\vec{1}^{\mathrm{T}}V^{-1}\vec{1}) \tag{8.15}$$

为了表达方便简洁,引入下列记号:

$$A=\vec{1}^{\mathrm{T}}V^{-1}\bar{r}=\bar{r}^{\mathrm{T}}V^{-1}\vec{1}$$

$$B=\bar{r}^{\mathrm{T}}V^{-1}\bar{r}$$

$$C=\vec{1}^{\mathrm{T}}V^{-1}\vec{1}$$

$$D=BC-A^2$$

由 V 的正定性,可知 $B>0, C>0$,从而 $D>0$。这是因为 $(A\bar{r}-B\vec{1})^{\mathrm{T}}V^{-1}(A\bar{r}-B\vec{1})=B(BC-A^2)$,由 V 的正定性知道,$D>0$。

将(8.14)和(8.15)联立可以解得:

$$\lambda=\frac{C\bar{r}_p-A}{D}$$

$$\gamma=\frac{B-A\bar{r}_p}{D}$$

由(8.13)、(8.11)和(8.12),可以求出对应于收益率 $\bar{r}_p$ 的前沿证券组合的方差:

$$\sigma_p^2=\frac{1}{2}w_p^{\mathrm{T}}Vw_p=w_p^{\mathrm{T}}V(\lambda V^{-1}\bar{r}+\gamma V^{-1}\vec{1})$$

$$=\lambda w_p^{\mathrm{T}}\bar{r}+\gamma w_p^{\mathrm{T}}\vec{1}=\lambda\bar{r}_p+\gamma$$

$$=\frac{C\bar{r}_p^2-2A\bar{r}_p+B}{D}=\frac{C}{D}\left(\bar{r}_p-\frac{A}{C}\right)^2+\frac{1}{C} \tag{8.16}$$

这就是组合前沿 PF 的方程,它是均值—方差平面上的一条抛物线,如图 8.5 所示。

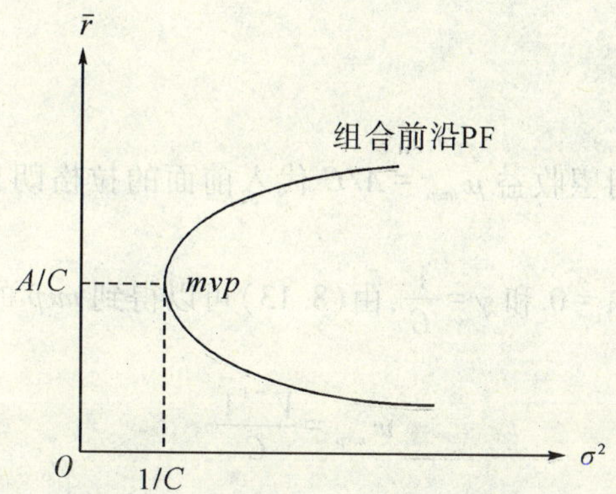

图 8.5　均值—方差平面上的证券组合前沿——抛物线

注意(8.16)又可等价地写为:

$$\frac{\sigma_p^2}{1/C}-\frac{(\bar{r}_p-A/C)^2}{D/C^2}=1 \tag{8.17}$$

这在均值—标准差平面上是一条双曲线右边的一支,其渐进线方程为:$\bar{r}_p=A/C\pm\sqrt{D/C}\sigma_p$,如图 8.6 所示。

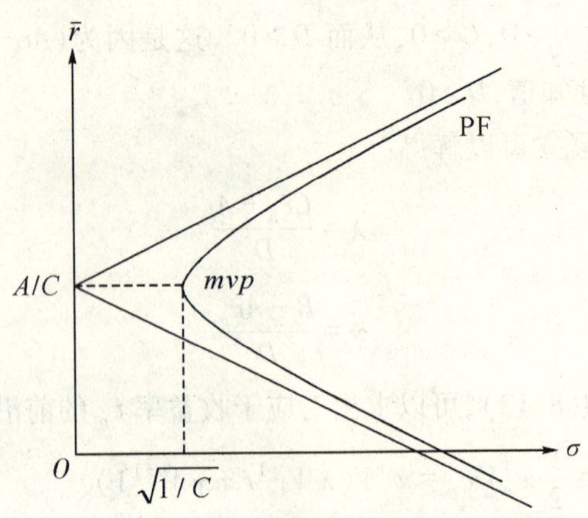

图 8.6　均值—标准差平面上的证券组合前沿——双曲线的右半支

在图 8.5 中，点$\left(\frac{1}{C},\frac{A}{C}\right)$是组合前沿这条抛物线的顶点，它对应在所有组合中方差最小的组合，称为最小方差组合（Minimum Variance Portfolio，*mvp*），也对应于图 8.5 中的 *mvp* 点$\left(\sqrt{\frac{1}{C}},\frac{A}{C}\right)$。

将最小方差组合的期望收益 $\mu_{mvp}=A/C$ 代入前面的拉格朗日乘子：$\lambda=\frac{C\bar{r}_p-A}{D}$和 $\gamma=\frac{B-A\bar{r}_p}{D}$，可以得到此时的 $\lambda=0$ 和 $\gamma=\frac{1}{C}$，由（8.13）可以得到 *mvp* 的权重向量可以表示为：

$$w_{mvp}=\frac{V^{-1}\vec{1}}{C} \tag{8.18}$$

显然，在图 8.5 或者 8.6 中，投资者永远不会选择组合前沿上期望收益率低于 A/C 的那些资产组合，因为对应于每一个这样的组合，都可以找到一个风险相同（收益方差）但收益率更高的组合，由于这个原因，我们称图 8.3 或者 8.4 中的曲线的上半支（包括最小方差组合）为有效证券组合前沿。既不是有效证券组合又不是 *mvp* 的前沿证券组合我们称为非有效证券组合。有效证券组合形成的集合称为有效集，和我们在前面的定义一致。而投资者选定的风险资产组合必定在有效证券组合前沿上。

有效证券组合前沿上的有效组合为帕累托最优组合，不可能找到收益和风险两方面都更好的组合。在有效组合之间进行比较，可以发现高收益对应高风险。有效组合前沿具有以下特点：有效前沿是一条向右上方倾斜的曲线，它反映了“高收益，高风险”的原则；有效集是一条向上凸的曲线；有效集曲线上不可能有凹陷的地方。此外，有效前沿的一些重要性质将在下文中进行推导。

8.3.3 证券组合前沿的性质

我们要将(8.10)~(8.12)式的解用另外一种表达形式表示出来,这样便于我们讨论有效组合前沿的一些性质。

将(8.14)式和(8.15)式解出的λ和γ代入(8.13)式可以得到期望收益率为μ_p的唯一前沿证券组合为:

$$w_p = g + h\bar{r}_p \tag{8.19}$$

这里:

$$g = \frac{1}{D}[B(V^{-1}\vec{1}) - A(V^{-1}\bar{r})]$$

$$h = \frac{1}{D}[C(V^{-1}\bar{r}) - A(V^{-1}\vec{1})]$$

注意这里的g和h都是表示组合权重的n维向量,跟w_p类似,也表示一个组合。变动$\bar{r}_p$可以得到相应的前沿证券组合,由此得到的集合就是证券组合前沿。下面我们讨论由(8.19)式导出的几个性质:

性质8.1 g是期望收益率为0的前沿证券组合,$g+h$是期望收益率为1的前沿证券组合。

证明:在(8.19)式中,取$\bar{r}_p=0$,可以得到$w_p=g+h0=g$。同理,在(8.19)式中取$\bar{r}_p=1$,得到$w_p=g+h1=g+h$。

性质8.2 整个证券组合前沿可以由前沿证券组合g和$g+h$生成。

证明:设w_q是期望收益率为$\bar{r}_q$的前沿证券组合,由(8.19)式知道:

$$w_q = g + h\bar{r}_q$$

考虑由权重分别为$[1-\bar{r}_q,\bar{r}_q]$的g和$g+h$构成的证券组合,该组合可以表示为:

$$(1-\bar{r}_q)g + \bar{r}_q(g+h) = g + h\bar{r}_q = w_q$$

这也就是该组合在n种风险资产上的权重向量。即由g和$g+h$形成的证券组合可以生成前沿证券组合w_q。由w_q的任意性,性质8.2得证。

性质8.3(两基金分离定理):整个证券组合前沿可以由任何两个不同的前沿证券组合生成。

证明:设w_p和w_q是任意两个不同的前沿证券组合。对任意的前沿证券组合w_r,由于$\bar{r}_p \neq \bar{r}_q$,所以存在唯一的实数a使得:

$$\bar{r}_r = a\bar{r}_p + (1-a)\bar{r}_q$$

考虑由权重分别为$[a,1-a]$的w_p和w_q形成的证券组合,得到:

$$aw_p + (1-a)w_q = a[g + h\bar{r}_p] + (1-a)[g + h\bar{r}_q]$$

$$=g+h[a\bar{r}_p+(1-a)\bar{r}_q]$$
$$=g+h\bar{r}_r=w_r$$

也就是由 w_p 和 w_q 形成的证券组合$[a,1-a]$产生的前沿证券组合w_r。由组合w_r的任意性,性质8.3得证。

这个性质在一些书上也被称为两基金分解定理,意思是由任何两个不同的收益—方差前沿组合 w_p 和 w_q 均可以生成整个组合前沿。

由于每一个风险厌恶投资者选定的风险资产组合必定在组合前沿上,而性质8.3表明这样的资产组合可以通过购买任何两种确定的前沿组合 w_p 和 w_q 得到。所以,每一个投资者只需要持有这两种组合就可以实现其最优风险资产选择。如果市场上有两个共同基金公司,它们的资产分别是资产组合 w_p 和 w_q,那么经济中的每一个个体都只需要同时购买这两个共同基金,而不用自己去挑选个别风险资产的投资比例。正是由于这个原因,性质8.4也被称为两基金分解定理。

两基金分解的重要意义在于基金组合 w_p 和 w_q 在组合前沿上的任意性。任何两个前沿组合,只要它们的期望收益率不等,都可以充当 w_p 和 w_q 角色。这意味着,基金经理可以毫不关心投资者的偏好和收入,他们只是简单地选择适当的风险资产,构成一个前沿组合。而不同的投资者,无论他们对风险的态度差别多大,或者财富相差多大,他们都会选择购买共同基金组合 w_p 和 w_q,个体的收入和偏好只会影响他们持有 w_p 和 w_q 的比例。另外,性质8.3也意味着,共同基金公司持有的资产组合并不要求一定是“最优”的或者说有效的,它可能落在无效的下半支。

性质8.4　最小方差组合的收益率与任意证券组合(不一定是前沿证券组合)收益率的协方差总等于一个常数,这个常数就是最小方差证券组合收益率的方差。即:$\mathrm{Cov}(\tilde{r}_p,\tilde{r}_{mvp})=\mathrm{Var}(\tilde{r}_{mvp})=\frac{1}{C}$。其中 C 如前面所定义的:$C=\vec{1}^{\mathrm{T}}V^{-1}\vec{1}$。

证明:根据协方差的定义,对任何一个资产组合 w_p,

$$\mathrm{Cov}(\tilde{r}_p,\tilde{r}_{mvp})=w_{mvp}^{T}V\,w_p=\frac{\vec{1}^{\mathrm{T}}V^{-1}Vw_p}{C}=\frac{1}{C} \tag{8.20}$$

其中第二个等号用到了(8.18)式关于最小方差组合的形式表达式,最后一个等号成立是因为:$\vec{1}^{\mathrm{T}}w_p=w_{p1}+w_{p2}+\cdots w_{pN}=1$。

性质8.5　前沿证券组合的任何凸组合均在证券组合前沿上。

证明:设 $w_i,i=1,2,\cdots,m$ 为 m 个前沿证券组合,μ_i 表示第 i 个前沿证券组合的期望收益率。$a_i,i=1,2,\cdots m$ 是 m 个正数,满足:$\sum_{i=1}^{m}a_i=1$。

由前沿组合的定义:$\sum_{i=1}^{m}a_iw_i=\sum_{i=1}^{m}a_i(g+h\bar{r}_i)=g+h\sum_{i=1}^{m}a_i\bar{r}_i$

由(8.19)式可知上述前沿组合的凸组合 $\sum_{i=1}^{m} a_i w_i$ 仍为前沿证券组合。

性质8.6　有效证券组合的任何凸组合仍为有效证券组合,也即在有效证券组合前沿上。

证明:设 $w_i, i=1,2,\cdots,m$ 为 m 个有效前沿证券组合,$\bar{r}_i$ 表示第 i 个有效证券组合的期望收益率,这里 $\bar{r}_i \geqslant \frac{A}{C}$,因为有效证券组合在组合前沿的上半支。$a_i, i=1,2,\cdots m$ 是 m 个正数,满足:$\sum_{i=1}^{m} a_i = 1$。由性质 8.5 的证明可以知道 $\sum_{i=1}^{m} a_i w_i = \sum_{i=1}^{m} a_i(g + h\bar{r}_i) = g + h\sum_{i=1}^{m} a_i \bar{r}_i$,也即有效证券组合的凸组合是在组合前沿上。

又因为 $\sum_{i=1}^{m} a_i \bar{r}_i \geqslant \sum_{i=1}^{m} a_i \frac{A}{C} = \frac{A}{C}$,所以有效证券组合的凸组合的收益率大于最小方差组合的收益率,说明该凸组合不光是在组合前沿上,还位于组合前沿的上半支,也即有效组合前沿上。得证。

仍以 8.3.1 小节中例子来具体说明上面的定义和性质,我们已经知道三种股票的期望回报率向量为 $\bar{R} = (8\%, 10\%, 12\%)^{\mathrm{T}}$,其方差—协方差矩阵 V 为:

$$V = \begin{pmatrix} 0.04 & 0.02 & 0.07 \\ 0.02 & 0.09 & 0.08 \\ 0.07 & 0.08 & 0.16 \end{pmatrix}$$

我们先计算本例中的 A、B、C、D 的值,可以得到:$A = 6.9231$,$B = 0.4421$,$C = 115.3846$,$D = 3.0769$,从而前沿证券组合的期望收益率和标准差满足方程:$\sigma_p^2 = \frac{C}{D}\left(\bar{r}_p - \frac{A}{C}\right)^2 + \frac{1}{C} = 37.5 \times (\bar{r}_p - 0.06)^2 + 0.0087$。在均值—标准差平面上,上述方程是以(0,0.06)为中心,以 $\bar{r}_p = 0.06 \pm 0.1633\sigma_p$ 为渐近线的双曲线。其最小方差组合为(0.0931,0.06),有效集为该组合上方的证券组合。

8.3.4　零—协方差证券组合

对于任何前沿证券组合,有一个重要的性质:

性质8.7　对于前沿上的任意证券组合 $p, p \neq mvp$,均存在唯一的前沿证券组合,以 $zc(p)$ 表示,使得 $\mathrm{Cov}(\tilde{r}_p, \tilde{r}_{zc(p)}) = 0$。该证券组合称为 p 的零—协方差证券组合。

证明:对于任何两个前沿证券组合,其收益率的协方差为:

$$\mathrm{Cov}(\tilde{r}_p, \tilde{r}_q) = w_p^{\mathrm{T}} V w_q = \frac{C}{D}\left(\bar{r}_p - \frac{A}{C}\right)\left(\bar{r}_q - \frac{A}{C}\right) + \frac{1}{C}$$

其中第二个等式是由前沿组合满足的方程(8.16)式得到的。

令上式等于零,得到:

$$\bar{r}_{zc(p)}=\bar{r}_q=\frac{A}{C}-\frac{D/C^2}{\bar{r}_p-A/C} \tag{8.21}$$

从而得到 p 的零—协方差证券组合的存在性和唯一性。

关于零协方差证券组合,还有以下特点:

(1)由(8.21)式可以知道:$\bar{r}_p=\frac{A}{C}-\frac{D/C^2}{\bar{r}_{zc(p)}-A/C}$,所以 $zc(p)$ 的零—协方差证券组合为 p,即 $zc[zc(p)]=p$。

(2)由(8.20)式可以知道,对任何前沿组合 p,$\mathrm{Cov}(\tilde{r}_p,\tilde{r}_{mvp})=\frac{1}{C}>0$,所以 mvp 不存在零—协方差证券组合。

(3)由(8.21)式可知,如果 p 是有效证券组合,即 $\bar{r}_p>\frac{A}{C}$,则 $\bar{r}_{zc(p)}<\frac{A}{C}$,从而为非有效证券组合。反之亦成立。

(4)在均值—标准差平面上,过 p 点做证券组合前沿的切线,交于纵轴,交点的纵坐标即为 p 的零协方差组合的期望收益率 $\bar{r}_{zc(p)}$。

特点 4 的证明:由(8.17)式的全微分方程得证券组合前沿曲线的切线斜率方程如图 8.7 所示:

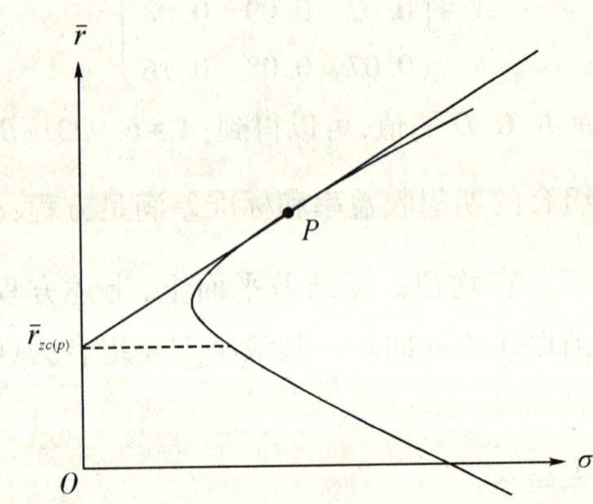

图 8.7　零—协方差组合在$(\sigma,\bar{r})$平面中的位置

$$\frac{d\bar{r}_p}{d\sigma_p}=\frac{\sigma_p D}{C\bar{r}_p-A}$$

过 p 点作证券组合前沿的切线,与纵轴相交,令交点的坐标为$(0,y)$,这条直线的方程为:

$$\frac{d\bar{r}_p}{d\sigma_p}=\frac{\bar{r}_p-y}{\sigma_p}$$

所以交点的纵坐标 y 等于:

$$\gamma = \bar{r}_p - \frac{d\bar{r}_p}{d\sigma_p}\sigma_p = \bar{r}_p - \frac{\sigma_p D}{C\bar{r}_p - A}\sigma_p$$

由双曲线方程(8.17),将 σ_p 用 $\bar{r}_p$ 表示出来,替换上式右边等式中的 σ_p,可以得到:

$$\gamma = \frac{A}{C} - \frac{\frac{D}{C^2}}{\bar{r}_p - \frac{A}{C}} = \bar{r}_{zc(p)}$$

其中最后一个等式用到了(8.21)式关于零—协方差组合的性质。

下面给出任意证券组合与前沿证券组合 p,以及 p 的零—协方差组合 $zc(p)$ 之间的关系。

设 p 为一前沿组合,$p \neq mvp$,q 为任意一个证券组合,那么证券组合 p 和 q 的随机收益率 $\tilde{r}_p$ 和 $\tilde{r}_q$ 之间的协方差为:

$$\begin{aligned}\mathrm{Cov}(\tilde{r}_p, \tilde{r}_q) &= w_p^{\mathrm{T}} V w_q = (\lambda \bar{r}^{\mathrm{T}} V^{-1} + \gamma \vec{1}^{\mathrm{T}} V^{-1}) V w_q \\ &= \lambda \bar{r}^{\mathrm{T}} w_q + \gamma \vec{1}^{\mathrm{T}} w_q \\ &= \lambda \bar{r}_q + \gamma \end{aligned} \tag{8.22}$$

其中第二个等式用到了(8.13),因为此时 p 是前沿组合,所以可以用(8.13)式表示出来。最后一个等式用到了约束等式 $\bar{r}^{\mathrm{T}} w_q = \bar{r}_q$ 和 $\vec{1}^{\mathrm{T}} w_q = 1$,前者表示证券组合的期望收益率等于该组合中各种资产的期望收益率乘以相应的权重再求和,后者表示权重向量相加为1。

将前面定义的 $\lambda = \frac{C\bar{r}_p - A}{D}$ 和 $\gamma = \frac{B - A\bar{r}_p}{D}$ 代入(8.22)式,得到:

$$\begin{aligned}\bar{r}_q &= \frac{A\bar{r}_p - B}{C\bar{r}_p - A} + \mathrm{Cov}(\tilde{r}_p, \tilde{r}_q)\frac{D}{C\bar{r}_p - A} \\ &= \frac{A}{C} - \frac{D/C^2}{\bar{r}_p - A/C} + \frac{\mathrm{Cov}(\tilde{r}_p, \tilde{r}_q)}{\sigma_p^2}\left[\frac{1}{C} + \frac{(\bar{r}_p - A/C)^2}{D/C}\right]\frac{D}{C\bar{r}_p - A} \\ &= \bar{r}_{zc(p)} + \beta_{qp}\left(\bar{r}_p - \frac{A}{C} + \frac{D/C^2}{\bar{r}_p - A/C}\right)\end{aligned}$$

最终可以得到:

$$\bar{r}_q = \bar{r}_{zc(p)} + \beta_{qp}(\bar{r}_p - \bar{r}_{zc(p)}) \tag{8.23}$$

其中 $\beta_{qp} = \frac{\mathrm{Cov}(\tilde{r}_p, \tilde{r}_q)}{\sigma_p^2}$。(8.23)式说明任何风险证券或风险证券的组合 q,其期望收益率可以写成一个前沿组合 p 和它的零协方差组合 $zc(p)$ 的期望收益率的线性组合,其权重分别为 β_{qp} 和 $1-\beta_{qp}$。

因为 $zc[zc(p)] = p$,所以(8.23)式可以写成:

$$\bar{r}_q = [1 - \beta_{qzc(p)}]\bar{r}_p + \beta_{qzc(p)}\bar{r}_{zc(p)}$$

由 $\bar{r}_p \neq \bar{r}_{zc(p)}$ 知道:$\beta_{qzc(p)} = 1 - \beta_{qp}$,所以有:

$$\bar{r}_q = \beta_{qp}\bar{r}_p + \beta_{qzc(p)}\bar{r}_{zc(p)}$$

由这个式子可以得到第 9 章的零 - *Beta* 的 *CAPM* 模型。

8.3.5 存在无风险资产时的有效证券组合前沿

关于无风险证券,指的是收益率确定的债券,投资者在期初购买这种债券时,就确定地知道期末的回报。通常来说,企业发行的债券具有违约风险,所以不是无风险证券。而政府发行的国库券违约的可能性很小,可以视为无风险证券。我们购买国库券相当于贷款给政府,而卖空国库券相当于向政府借钱,所以买卖债券只不过是手段,而实质是存在无风险借贷的市场。因此在以后的章节里,当我们提到存在无风险证券和个体能够在无风险市场上进行借贷时,指的是一回事。

在前面 8.3.2 ~8.3.4 的三小节内容里,我们讨论了经济中不存在无风险资产时的证券组合前沿理论。当经济当中存在无风险证券时,我们可以得到更为简单的结果。但是在这之前需要澄清一个问题:8.3.2 小节里推导的均值—方差组合前沿 *PF* 是在不存在无风险资产的情况下进行的,但是如果包含了无风险资产以后,方差协方差矩阵 V 必然是退化的,其逆矩阵不存在,那么 8.3.2 节推导的过程就不能够成立了。为了解决这个问题,本节的推导将无风险资产单独处理,而 n 只风险资产的方差—协方差矩阵仍然记为 V,在不包括无风险资产的条件下它是正定的,逆矩阵 V^{-1} 存在;相应的,资产组合记为 $(w_0, w_1, w_2, \cdots w_n)^T = (w_0, w^T)^T$,其中 w_0 为投资者在无风险资产上的投资比例,而 $w^T = (w_1, w_2, \cdots w_n)$ 表示他在 n 种风险资产上的投资权重。

如果无风险市场存在,而且投资者可以在该市场上无限制地借贷,那么前面关于风险资产组合的预算约束就不再成立了,因为投资者总可以通过无风险资产市场融资或者储蓄来轧平他在风险资产市场上的投资缺口。换言之,与前面使用的约束等式 $w^T\vec{1} = 1$ 不同,现在的约束等式应该是:

$$w_0 + w^T\vec{1} = 1$$

此时组合的期望收益率相应地变为:

$$\begin{aligned}\bar{r}_p &= w_0 r_F + w^T\bar{r} \\ &= (1 - w^T\vec{1}) r_F + w^T\bar{r} \\ &= w^T(\bar{r} - r_F\vec{1}) + r_F\end{aligned}$$

其中,$r_F > 0$ 为无风险资产的收益率。

因此,假设无摩擦的证券市场存在 n 种风险资产和一种无风险资产。n 种风险资产满足本节开始给出的假设。设 p 是由所有 $n+1$ 种资产组成的一个前沿证券组合,注意到无风险资产投资机会并不影响全部风险资产组合的收益方差,我们仍以 $w^T=(w_1,w_2,\cdots w_n)$ 表示在 n 种风险资产上的权重。则在存在无风险资产的情况下,任意一个前沿组合 $(w_0,w^T)^T$ 都是如下规划的解:

$$\min_{\{w_0,w\}}\frac{1}{2}w^{\mathrm{T}}Vw \tag{8.24}$$

使得

$$w_0+w^{\mathrm{T}}\vec{1}=1$$

$$\bar{r}_p=w^{\mathrm{T}}(\bar{r}-r_F\vec{1})+r_F$$

其中第一个约束等式也可以删去而不影响最后的结果,因为第二个均值约束等式已经将第一个等式条件用上了。其 Lagrange 函数是:

$$L=\frac{1}{2}w^{\mathrm{T}}Vw-\lambda(w_0+w^{\mathrm{T}}\vec{1}-1)-\gamma[w^{\mathrm{T}}(\bar{r}-r_F\vec{1})-(\bar{r}_p-r_F)]$$

一阶必要条件是:

$$\frac{\partial L}{\partial w_0}=-\lambda=0 \tag{8.25}$$

$$\frac{\partial L}{\partial w}=Vw-\lambda\vec{1}-\gamma(\bar{r}-r_F\vec{1})=\vec{0} \tag{8.26}$$

将(8.25)中的 $\lambda=0$ 代入(8.26)立即得到:

$$w^*=\gamma V^{-1}(\bar{r}-r_F\vec{1}) \tag{8.27}$$

星号表示该组合是最优风险资产组合的解。相应的最优无风险组合的权重就是:

$$w_0^*=1-(w^*)^{\mathrm{T}}\vec{1} \tag{8.28}$$

为求出 γ,将(8.27)式代入该规划问题的均值约束等式 $\bar{r}_p=w^{\mathrm{T}}(\bar{r}-r_F\vec{1})+r_F$:

$$\begin{aligned}\bar{r}_p-r_F&=\gamma^*(\bar{r}-r_F\vec{1})\mathrm{T}V^{-1}(\bar{r}-r_F\vec{1})\\&=\gamma^*(B-2r_FA+r_F{}^2C)=\gamma^*H\end{aligned} \tag{8.29}$$

其中令 $H=B-2r_FA+r_F{}^2C>0$。

从而,最优组合的方差:

$$\begin{aligned}\sigma_p&=(w^*)TVw^*=\gamma^{*2}(\bar{r}-r_F\vec{1})\mathrm{T}V^{-1}VV^{-1}(\bar{r}-r_F\vec{1})\\&=\gamma^*(\bar{r}_p-r_F)=\frac{(\bar{r}_p-r_F)^2}{H}\end{aligned} \tag{8.30}$$

其中两次用到了(8.29)式。(8.30)式即为存在无风险资产时($n+1$ 种资产)的证券组合前沿方程,它在均值—方差平面上$(\sigma^2,\bar{r})$仍是一条抛物线。不过更多的时候我们将其写为:

$$\bar{r}_p = \begin{cases} r_F + \sqrt{H}\sigma_p \\ r_F - \sqrt{H}\sigma_p \end{cases} \text{如果} \begin{cases} \bar{r}_p \geqslant r_F \\ \bar{r}_p < r_F \end{cases} \tag{8.30'}$$

这一等价形式表明组合前沿是均值—标准差$(\sigma,\bar{r})$平面上过点$(0,r_F)$，斜率分别为$\sqrt{H}$和$-\sqrt{H}$的两条射线。为了与不存在无风险资产时的组合前沿相区别，我们将包含无风险资产时的组合前沿称为*PFF*。

下面，我们针对无风险收益率r_F和不存在无风险资产时的最小方差组合*mvp*的纵坐标A/C之间的关系，分情况进行讨论。

8.3.5.1　$r_F<A/C$

在这种情况下的证券组合前沿如图8.8所示。

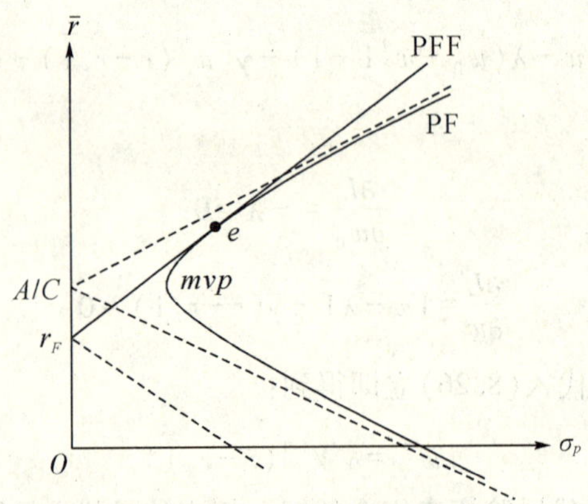

图8.8　当$r_F<A/C$时的证券组合前沿

这里，e是射线$\bar{r}_p=r_F+\sqrt{H}\sigma_p$（也即存在无风险资产时的组合前沿*PFF*）与所有风险资产形成的证券组合前沿*PF*的切点。这两条组合前沿为什么会相切呢？证明如下：

在$(\sigma,\bar{r})$平面上过点$(0,r_F)$作没有无风险资产存在时的证券组合前沿的切线，由上一节关于零—协方差证券组合的内容可以知道，切点组合e是收益率为r_F的前沿组合的零—协方差组合。也即$\bar{r}_{zc(e)}=r_F$，$\bar{r}_e=\dfrac{A}{C}-\dfrac{D/C^2}{r_F-A/C}$，所以该切线的斜率为：

$$\frac{\bar{r}_e-r_F}{\sigma_e}=\frac{\bar{r}_e-r_F}{\sqrt{\frac{C}{D}(\bar{r}_e-\frac{A}{C})^2+\frac{1}{C}}}=-\frac{\frac{A}{C}-\frac{D/C^2}{r_F-A/C}-r_F}{\frac{\sqrt{H}}{Cr_F-A}}$$

$$=\frac{H}{Cr_F-A}\frac{Cr_F-A}{\sqrt{H}}=\sqrt{H}$$

其中第一个等式用到了(8.16)式不存在无风险资产下的前沿组合表达式，后面的等式则几

次用到了 $D=BC-A^2$ 和 $H=B-2r_FA+r_F{}^2C$ 两个表达式。从而,该切线与射线 $\bar{r}_p=r_F+\sqrt{H}\sigma_p$ 相重合。

因此,由切点组合 e 和无风险资产$(0,r_F)$这两点可以得到一条直线 $\bar{r}_p=r_F+\sqrt{H}\sigma_p$,也就是说由切点组合 e 和$(0,r_F)$可以构成存在无风险资产时的证券组合前沿。从而我们可以得到结论:在无风险资产存在的条件下,任意一个前沿组合都可以分解成无风险资产和切点组合的组合。此时个体的偏好和风险厌恶态度只会影响他选择风险资产组合和无风险资产的比例,而他们选择的风险资产组合都只会是切点组合 e。

在射线 $\bar{r}_p=r_F+\sqrt{H}\sigma_p$ 上,如果投资者位于切点组合 e 和点$(0,r_F)$之间,则表明他在组合 e 和无风险资产上的头寸都是正的;如果投资者位于 e 点的右边,则表明个体在无风险资产上的头寸为负,也就是说他卖空无风险资产并将所得收入以及初始财富一起投资到风险资产组合 e 上;如果个体恰好位于 e 点,说明他没有使用无风险市场,仅仅把自己的全部初始收入购买了风险组合 e。

由风险厌恶者无差异曲线的形状,我们知道投资者不会在 $\bar{r}_p=r_F-\sqrt{H}\sigma_p$ 上投资,即有效集为位于射线 $\bar{r}_p=r_F+\sqrt{H}\sigma_p$ 上的前沿证券组合。

我们称图(8.8)中这条向上的一条直线为此时的有效证券组合前沿,这在投资学上也被称为资本市场线(Capital Market Line, CML)。它描述了市场均衡时,有效证券组合的期望收益率和风险之间的关系。当风险增加时,对应的期望收益率也增加。其余的证券组合都落在这条直线之下。

其实,在这种情形下还有一种方法能够得到过 r_F 与风险证券前沿的切线就是此时的有效前沿 PPF 的结论。因为对于投资者来说,加上无风险资产后,其选择的对象集就扩充为由 r_F 与原有风险证券前沿 PF 围成的区域之内所有点的连线 r_Fq,该连线最高可到达 r_F 与 PF 的切线。由于我们的效用函数是希望在同样风险的情况下收益最大,或者同样收益的情况下风险最小,因此在这些连线中我们最优的选择应该是最高的那条连线也就是与切点的连线 r_Fe,因为在这条连线上承担单位风险所获得的回报最高。我们用夏普比率(Sharpe Ratio)来衡量证券或证券组合在承担单位风险的情况下获得的风险溢价:*Sharpe* 比率 $=\dfrac{r_q-r_F}{\sigma_q}$。因为投资者的均值—方差偏好,他们总是希望选择夏普比率最高的组合。可以发现在某条连线 r_Fq 上夏普比率是不变的,而最高的夏普比率在 r_Fe 达到。(见图 8.9)

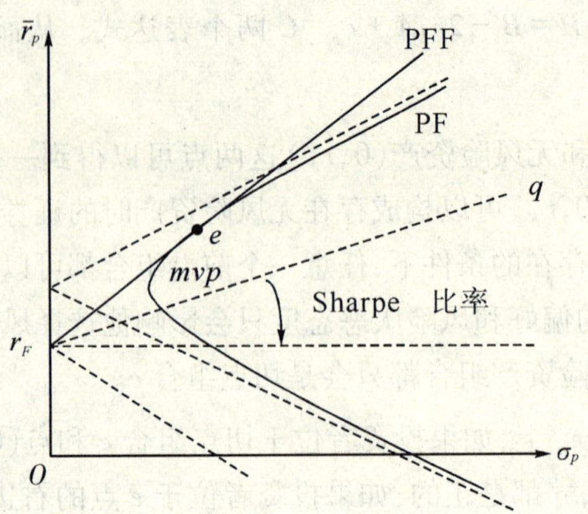

图 8.9 夏普比率与 $r_F < A/C$ 时的证券组合前沿

8.3.5.2 $r_F > A/C$

这种情况下的证券组合前沿如图 8.10 所示。

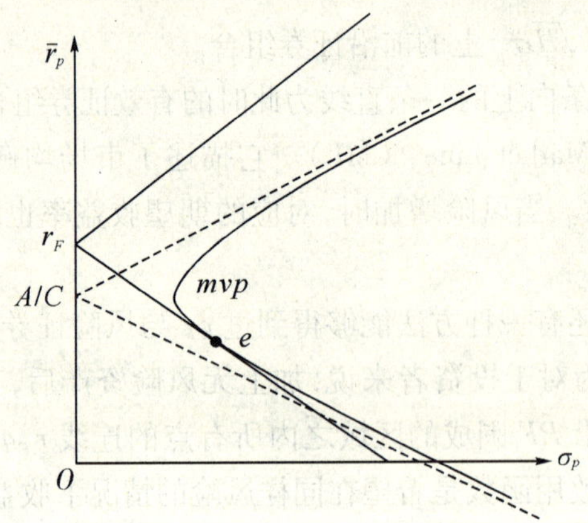

图 8.10 当 $r_F > A/C$ 时的证券组合前沿

射线 $\bar{r}_p = r_F + \sqrt{H}\sigma_p$ 上的证券组合是卖空证券组合 e 投资在无风险资产上。同样的，由风险厌恶者无差异曲线的形状，我们知道投资者不会在下面的射线上进行投资，即有效集位于上面这条射线上。

8.3.5.3 $r_F = A/C$

在这种情形下，因为：

$$H = B - 2Ar_F + Cr_F{}^2 = B - 2A(A/C) + C(A/C)^2 = \frac{D}{C} > 0$$

所以，$\bar{r}_p = \frac{A}{C} \pm \sqrt{\frac{D}{C}}\sigma_p$ 是风险资产形成的证券组合前沿的渐近线。这种情况下的证券组合前沿如图 8.11 所示。

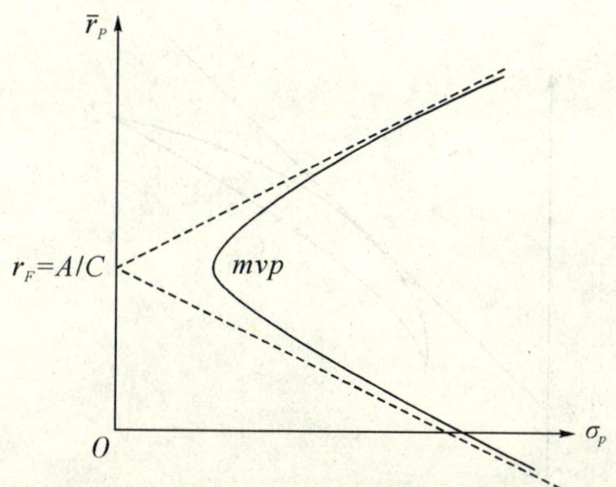

图 8.11 当 $r_F=A/C$ 时的证券组合前沿

在前面两种情况下,证券组合前沿都是由无风险资产和切点组合 e 构成的。但是在这第三种情形下,由于不存在切点证券组合,证券组合前沿不可能由风险资产形成的前沿证券组合和无风险资产组成。由(8.27)式,

$$w^*=\gamma^* V^{-1}(\bar{r}-r_F\vec{1})=\frac{\bar{r}_p-r_F}{H}V^{-1}(\bar{r}-r_F\vec{1})$$

可以知道:

$$\vec{1}^{\mathrm{T}} w^*=\frac{\bar{r}_p-r_F}{H}\vec{1}^{\mathrm{T}} V^{-1}(\bar{r}-r_F\vec{1})=\frac{\bar{r}_p-r_F}{H}\vec{1}^{\mathrm{T}} V^{-1}(\bar{r}-A/C\vec{1})$$

$$=\frac{\bar{r}_p-r_F}{H}\left(A-\frac{A}{C}\cdot C\right)=0$$

因此,任何前沿证券组合都把所有的财富投资在无风险资产上,而在风险资产上的净投资为零。

一般来说,无风险收益率 r_F 应该小于最小方差组合 mvp 的收益率,因此,第一种情况是最常见的。

我们仍旧用8.1 中的例子来说明本小节中的内容。我们已经知道 A、B、C 三种股票的期望收益率向量为 $\bar{r}=(8\%,10\%,12\%)^{\mathrm{T}}$,并且其方差—协方差矩阵 V 为:

$$V=\begin{pmatrix}0.04 & 0.02 & 0.07\\0.02 & 0.09 & 0.08\\0.07 & 0.08 & 0.16\end{pmatrix}$$

我们假设无风险利率 r_F 为4%。因为 $r_F<A/C$,所以满足上面的第 1 种情况。这时,有效集为经过 r_F 和切点组合 e 的射线,求出此时的 $H=0.0728$,所以射线方程为:

$$\bar{r}_p=0.04+0.27\sigma_p$$

其图形如图 8.12 所示。

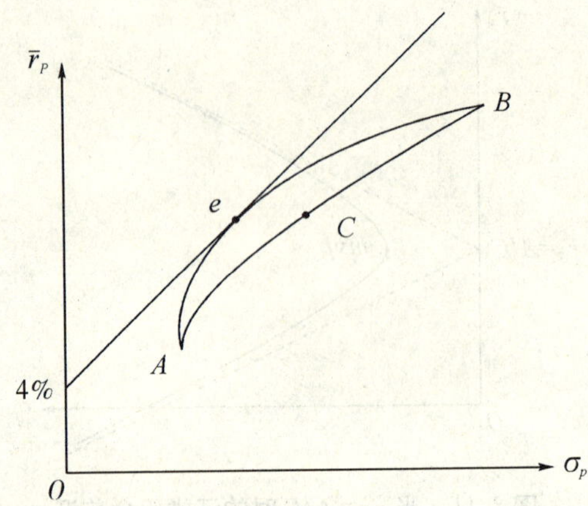

图 8.12　三个风险证券加上无风险证券所形成的证券组合前沿

切点组合 e 的坐标$(\sigma_e, \bar{r}_e)$为:(0.1171,0.0716)。

最后我们来研究无风险资产存在并且 $r_F > A/C$ 的情况下,某个风险证券与切点组合之间的联系。与(8.23)式类似,这里我们同样可以证明,如果 p 是一个有效前沿组合(Mean - Variance Efficient frontier, *MVE*),那么对于任意风险资产或资产组合 q,有:$\bar{r}_q - r_F = \beta_{qp}(\bar{r}_p - \bar{r}_F)$,其中 $\beta_{qp} = \text{Cov}(\tilde{r}_q, \tilde{r}_p)/Var(\tilde{r}_p)$。如果我们把 p 选为切点组合,上式可以变为:

$$\bar{r}_q - r_F = \beta_{qe}(\bar{r}_e - \bar{r}_F), \beta_{qe} = \text{Cov}(\tilde{r}_q, \tilde{r}_e)/Var(\tilde{r}_e) \tag{8.31}$$

这个式子有一个很直观的经济解释:在均值—方差世界中,参与者只持有均值—方差有效组合,也就是无风险证券和切点组合的组合。现在,证券的风险由它们对切点组合风险的贡献大小来度量,而最优性要求证券的风险溢价等于证券的风险与每单位风险"价格"的乘积,其中风险由证券的 β 度量,而"价格"就是切点组合的风险溢价。切点组合的 β 等于 1。这些就是本书第 10 章中 *CAPM* 内容的雏形。

8.4　风险厌恶者的最优投资策略

前面探讨了风险厌恶者选择的目标——效用尽可能大的无差异曲线,以及选择的对象——有效证券组合。正如我们在微观经济学里学到的,下面讨论风险厌恶投资者如何确定自己的最优投资策略。在微观经济学中,投资者选择无差异曲线与预算约束线的切点作为自己的最优策略,下面我们将看到不确定条件下风险厌恶者的最优投资策略也有类似的结果。

由 8.2 节的内容,我们知道风险厌恶投资者的无差异曲线的形状如图 8.13 所示。而至于选择的对象或者说可行集我们分情况讨论。先分析经济中不存在无风险证券的情形。由 8.3.2 节的内容,可以知道证券组合有效集的形状如图 8.14 所示。

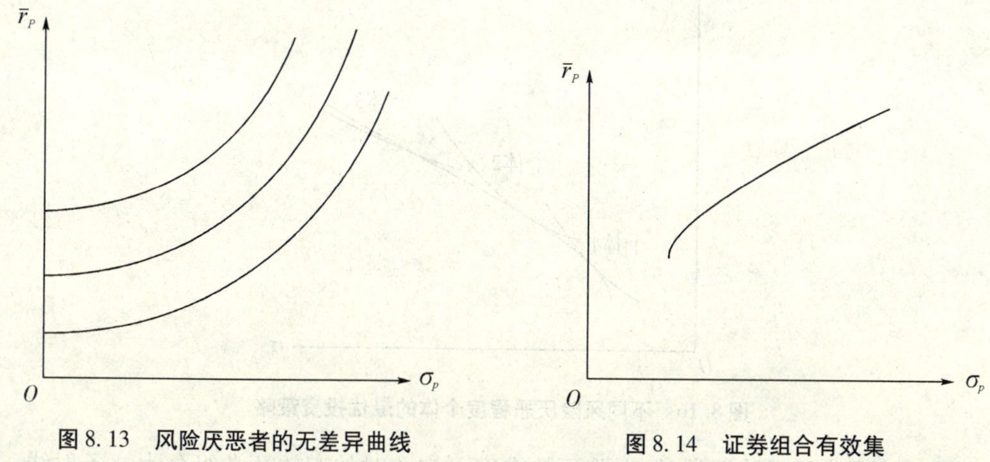

图 8.13 风险厌恶者的无差异曲线

图 8.14 证券组合有效集

一旦我们确定了投资者选择的目标和对象,我们就能够确定他们的最优投资策略。投资者把他的无差异曲线和证券组合的有效集放在同一个图中,选择位于最西北方的无差异曲线上的证券组合,并且这个组合应该是无差异曲线和证券组合有效集的切点证券组合,如图 8.15 中点 O 所示。

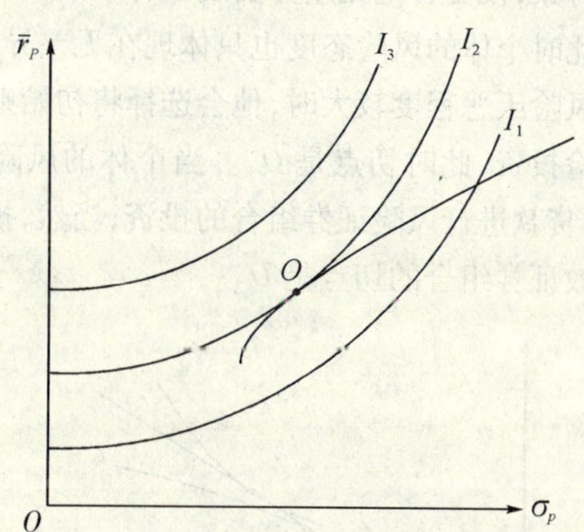

图 8.15 不存在无风险证券时的风险厌恶者的最优投资策略

尽管跟 I_2 比起来,投资者更偏好 I_3 上的证券组合,因为 I_3 代表更高的效用,但这是不可能的,因为 I_3 上的证券组合是不可行的。I_2 是使得可行的证券组合效用最大的无差异曲线。

个体的风险态度体现在他们各自的无差异曲线上,不同风险厌恶程度的个体选择不同的最优投资策略,如图 8.16 所示。在个体 1、2、3 中,个体 1 的风险厌恶程度最大,他选择较低的回报,同时也承担较低的风险。而个体 3 的风险厌恶程度最小,他为了追求高回报而宁愿承担高风险。由于风险厌恶者的无差异曲线是严格凸的,而证券组合的有效集是严格凹的,所以,无差异曲线和有效集的切点是唯一的。

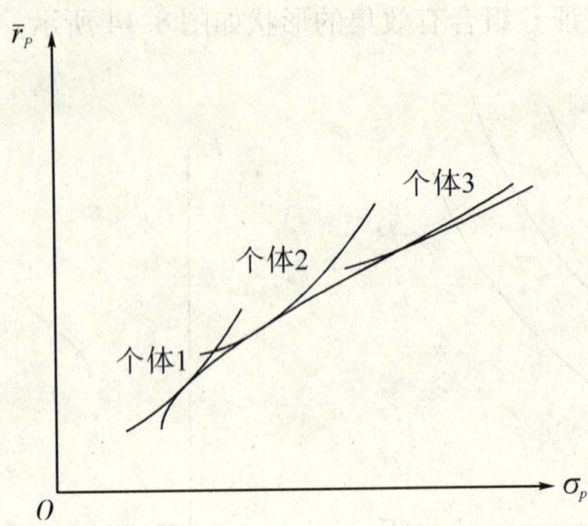

图 8.16　不同风险厌恶程度个体的最优投资策略

当经济中存在无风险证券时,由前面的内容可知此时的有效证券组合为一条射线。我们只讨论无风险收益率 r_F 小于最小方差组合 *mvp* 的收益率 A/C 的情形,因为这种情况是最具代表性的,其他情况可作类似讨论。

当 $r_F < A/C$ 时,有效集如图 8.17 所示。

给定了投资者的选择对象,投资者把无差异曲线和有效集放在一起,通过求切点证券组合来确定最优投资策略。此时个体的风险态度也只体现在无差异曲线与此时的有效证券组合的切点不同。当个体的风险厌恶程度较大时,他会选择将初始财富的一部分进行储蓄,另一部分进行切点组合的风险投资,此时切点是 O_1。当个体的风险厌恶程度较小时,即他可能是风险偏好的,那么他会贷款进行风险证券组合的投资,当然,投资的组合也是切点组合,此时他的无差异曲线与有效证券组合的切点是 O_2。

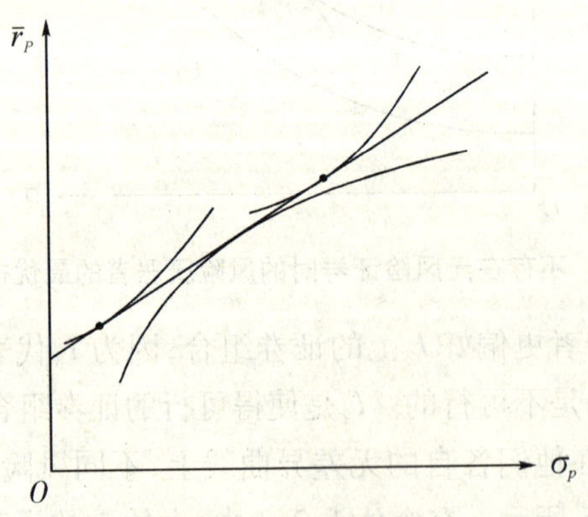

图 8.17　存在无风险证券时的风险厌恶者的最优投资策略

本章小结

本章首先对收益率和投资组合表达等基本概念进行了定义,接下来在二次效用函数和资产回报服从正态分布的情况下分别得到了均值—方差分析对个人投资组合选择的适用性。在该均值—方差分析框架下,风险厌恶投资者的可行集与其效用最大化的最优解这两个集合的交集即为此时个人投资者的最优选择:证券组合前沿。在无风险资产不存在和存在的情况下,我们分别探讨了此时的前沿形状及其性质。

附录

(8.8)式的证明:

由效用函数的假设,$U(\bar{R}+\sigma z)$为正,从而分母为正。而分子的符号并不明显。我们先将它分解成:

$$\int_{-\infty}^{\infty} U'(\bar{R}+\sigma z) zf(z;0,1)\,dz$$

$$= \int_{-\infty}^{0} U'(\bar{R}+\sigma z) zf(z;0,1)\,dz + \int_{0}^{\infty} U'(\bar{R}+\sigma z) zf(z;0,1)\,dz$$

$$\overset{\tilde{z}=-z}{=} \int_{0}^{\infty} U'(\bar{R}-\sigma \tilde{z})(-\tilde{z}) f(-\tilde{z};0,1)\,dz + \int_{0}^{\infty} U'(\bar{R}+\sigma z) zf(z;0,1)\,dz$$

由标准正态分布密度函数的对称性,上式变为:

$$-\int_{0}^{\infty} U'(\bar{R}-\sigma \tilde{z}) zf(z;0,1)\,dz + \int_{0}^{\infty} U'(\bar{R}+\sigma z) zf(z;0,1)\,dz$$

$$= \int_{0}^{\infty} [U'(\bar{R}+\sigma \tilde{z}) - U'(\bar{R}-\sigma z)] zf(z;0,1)\,dz$$

因为个体为风险厌恶者,所以其效用函数的一阶导数是单调递减的,所以上式的结果为负。于是(8.8)式分子的符号为负,最终我们得到(8.8)式的符号为正,所以风险厌恶者的无差异曲线的斜率为正。

习题

1. 如果经济中的N种风险资产是完全独立的,此时方差协方差矩阵除了对角线上的元素不为0,其他元素都为0。此时可否得到最优的风险资产均值—方差前沿曲线?如果N种资产里有两种资产的收益是完全线性相关的呢?

2. 现实中资产的收益之间是什么关系,独立还是完全线性相关?

3. 考虑证券 1 和证券 2,它们的收益率分别是 $\tilde{r}_1$ 和 $\tilde{r}_2$,波动率分别是 σ_1 和 σ_2,并且其相关系数是 ρ:

(1)假设 $\rho \neq 1$,用波动率度量风险,证明分散化即用证券形成组合可以降低风险,也就是说,总是存在波动率小于两只单个证券的波动率的组合;

(2)找出收益率具有最小波动率的组合;

(3)证明当 $\rho = 1$ 时,分散化不能降低风险;

(4)假设 $\sigma_1 = \sigma_2$,证明无论 ρ 为多少,等权重组合的风险都是最小的。

4. 考虑风险证券 1 和 2,其收益率为 $\tilde{r}_1$ 和 $\tilde{r}_2$,期望收益率为 $\bar{r}_1$ 和 $\bar{r}_2$,协方差矩阵为:$\begin{matrix} \sigma_1^2 & \sigma_{12} \\ \sigma_{12} & \sigma_2^2 \end{matrix}$

(1)推导由这两只证券构成的均值—方差有效前沿;

(2)证明这两只证券都在前沿上;

(3)考虑如下三种特别形式的前沿:$\rho_{12} = -1, 0, 1$,其中 ρ_{12} 是两只证券收益率之间的相关系数,在 $\sigma - \bar{r}$ 平面上画出这三种情形下的组合前沿。

9 资本资产定价模型(CAPM)

有了在均值—方差偏好下参与者组合选择的具体描述,我们现在研究与之相应的资产定价关系,这就是著名的资本资产定价模型(Capital Asset Pricing Model,CAPM)。

9.1 基本假设

资本资产定价模型有许多前提性的假设条件,主要包括对市场的完全性和环境的无摩擦性。主要的假设有:①市场上有众多的投资者,每个投资者都是价格的接受者,其交易不会影响证券价格;②投资者的行为是理性的,投资者以期望回报率和标准差作为评价证券组合好坏的标准;③投资者对所交易的金融工具未来的收益现金流的概率分布、预期值和方差等都有相同的估计;④每种证券都是无限可分的,即投资者可以购买到他想要的一份证券的任何一部分;⑤无税收和交易成本,即市场环境是无摩擦的;⑥投资者只能交易公开交易的金融工具,如股票、债券等,而且投资者可以以无风险利率无限制地借和贷;⑦经济中存在无风险资产;⑧投资者是风险厌恶型的,即具有凹的效用函数。

9.2 市场组合

如果我们把在市场上交易的证券,包括公司发行的所有股票和债券等加总,就得到了金融资产的总供给。这个资产的总集合本身就是一个组合,即市场组合。在一个证券经济中,市场组合也代表了经济未来禀赋的加总。

举例来说,一个只有 3 种资产的证券市场:股票 A、股票 B 和无风险债券。股票 A 的总市值是 700 亿元,股票 B 的总市值是 200 亿元,无风险债券的总市值是 100 亿元。市场所有资产的总市值是 1000 亿元。那么,一个市场组合包括所有这 3 种证券,股票 A 的市值在其中占 70%,股票 B 的市值在其中占 20%,无风险债券占 10%。因此,市场组合是一个缩小的市场总体。

记 W_0^k 为个体 k 的初始财富,记 w_{kj} 为个体 k 投资于资产 j 所用的资金占其初始财富的比例。社会的总财富为：$W_{m0} \equiv \sum_{k=1}^{K} W_0^i$，其中 K 代表社会所包含的个体总数。在市场均衡的条件下，社会总财富等于投资于资产的总价值。记 w_{mj} 为市场资产组合中资产 j 的权重。在市场出清的情况下有：

$$\sum_{k=1}^{K} w_{kj} W_0^k \equiv w_{mj} W_{m0}$$

等式两边同时除以 W_{m0}，有：

$$\sum_{k=1}^{K} w_{kj} \frac{W_0^k}{W_{m0}} = w_{mj} \tag{9.1}$$

即市场组合的权重是个体组合权重的一个凸组合。

市场组合有一个非常重要的性质：在均值—方差偏好和无风险资产存在的情况下，当市场达到均衡时，市场组合就是切点组合。这是因为如果均衡时所有个体投资者的最优选择都是切点组合，也就是说所有投资者 k 在每种资产 j 上投资的财富占自身总财富的比例都是一样的，即 w_{kj} 是不随 k 变化的一个固定值，我们可以将其从(9.1)式左边的求和符号里拿出来，得到：$w_{kj} \sum_{k=1}^{K} \frac{W_0^k}{W_{m0}} = w_{mj}$。而求和符号里的结果为1，最终可以得到：$w_{kj} = w_{mj}$。这说明均衡时所有投资者在资产 j 上的投资需求就等于市场组合，因此切点组合（需求）就是市场组合（供给）。

这一推论给出了关于参与者投资行为和资产定价关系一些重要性质。首先，它指出市场组合是一个有效组合。市场组合是每个参与者能够直接观察到的，不依赖于任何关于资产收益的信息，如收益率的协方差矩阵。这一点有极大的价值，因为我们通常对资产收益率的分布没有充分的信息。其次，所有投资者的最优选择就是无风险资产和市场组合的组合。这为代表市场组合的市场指数基金作为重要的投资渠道提供了重要的理论基础。最后，它确定了一个简单的资产定价关系，即后面将讲到的资本资产定价模型。

9.3 证券市场线

由前面的资产组合理论(8.23)可知，如果 p 是一个非最小方差组合的前沿边界组合，q 是任意一个可行的资产组合，有：

$$\bar{r}_q = \bar{r}_{zc(p)} + \beta_{qp}(\bar{r}_p - \bar{r}_{zc(p)})$$

其中，$zc(p)$ 为 p 的零协方差证券组合。上式也可写为：

$$E[\tilde{r}_q] = (1-\beta_{qp})E[\tilde{r}_{zc(p)}] + \beta_{qp}E[\tilde{r}_p] \tag{9.2}$$

因为当存在两项基金分离现象且市场均衡时，市场组合是一个前沿边界组合。因此，如

果市场组合不是最小方差组合,有:

$$E[\tilde{r}_q]=(1-\beta_{qm})E[\tilde{r}_{zc(m)}]+\beta_{qm}E[\tilde{r}_m] \quad (9.3)$$

其中 $\tilde{r}_m = \sum_{j=1}^{N}\omega_{mj}\tilde{r}_j$ 是市场组合的收益率,且:

$$\beta_{qm}=\frac{\mathrm{Cov}(\tilde{r}_q,\tilde{r}_m)}{Var(\tilde{r}_m)}$$

由于对任意一个风险资产来说其本身就是可行的资产组合,所以(9.3)式可以变形为:

$$E[\tilde{r}_j]=(1-\beta_{jm})E[\tilde{r}_{zc(m)}]+\beta_{jm}E[\tilde{r}_m] \quad (9.4)$$

对于所有的 $j=1,2,\cdots\cdots,N$ 成立。

对(9.4)变形,有:

$$E[\tilde{r}_j]=E[\tilde{r}_{zc(m)}]+\beta_{jm}\{E[\tilde{r}_m]-E[\tilde{r}_{zc(m)}]\} \quad (9.5)$$

在市场均衡时,资产的 β_{jm} 越大,其期望收益率就越大。可见,在市场均衡的条件下,风险资产的期望收益率取决于该风险资产与市场组合之间收益率的协方差。所有风险资产和资产组合的期望收益率都在一条直线上,这条直线被称为证券市场线(Security Market Line, SML)。如图 9.1 所示。

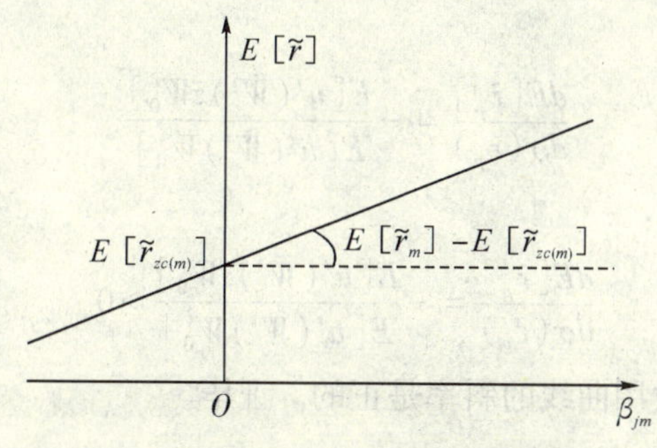

图 9.1 证券市场线

证券市场线说明,一项有价证券的风险补偿应当是它的 β 系数乘以有风险资产的市场组合的风险补偿。如果一项资产的 β 系数大于 1,该项资产的风险补偿就大于市场组合的风险补偿,意味着这项资产在市场上的价格波动会大于市场的平均价格波动。如果一项资产的 β 系数小于 1,情况则相反,它的价格波动小于市场的平均价格波动。

9.4 零 β -CAPM

如果不存在无风险利率,CAPM 模型是否还成立呢?接下来我们将看见,此时 CAPM 仍然成立,只不过无风险利率被换成了市场组合的零—协方差组合。

假设个体的效用函数是递增的严格凹函数,资产收益率服从正态分布。由于正态随机变量的线性组合服从正态分布,故个体所选择的资产组合一定服从正态分布。记 p 为个体 i 选择的资产组合。个体 i 的期望效用为:

$$E\{u_i[W_0^i(1+\tilde{r}_p)]\} = E[u_i\{W_0^i(1+E[\tilde{r}_p]+\sigma(\tilde{r}_p)\tilde{z})\}] \tag{9.6}$$

其中,$\tilde{z}$ 代表了一个服从标准正态分布的随机变量。从(9.6)式中可以看出,个体的期望效用函数可以由两个参数——资产组合的期望收益率和标准差来表示,即个体的偏好可以完全分解成对期望收益率和对标准差的偏好。

可以证明,如果个体的效用函数具有严格单调性,则他在面临选择时,会偏好具有更高的期望收益率的资产组合;如果个体的效用函数具有严格单调性,则他在面临选择时,会偏好具有更低标准差的资产组合。

现在证明个体一定会选择有效的资产组合。首先说明为什么在期望—标准差坐标平面中,个体的无差异效用曲线的斜率是正的。取 V_i 对 $E(\tilde{r}_p)$ 和 $\sigma(r_p)$ 的全微分,并令其结果为0,有:

$$dV = \frac{\partial V}{\partial E[\tilde{r}_p]}dE[\tilde{r}_p] + \frac{\partial V}{\partial \sigma(\tilde{r}_p)}d\sigma(\tilde{r}_p) = 0 \tag{9.7}$$

所以有:

$$\frac{dE[\tilde{r}_p]}{d\sigma(\tilde{r}_p)} = -\frac{E[u'(\widetilde{W}^i)\tilde{z}W_0^i]}{E[u'(\widetilde{W}^i)W_0^i]}$$

结合(9.6)和(9.7)有:

$$\frac{dE[\tilde{r}_p]}{d\sigma(\tilde{r}_p)} = -\frac{E[u'(\widetilde{W}^i)\tilde{z}W_0^i]}{E[u'(\widetilde{W}^i)W_0^i]} > 0$$

所以,个体的无差异效用曲线的斜率是正的。证毕。

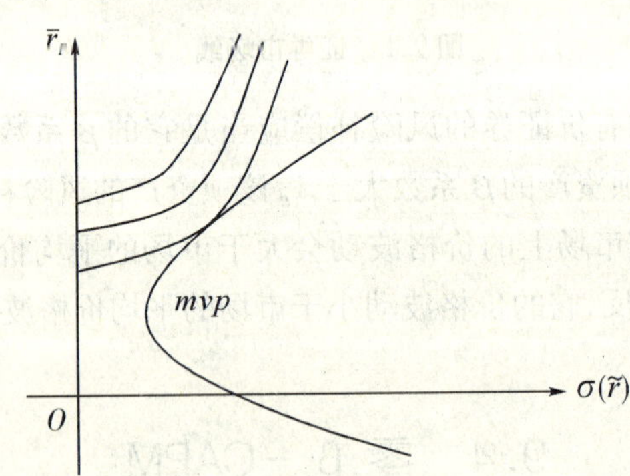

图 9.2　当资产收益率服从正态分布时的无差异曲线

个体只会选择如图 9.2 所示的有效前沿边界组合。图中的双曲线代表资产组合前沿,三条具有正斜率的曲线代表无差异曲线。由(9.6)式和(9.7)式知道,位置处于左上方的无差异曲线代表较高的效用水平。因此,个体只会选择无差异曲线和组合前沿边界的切点所代表的资产组合。具有正斜率的无差异曲线决定了他们只会选择有效的前沿边界组合。

将上面的结论应用于所有的个体,则所有的个体都会选择有效的前沿边界组合。市场组合作为个体资产组合的一个凸组合,也一定是有效的前沿边界组合。因此,对于任意可行的资产组合有:

$$E[\tilde{r}_q] = E[\tilde{r}_{zc(m)}] + \beta_{qm}(E[\tilde{r}_m] - E[\tilde{r}_{zc(m)}]) \tag{9.8}$$

且:

$$E[\tilde{r}_m] - E[\tilde{r}_{zc(m)}] > 0 \tag{9.9}$$

(9.8)式和(9.9)式就是布莱克(Black,1972)和林特勒(Lintner,1969)分别提出的零β-CAPM 资本资产定价模型。

在零β-CAPM 里,市场证券组合的零协方差证券组合起着和 CAPM 中无风险利率一样的作用。

9.5　存在无风险资产的 CAPM

假设最小方差组合的期望收益率大于无风险资产收益率,记 e 为切点所代表的资产组合。由前面的学习知道,任意资产组合的收益率可以表示为:

$$\tilde{r}_q = (1-\beta_{qe})r_f + \beta_{qe}\tilde{r}_e + \tilde{\varepsilon}_{qe} \tag{9.10}$$

其中,$\mathrm{Cov}(\tilde{r}_e,\tilde{\varepsilon}_{qe}) = E(\tilde{\varepsilon}_{qe}) = 0$。可以证明:

$$E[\tilde{\varepsilon}_{je} | \tilde{r}_e] = 0, j = 1,2,\cdots,N \tag{9.11}$$

是$\{(\tilde{r}_j)_{j=1}^{N}, r_f\}$存在两项基金分离现象的充分必要条件。

所以,在市场均衡的前提下,对于任何资产组合 q 有:

$$E[\tilde{r}_q] - r_f = \beta_{qm}(E[\tilde{r}_m] - r_f) \tag{9.12}$$

这就是分别由林特勒(Lintner,1965)、莫辛(Mossin,1965)和夏普(Sharpe,1964)得到的著名的资本资产定价模型(CAPM)。

资产定价模型提供了一个简洁而直观的资产定价关系:一个资产的风险溢价与其市场风险成正比,市场风险由它对市场组合的β值来衡量。比例系数是 $E[\tilde{r}_m] - r_f$,即市场组合的风险溢价。因为市场组合的β值为 1,它的风险溢价也叫做风险的价格,即单位风险的风险溢价。

观察资产收益率的现实值可以进一步了解其经济意义。将资产收益率对市场收益率作线性回归可以得到:

$$\tilde{r}_q - r_f = a_n + \beta_{qm}(\tilde{r}_M - r_f) + \tilde{\varepsilon}_{qe}$$

其中，$\mathrm{Cov}(\tilde{r}_m,\tilde{\varepsilon}_{qm})=E(\tilde{\varepsilon}_{qm})=0$。根据资本资产定价模型，$a_n=0$，即回归的截距项必须为0。这意味着我们可以把资产收益率的风险分解为两个部分：第一部分是它所承载的市场风险。由市场组合收益的风险定义，承载风险的大小由资产的β值来确定。第二个部分是剩余风险（Residual Risk），即剩下的与市场无关的风险。市场风险对于所有资产都是一样的，因此也称为系统风险（Systematic Risk）。剩余风险是各个资产所特有的风险，因此也叫做非系统性风险（Nonsystematic Risk）。此外，只有市场风险才有溢价，剩余风险没有溢价。

9.6 一般均衡框架下的 CAPM

前面在推导 CAPM 模型时，我们是在参与者具有均值—方差偏好的假设下进行的。本节我们将证明，如果满足一定的条件，CAPM 模型可以是一个均衡的结果。下面我们讨论一种简单的情况，当参与者具有二次效用函数时，可以得到均衡的 CAPM 模型。

假设参与者的效用函数为：

$$u_i=(\tilde{c}_i-\bar{c}_i)^2,i=1,\cdots,I$$

其中 c 表示消费。

由参与者 i 的组合选择的一阶条件，对于任意证券 q 我们有：

$$0=E[u_i'(\tilde{c}_i)(\tilde{r}_q-r_F)]=2E[(\tilde{c}_i-\bar{c}_i)(\tilde{r}_q-r_F)]$$

即：

$$0=E[(\tilde{c}_i-\bar{c}_i)(\tilde{r}_q-r_F)],\forall i$$

对参与者求和，我们有：

$$0=E[(\tilde{C}-\bar{C})(\tilde{r}_q-r_F)]$$

其中，$\tilde{C}=\sum\limits_i c_i,\bar{C}=\sum\limits_i c_i$。我们可以把上面的式子重新写为：

$$(E[\tilde{C}]-\bar{C})(E[\tilde{r}]_q-r_F)+\mathrm{Cov}[(\tilde{C}-\bar{C}),(\tilde{r}_q-r_F)]=0$$

即：

$$(E[\tilde{C}]-\bar{C})(E[\tilde{r}_q]-r_F)+\mathrm{Cov}[\tilde{C},\tilde{r}_q]=0$$

证券市场均衡要求市场出清，即证券供给等于证券需求。在市场出清时，总消费必须等于市场组合的总支付。因此，$\tilde{C}=v_m(1+\tilde{r}_m)$，其中 v_m 是市场组合的市值。此时，我们有：

$$(E[\tilde{C}]-\bar{C})(E[\tilde{r}_q]-r_F)+\mathrm{Cov}[v_m(1+\tilde{r}_m),\tilde{r}_q]=0$$

即：

$$E[\tilde{r}_q]-r_F=-\frac{v_m\mathrm{Cov}[\tilde{r}_m,\tilde{r}_q]}{E[\tilde{C}]-\bar{C}} \tag{9.18}$$

如果取 q 为市场组合，我们有：

$$E[\tilde{r}_m]-r_F=-\frac{v_m\sigma_m^2}{E[\tilde{C}]-\bar{C}} \tag{9.19}$$

(9.18)式比(9.19)有:

$$\frac{E[\tilde{r}_q]-r_F}{E[\tilde{r}_m]-r_F}=\frac{\mathrm{Cov}[\tilde{r}_m,\tilde{r}_q]}{\sigma_m^2}$$

令 $\beta_{qm}=\frac{\mathrm{Cov}[\tilde{r}_m,\tilde{r}_q]}{\sigma_m^2}$,则:

$$E[\tilde{r}_q]-r_F=\beta_{qm}(E[\tilde{r}_m]-r_F)$$

这样就在均衡的条件下得到了 CAPM 模型。此外,当资产的支付服从正态分布时,我们也可以得到均衡的 CAPM 模型。

9.7 CAPM 的应用

在 CAPM 理论中,一项风险资产对于市场组合的 β 值是一个反映了该资产对个体投资组合风险贡献的充分统计量。那些收益和市场组合收益正相关的风险资产具有正的风险溢价。在这种情况下,资产的 β 值越高,其风险溢价越大。这层关系可以凭直觉理解如下:考虑资产 A 和资产 B 两项资产。资产 A 和资产 B 在期末具有相同的预期回报支付。有所不同的是,资产 A 的回报支付和市场组合正相关,而资产 B 的回报支付和市场组合负相关。换句话说,资产 A 在整体经济繁荣的时候有较高的回报支付,而资产 B 在整体经济衰退的时候有较高的回报支付。在经济衰退时一单位的回报支付比经济繁荣时一单位的回报支付更有价值。因此,资产 B 更受人们的欢迎,其期初时的价格要高于资产 A 期初时的价格。又由于资产 A 和资产 B 有相同的预期回报支付,所以资产 A 和资产 B 相比拥有更高的预期收益率。也就是说,资产 A 的回报支付结构不如资产 B 的吸引人,因此在均衡条件下,资产 A 需要生成一个和 B 相比更高的预期收益率而使资产和资产 B 一样吸引人。

从实证的角度来看,自 CAPM 模型产生以来,由于其简单直观的特点,这种定价模型得到了广泛的应用。在实际操作中,为了应用这个公式,一般应估计三个值:无风险利率、市场证券组合的收益率和被定价证券的 β 值。无风险利率一般用中、长期国债的利率来近似地代替,市场组合的收益率一般用证券市场指数的收益率来代替,而证券的 β 值可以利用历史数据,通过统计方法得到。

本章小结

市场上交易的证券加总,就得到了市场组合。在一个证券经济中,市场组合也代表了经济未来禀赋的加总。

在均值—方差偏好下,当市场达到均衡时,市场组合就是切点组合。

所有风险资产和资产组合的期望收益率都在一条直线上,这条直线被称为证券市场线:

$$E[\tilde{r}_q]=(1-\beta_{qp})E[\tilde{r}_{zc(p)}]+\beta_{qp}E[\tilde{r}_p]$$

在零β-CAPM 里,对于任意可行的资产组合有:

$$E[\tilde{r}_q]=E[\tilde{r}_{zc(m)}]+\beta_{qm}(E[\tilde{r}_m]-E[\tilde{r}_{zc(m)}])$$

在市场均衡的前提下,对于任何资产组合 q 有:

$$E[\tilde{r}_q]-r_f=\beta_{qm}(E[\tilde{r}_m]-r_f)$$

市场组合的风险溢价:

$$E[(\tilde{r}_j-r_f)]=(\sum_{i=1}^{I}\theta_i^{-1})^{-1}W_{m0}Var(\tilde{r}_m)$$

市场组合的风险溢价和经济实体中的总体相对风险厌恶成比例。

当参与者的效用函数是二次函数或资产的支付服从正态分布时,我们在均衡的条件下推导出 CAPM 模型。

自 CAPM 模型产生以来,由于其简单直观的特点,这种定价模型得到了广泛的应用。

附录

命题1　如果个体的效用函数具有严格单调性,则他在面临选择时,会偏好具有更高的期望收益率的资产组合。

证明:定义期望效用函数:

$$V_i[E[\tilde{r}_p],\sigma(\tilde{r}_p)]=E\{u_i\{W_0^i[1+E[\tilde{r}_p]+\sigma(\tilde{r}_p)\tilde{z}]\}\}$$

对 V_i 关于 $E(\tilde{r}_p)$ 求偏导,有:

$$\frac{\partial V_i(E[\tilde{r}_p],\sigma(\tilde{r}_p))}{\partial E[\tilde{r}_p]}=E[u_i'(\widetilde{W}^i)W_0^i]>0 \quad (*)$$

其中:

$$\widetilde{W}^i\equiv W_0^i\{1+E[\tilde{r}_p]+\sigma(\tilde{r}_p)\tilde{z}\}$$

由于 $u(*)$ 是递增的,所以(*)式是严格不等式。因此,个体 i 在面临选择时,在其他条件不变时,会偏好具有更高的期望收益率的资产组合。证毕。

命题2　如果个体的效用函数具有严格单调性,则他在面临选择时,会偏好具有更低标准差的资产组合。

证明:对 V_i 关于 $\sigma(r_p)$ 求偏导,

$$\frac{\partial V_i(E[\tilde{r}_p],\sigma(\tilde{r}_p))}{\partial\sigma(\tilde{r}_p)}=E[u_i'(\widetilde{W}^i)\tilde{z}W_0^i]=W_0^i\mathrm{Cov}[u_i'(\widetilde{W}^i),\tilde{z}]$$

其中,第二个等式中我们用到了协方差的定义。请注意 $\widetilde{W}^i$ 和 $\tilde{z}$ 是完全相关的。由于 $u(*)$是严格凹函数,则 $u'(*)$是严格递减的。故 $u(*)$和 $\tilde{z}$ 是负相关的,即 $\mathrm{Cov}[u_i'(\widetilde{W}^i),\tilde{z}]<0$,也即:

$$\frac{\partial V_i(E[\tilde{r}_p],\sigma(\tilde{r}_p))}{\partial\sigma(\tilde{r}_p)}=E[u_i'(\widetilde{W}^i)\tilde{z}W_0^i]=W_0^i\mathrm{Cov}[u_i'(\widetilde{W}^i),\tilde{z}]<0$$

所以,风险厌恶者在面临选择资产组合时,在其他条件不变时,会偏好具有更低的标准差的资产组合。证毕。

命题3

$$E[\tilde{\varepsilon}_{je}|\tilde{r}_e]=0,j=1,2,\cdots,N$$

是$\{(\tilde{r}_j)_{j=1}^N,r_f\}$存在两项基金分离现象的充分必要条件。

证明:首先证明必要性。如果两项基金分离现象存在,根据前面的分析,两项分离基金一定是前沿边界组合,而且资产组合 e 和无风险资产就可以组成两项分离基金。所以,当无风险资产存在并且两项基金分离成立时,就有两项基金的货币分离。可以证明:对于所有可行资产组合 q,有:

$$E[\tilde{r}_{qe}|(1-\beta_{qe})r_f+\beta_{qe}\tilde{r}_e]=0$$

由于 r_f 不具有随机性,而且总是可以将 q 取成任意的风险资产 j,当无风险资产存在时,由两项基金分离推出:

$$E[\tilde{\varepsilon}_{je}|\tilde{r}_e]=0,j=1,2,\cdots,N$$

其次证明充分性。

同样可以证明当 $r_f>A/C$ 时,

$$E[\tilde{\varepsilon}_{je'}|\tilde{r}_e']=0,j=1,2,\cdots,N$$

是两项基金分离现象存在的充分必要条件。其中$(\tilde{\varepsilon}_{je'})_{j=1}^N$来自

$$\tilde{r}_j=(1-\beta_{je'})r_f+\beta_{je'}\tilde{r}_e'+\varepsilon_{je'}$$

且,$\mathrm{Cov}(\tilde{r}_e',\tilde{\varepsilon}_{je'})=E[\tilde{\varepsilon}_{je'}]=0,\beta_{je'}=\mathrm{Cov}(\tilde{r}_j,\tilde{r}_e')/\delta^2(\tilde{r}_e')$。

习题

1. 设证券市场包括无风险证券和 N 种股票,市场无摩擦,某年 1 ~5 月份股票 A 和股票市场组合 M 的收益率如下表所示:

月份	1	2	3	4	5
r_A	31.5	27.5	25.5	19.5	31.5
r_M	22	20	18	16	24

设股票收益率满足 $r_{Ai}=E(r_{Ai})+\varepsilon_{Ai}$，求：

(1)市场均衡时的无风险利率 r_f；

(2)计算 r_A 的系统风险；

(3)计算 r_A 的非系统风险。

2. 假设均值—方差可行集仅仅由 A、B 两种风险资产构成。它们的方差—协方差矩阵为：

$$\sum = \begin{bmatrix} 0.0081 & 0 \\ 0 & 0.0025 \end{bmatrix}$$

证券 A 的期望回报率为30%，证券 B 的期望回报率为20%。

(1)假设投资者甲选择的"市场证券组合"由75%的 A 和25%的 B 组成，而投资者乙选择的"市场证券组合"由50%的 A 和50%的 B 组成。求每个投资者计算的关于 A 的 β 值。

(2)计算零 $-\beta$ 的证券组合和每个投资者的证券市场线的方程。

10 套利定价模型(APT)

我们知道,当两基金分离定理成立时,也就意味着资产的预期收益率之间存在着一种线性关系。在市场均衡的条件下,线性关系中的系数就是该资产收益率关于市场组合收益率的β值:$\tilde{r}_q=(1-\beta_{qe})r_f+\beta_{qe}\tilde{r}_e+\tilde{\varepsilon}_{qe}$,并且$E[\tilde{\varepsilon}_{je}|\tilde{r}_e]=0,j=1,2,\cdots,N$。可以换一个角度去理解,风险资产收益率可以分解为一个"单因素模型"和一个随机噪音,其中随机噪音关于这个单因素的条件期望为零。但请注意,这个"单因素模型"中各状态的残差之间并不是不相关的,而且因素本身也恰巧是一个资产组合的收益率。在这种情况下,风险厌恶者所选择的资产组合的集合可以由这个因素和无风险资产生成。我们本来就把这个资产组合的集合定义为资产组合的前沿边界。

假设:$E[\tilde{\varepsilon}_{je}|\tilde{r}_e]=0,j=1,2,\cdots,N$不成立,代替它的条件是$\tilde{\varepsilon}_{je}$之间互不相关。从直觉上讲,如果存在大量的资产使得$\tilde{\varepsilon}_{je}$能够通过构造多样化组合而被分散化掉非系统风险,那么上述提到的关系可能还会成立。也就是说,存在于资产组合期望收益率之间的线性关系可能还会近似成立。本章的内容就是为了证实这种直觉,即证明如果存在大量资产,并且不存在套利机会,那么对大多数资产而言,其期望收益率之间仍存在着一种近似的线性关系。

10.1 多因素模型

考虑一个经济体序列,序列中经济体中所包含资产数目是递增的。在一个经济体中,有n个风险资产和一个无风险资产。其中风险资产的收益率由K因素模型生成:

$$\tilde{r}_j^n=a_j^n+\sum_{k=1}^{K}\beta_{jk}^n\tilde{\delta}_k^n+\tilde{\varepsilon}_j^n,j=1,2,\cdots,n \tag{10.1}$$

其中:

$$E[\tilde{\varepsilon}_j^n]=0,j=1,2,\cdots,n \tag{10.2}$$

$$E[\tilde{\varepsilon}_j^n\tilde{\varepsilon}_l^n]=0,\text{当 } l\neq j \tag{10.3}$$

并且,

$$\sigma^2(\tilde{\varepsilon}_j^n)\leqslant\bar{\sigma}^2,j=1,2,\cdots,n \tag{10.4}$$

其中,$\bar{\sigma}^2$ 是一个固定的严格正实数,β_{jk}^n 都是实数。假设 $\tilde{\delta}_k^n$ 是资产组合的收益率。

利用矩阵记号,(10.1)式可以写为:

$$\tilde{r}^n = a^n + B^n \tilde{\delta}^n + \tilde{\varepsilon}^n \tag{10.5}$$

其中,a^n 是由 a_j^n 组成的 $N \times 1$ 维向量;B^n 是一个 $n \times K$ 维矩阵,其元素为 $\beta_{jk}^n, j=1, 2, \cdots, n, k=1,2,\cdots,K$;$\tilde{\delta}^n$ 是 $\tilde{\delta}_k^n$ 组成的 K 维向量。

为了避免出现退化的情况,只考虑拥有多于 K 个风险资产的经济体。也就是说,隐含假设 $n>K$。

因素模型中的常数 a^n 表示资产 n 的期望收益率,其他两项则描述风险。第一个风险项反映了资产所包含的 K 个风险因素 $\tilde{\delta}_1, \cdots \tilde{\delta}_K$ 所描述的风险。需要强调的是,这些风险因素对所有资产而言都是共同的,它们正反映了所谓的系统风险。因此,它们也称为因素风险(Factor Risk)。每一个风险因素前的系数 β_{jk} 给出了资产 j 包含的第 k 个因素风险的大小,所以也称为对与第 k 个因素的载荷(Loading)。第二个风险项 ε_j 是与因素风险无关的剩余风险。而资产的剩余风险之间是不相关的,即剩余风险的协方差矩阵为对角矩阵。因此,这些剩余风险反映了资产的非系统风险。它们有时又被称为特殊风险(Idiosyncratic Risk)。当然,只有当 $K<N$ 时,因素模型才有意义。通常 N 很大,因而我们所想象的是当 K 比 N 小很多时的情形。

线性因素模型(10.1)与CAPM模型中的风险分解公式有明显的相似之处。它们的出发点是一样的,就是把风险分解成两个相加的成分,系统风险和非系统风险。然而,它们之间也存在着重要差别。首先,CAPM模型确定了单一风险因素即市场收益风险,而线性因素模型只是说存在一组风险因素却没有指明是什么风险。其次,CAPM对非系统风险的协方差矩阵没有限制条件,而线性因素模型则有。CAPM模型建立了资产风险特别是由市场 β 值来度量的系统风险及其风险溢价或期望收益之间的关系。在这个意义上,CAPM为我们提供了一个定价模型。这里,我们希望达到同样的目的,我们要建立资产风险特别是因子载荷度量的系统风险与其期望收益 a_j^n 之间的关系。

10.2 精确因素模型

考虑:

$$\tilde{\varepsilon}_j^n \equiv 0, \forall j$$

在这种情况下,在第 n 个经济体中,如果不存在套利机会,资产的期望收益率之间就确实存在线性关系。这是因为风险资产的收益率完全可以由 K 个因素(资产组合)和无风险资产的收益率生成。

构造一个由 K 个因素和无风险资产生成的资产组合 y_j^n:

$$y_{j0}^n = 1 - \sum_{k=1}^{K}\beta_{jk}^n$$

$$y_{jk}^n = \beta_{jk}^n, k = 1, 2, \cdots, K$$

其中,y_{j0}^n是投资无风险资产的比率,而 y_{jk}^n是投资第 k 个因素的比率。那么这个投资组合的收益率是:

$$(1 - \sum_{k=1}^{K}\beta_{jk}^n)r_f + \sum_{k=1}^{K}\beta_{jk}^n\tilde{\delta}_k^n$$

y_j^n 的收益率中的因素成分正好复制了资产 j 中的因素成分。

下面证明 a_j^n 一定等于 $(1 - \sum_{k=1}^{K}\beta_{jk}^n)r_f$。用反证法,如果两者不相等,会推出存在套利机会。假设:

$$a_j^n < (1 - \sum_{k=1}^{K}\beta_{jk}^n)r_f$$

构造一个资产组合:买进 1 美元的 y_j^n 同时卖出价值 1 美元的资产(有价证券)j。这个投资组合的花费为 0,但其收益为:

$$(1 - \sum_{k=1}^{K}\beta_{jk}^n)r_f - a_j^n > 0$$

即其收益严格为正而且这样的收益是无风险的,因此存在套利机会,也就是说存在免费午餐。

当 $a_j^n > (1 - \sum_{k=1}^{K}\beta_{jk}^n)r_f$ 时,重复上面的论述,也可以推出存在套利机会。因此有

$$a_j^n = (1 - \sum_{k=1}^{K}\beta_{jk}^n)r_f \tag{10.6}$$

将(10.6)代入(10.5)式,等式两边再取期望,有

$$E[\tilde{r}^n] = B^n E[\tilde{\delta}^n - r_f 1^n] + r_f 1^n \tag{10.7}$$

其中,1^n 是一个 $n \times 1$ 维的单位向量。(10.7)式意味着在这种情况下,资产的期望收益率之间确实存在着严格的线性关系。这也是精确因素模型下的套利定价理论。

10.3　APT 模型

当 $\tilde{\varepsilon}_j^n$ 不恒等于 0 时,问题会变得复杂些。在经济体 n 中,如果一个由 n 个风险资产和无风险资产组成的资产组合的花费为 0,则称此资产组合为套利组合。极限意义下的套利机

会是指存在一个套利组合序列，如果存在这样一个套利组合序列，它们的期望收益率都有大于0的下界，而方差汇聚收敛于0。极限套利的基本思想是，如果因素的个数远远小于资产的个数，那么我们可以使用多个资产来构造组合以分散每个资产的特殊风险。如果这些组合的分散化十分充分，它们的特殊风险就变得微不足道了。

粗略地讲，如果在一个包含大量资产的经济实体中，存在这样一个无成本的资产组合，它的期望收益率有大于0的下界且方差可以小到被忽略，则几乎就是免费午餐，也即存在套利机会。

我们打算证明，在一个拥有大量资产的经济实体中，如果不存在极限意义下的套利组合，那么对于大多数资产而言，其期望收益率之间存在着一种近似的线性关系。

首先证明：在一个拥有大量资产的经济实体中，大多数资产满足：

$$a_j^n \approx (1 - \sum_{k=1}^{K} \beta_{jk}^n) r_f \tag{10.8}$$

为了证明这一点，选取很小的 $\varepsilon > 0$。$N(n)$ 是记数函数，代表在第 n 个经济体中，等式(10.8)两边差的绝对值大于 ε 的资产数目。不失一般性，假设：

$$\left| a_j^n - (1 - \sum_{k=1}^{K} \beta_{jk}^n) r_f \right| \geqslant \varepsilon, j = 1,2,\cdots,N(n) \tag{10.9}$$

如果能证明存在数 $\bar{N} < \infty$ 使得对于所有的 n 有 $N(n) < \bar{N}$ 成立，就达到了初始的目的。这是由于将意味着对于任意大的 n 和任意小的 ε，最多只能有 $\bar{N}$ 个资产满足(10.9)。下面有反证法来证明。

假设不存在一个有限的 $\bar{N}$ 使得对于所有的 n 有 $N(n) < \bar{N}$ 成立，那么肯定存在一个 $\{n = K+2, K+3, \cdots,\}$ 的子序列，记为 $n_l \to \infty$ 使得当 $n_l \to \infty$ 时，有 $N(n_l) \to \infty$。

用如下方法构造一个套利组合序列。首先，对经济体 n_l 中的风险资产 $j = 1,2,\cdots,N(n_l)$ 构造 $N(n_l)$ 个不含因素风险的套利组合。第 j 个套利组合的收益率为：

$$\left| a_j^n - (1 - \sum_{k=1}^{K} \beta_{jk}^n) r_f \right| + s_j^{n_l} \tilde{\varepsilon}_j^{n_l} \tag{10.10}$$

其中，

$$s_j^{n_l} = \begin{cases} +1 \text{ 当 } a_j^n - (1 - \sum_{k=1}^{K} \beta_{jk}^n) r_f > 0 \\ -1 \text{ 当 } a_j^n - (1 - \sum_{k=1}^{K} \beta_{jk}^n) r_f < 0 \end{cases}$$

随后每个套利组合都赋予常数权重 $1/N(n_l)$，再由它们组合而成一个新的资产组合。最后这个新的资产组合仍然是一个套利组合，其期望收益率为：

$$\frac{1}{N(n_l)} \sum_{j=1}^{N(n_l)} \left| a_j^n - (1 - \sum_{k=1}^{K} \beta_{jk}^n) r_f \right| \geqslant \varepsilon > 0 \tag{10.11}$$

而方差为：

$$\frac{1}{N(n_l)}\sum_{j=1}^{N(n_l)}\sigma^2(\varepsilon_j^{n_l}) \leqslant \frac{\bar{\sigma}^2}{N(n_l)} \tag{10.12}$$

由于当 $l \to \infty$ 时 $N(n_l) \to \infty$，所以这个套利组合序列的方差收敛于0，同时其期望收益率又有大于0的下界。这与存在套利机会的假设相矛盾。因此，可以得出结论：一定存在一个有限的 $\bar{N}$，使得对于所有的 n，有 $N(n) < \bar{N}$。

由于对于任意小的 $\varepsilon > 0$ 最多存在 $\bar{N}$ 个风险资产，使得，

$$\left| a_j^n - (1 - \sum_{k=1}^{K}\beta_{jk}^n) r_f \right| \geqslant \varepsilon$$

那么，在任何经济实体中，对除了至多 $\bar{N}$ 个风险资产外的其他任何资产有：

$$\left| E[\tilde{r}_j^n] - r_f - \sum_{k=1}^{K}\beta_{jk}^n (E[\tilde{\delta}_k^n] - r_f) \right| \leqslant \varepsilon$$

因此，对于那些拥有资产数远远大于 $\bar{N}$ 的经济体来说，其大多数资产的期望收益率之间存在着一个近似的线性关系：

$$E[\tilde{r}_j^n] = r_f + \sum_{k=1}^{K}\beta_{jk}^n (E[\tilde{\delta}_k^n] - r_f)$$

这种关系就是罗斯(Ross,1976)提出的套利定价模型(APT)。

10.4 一般均衡框架下的APT

APT在直觉上非常吸引人且比较简单。它只依赖于对风险结构的简单假设(即系统风险和非系统风险相互分离的线性因素结构)和无极限套利的假设。但它有其自身的缺陷。例如，它本身不能确定风险因素具体是什么。另外，它只给出近似的定价关系。此外，它依赖于无极限套利的假设，而这并不是市场均衡的必要条件。尽管如此，APT在经济结构满足一定条件时严格成立。在这一节中，我们证明在对经济结构作出了进一步的限制以后，APT是市场均衡的结果。

通过APT模型的推导，我们知道在一个拥有大量资产的经济实体中，对大多数风险资产而言，其期望收益率之间存在着一种近似的线性关系。而从另一个角度来看，对于任意给定的资产，其期望收益率与APT模型算出来的偏差可能会很大。为了使APT模型对于具有有限数目资产的经济体适用，我们希望给出一个限定范围，使得任何一个资产与APT模型的线性关系的偏差都在这个限定范围内。为了达到这个目的，我们将作出一些假设。这些假设与前面推导APT模型时所使用的假设有所不同。而且，下面的讨论过程也将采用均衡的方法而不是套利的方法。最后得出的风险资产之间的关系我们称之为均衡APT模型。

假设经济体中存在 N 个风险资产，$\tilde{r}_j, j=1,2,\cdots,N$ 及一个无风险资产。无风险资产的收益率是 r_f。这些风险资产是严格正供给的且收益率满足 K 因素模型：

$$\tilde{r}_j = a_j + \sum_{k=1}^{K}\beta_{jk}\tilde{\delta}_k + \tilde{\varepsilon}_j, j = 1,2,\cdots,N$$

其中，

$$E[\tilde{\varepsilon}_j] = 0, \text{并且 } \tilde{\varepsilon}_j \geqslant -1$$

除此以外，还假设随机变量：

$$(\tilde{\varepsilon}_1,\cdots,\tilde{\varepsilon}_N,\tilde{\delta}_1,\cdots,\tilde{\delta}_K)$$

是相互独立的，其中 $\tilde{\delta}_K$ 是资产组合收益率。

假设经济体中所有参与者(Agent)的效用函数都是递增、严格凹、三次连续可微的。除此以外，还假设对于所有参与者 i 的 Arrow - Pratt 绝对风险厌恶系数 $A_i(z) = -\dfrac{u''(z)}{u'(z)}$ 有上界 $\bar{A}$，并且有 $u'''(z) \geqslant 0$。

当 $\tilde{\varepsilon}_j \equiv 0$ 时，有：

$$a_j = (1 - \sum_{k=1}^{K}\beta_{jk})r_f$$

等价地有：

$$E[\tilde{r}_j^n] = r_f + \sum_{k=1}^{K}\beta_{jk}(E[\tilde{\delta}_k] - r_f)$$

构造一个由 K 个因素和无风险资产组成的资产组合，其收益率为：

$$r_f + \sum_{k=1}^{K}\beta_{jk}(\tilde{\delta}_k - r_f)$$

然后构造一个套利组合：投资 1 美元的上述资产组合，同时卖空 1 美元的无风险资产 j。则这个套利组合的收益率为：

$$\tilde{r} \equiv (1 - \sum_{k=1}^{K}\beta_{jk})r_f - a_j - \tilde{\varepsilon}_j$$

记 W_{i0} 为个体 i 的期初财富，$\widetilde{W}_i$ 为个体 i 期末的随机财富。则 $\alpha = 0$ 是下列问题的唯一解：

$$\max_{a} E[u_i(\widetilde{W}_i + \alpha\tilde{r})]$$

此时 $\tilde{w}_i + \alpha\tilde{r}$ 为个体 i 的可行的随机财富。而且，在 $\alpha = 0$ 处，上述优化问题的一阶条件是：

$$E[u_i'(\widetilde{W}_i)\tilde{r}] = 0$$

利用协方差的定义、$E[\tilde{\varepsilon}_j] = 0$，上面的关系式可以整理得：

$$(1 - \sum_{k=1}^{K}\beta_{jk})r_f - a_j = \frac{E[u_i'(\widetilde{W}_i)\tilde{\varepsilon}_j]}{E[u_i'(\widetilde{W}_i)]} = \frac{\mathrm{Cov}[u_i'(\widetilde{W}_i),\tilde{\varepsilon}_j]}{E[u_i'(\widetilde{W}_i)]}$$

现在我们证明对于所有 $\tilde{\varepsilon}_j \neq 0$ 的 j,有:

$$(1 - \sum_{k=1}^{K} \beta_{jk}) r_f - a_j < 0$$

为了证明此式,我们注意到风险资产是严格正供给的。因此,在市场均衡的状态下,每种风险资产必定被某位个体所拥有。假设在均衡状态下,个体 i 持有 $\tilde{\varepsilon}_j \neq 0$ 的风险资产 j。由于效用函数 u_i 是严格凹函数且 $\tilde{\varepsilon}_j$ 与其他所有随机变量相互独立,我们知道有:

$$\mathrm{Cov}[u_i'(\tilde{W}_i), \tilde{\varepsilon}_j] < 0$$

因为 $u_i' > 0$,所以 $(1 - \sum_{k=1}^{K} \beta_{jk}) r_f - a_j < 0$ 对 j 成立。上面的论述可以应用到所有 $\tilde{\varepsilon}_j \neq 0$ 的 j 中。于是,对所有 $\tilde{\varepsilon}_j \neq 0$ 的 j 有上式成立。

作为上述分析的推论,我们可以得出结论:如果 $\tilde{\varepsilon}_j \neq 0$,则所有的个体都会持有严格正数量的资产 j。

可以证明:

$$\left| E[\tilde{r}_j] - r_f - \sum_{k=1}^{K} \beta_{jk}(E[\tilde{\delta}_k] - r_f) \right| \leqslant \bar{A} e^{\bar{A} S_j / I} Var(\tilde{\varepsilon}_j) S_j / I。$$

其中,I 为经济体中所有参与者的个数,$S_j = \sum_{i=1}^{I} a_{ij}$。上式给出了偏差的一个明确的限定范围,使得 $E[\tilde{r}_j]$ 与 APT 关系式的偏差都在这个限定范围内。当 S_j/I、$\bar{A}$ 或 $Var(\tilde{\varepsilon}_j)$ 很小而其他条件不变时,偏差的范围也会很小。所以:

$$E[\tilde{r}_j^n] = r_f + \sum_{k=1}^{K} \beta_{jk}^n (E[\tilde{\delta}_k^n] - r_f)$$

即均衡 APT 模型成立。

10.5 APT 与 CAPM 的联系

APT 是比 CAPM 更为一般的资产定价模型,这主要体现在两个方面:①APT 是一个多因素模型,它假设均衡中的资产收益率取决于多个不同的外生因素,而 CAPM 中的资产收益率只取决于一个单一因素——市场组合收益率。在这个意义上,CAPM 是 APT 的一个特例。②CAPM 成立的条件是投资者具有均值—方差型偏好,或者资产收益的分布呈正态分布;APT 则不作这些限制,但它与 CAPM 一样,要求所有投资者对资产的期望收益和方差、协方差的估计是一致的。

如果 APT 中影响资产收益率的因素只有一个,并且就是市场组合的期望收益率,这个特殊的 APT 就退化为 CAPM。

APT 与 CAPM 最根本的区别在于,APT 特别强调是无套利均衡原则。CAPM 是典型的收益/风险均衡所主导的市场均衡,是许多投资者的行为共同作用的结果;而 APT 的出发点则是排除无风险套利机会,少数投资者会构筑大额的套利头寸产生巨大的市场压力来重建均衡。正因为如此,APT 不需要 CAPM 赖以成立的那些有关市场假设的条件。另外,APT 的成立只需要有充分分散化的投资组合,不像单指数模型一定要有对有风险市场组合有替代作用的市场指数。因而,从道理上讲,APT 应该有更广泛的应用范围。

本章小结

在一个经济体中,有 n 个风险资产和一个无风险资产。如果风险资产的收益率可以表示为:

$$\tilde{r}_j^n = a_j^n + \sum_{k=1}^{K} \beta_{jk}^n \tilde{\delta}_k^n + \tilde{\varepsilon}_j^n, j = 1,2,\cdots,n$$

则我们称上述模型为 K 因素模型。

当 $\tilde{\varepsilon}_j^n \equiv 0, \forall j$ 时,如果不存在套利机会,资产的期望收益率之间的关系可以表示为:

$$E[\tilde{r}^n] = B^n E[\tilde{\delta}^n - r_f 1^n] + r_f 1^n$$

即资产的期望收益率之间存在着严格的线性关系。

在一个拥有大量资产的经济实体中,如果不存在极限意义下的套利组合,那么资产的期望收益率之间存在着一种近似的线性关系:

$$E[\tilde{r}_j^n] = r_f + \sum_{k=1}^{K} \beta_{jk}^n (E[\tilde{\delta}_k^n] - r_f)$$

当经济结构满足一定条件时,利用均衡的方法同样可以得到,资产的期望收益率之间存在着近似的线性关系。

习题

1. 在单因子模型假设下,考虑一个由两种证券组成的证券组合,具有如下表所示特征:

证券	因子载荷	非因子风险	组成比例
A	0.20	0.0048	0.40
B	3.50	0.01	0.60

(1)如果因子的标准差为 15%,证券组合的因子风险为多少?

(2)证券组合的非因子风险为多少?

2. 考虑单因子模型。假设无风险利率为6%,对因子载荷为1的证券组合的期望回报率为8.5%。考虑一个两种证券组成的证券组合,具有如下表所示的特征:

证券	因子载荷	组成比例
A	4.0	0.30
B	2.6	0.70

根据APT,证券组合的期望回报率为多少?

11 M-M 定理

在延续前面的分析框架下,本章和下一章将对公司财务的问题进行探讨。假设企业只由它的股东所有,则初始投资来自于企业的原始股东(按照持股比例分摊)。当然,投资得到的支付也只由股东(按持股比例)分享。企业如何筹集投资资金叫做融资决策(Financing Decision)。只由股东拥有的企业叫做百分之百股权融资的企业,因为其投资资金都来自于它的股权持有人。但是,企业还可以通过其他途径融资。比如,它可以其他证券(如债券)来筹集资金,即用债权融资。企业为运营融资而发行的证券组合,也叫做它的资本结构(Capital Structure)。

20 世纪 60 年代以前,财务理论最为津津乐道的,就是所谓财务杠杆(Financial Leverage)。财务杠杆表明,如果一家企业的债务对股权的比率越来越大,则它发行股票时的融资成本就会越来越高。原因是债务越多,企业的破产风险也就越大,股权持有人会要求更高的风险溢价来做补偿。

一个自然的推论就是:一定存在一个可以使得股权成本最小化的债务水平,也就是说企业的股权/债务结构(即资本结构),一定会有一个最佳的比例。但在 1958 年,莫迪利亚尼(Modigliani)和米勒(Miller)宣称:一个公司的价值仅仅由它们未来现金流决定,而与债务/股权比率,即资本结构无关,得到了 M-M 定理,本章将对这一论断进行详细介绍。

11.1 M-M 定理

11.1.1 证券市场均衡

考虑一个包含公司的证券市场单期经济。假设市场利率是 r,则 1 元钱的无风险资产投资将在期末获得 $1+r$ 元。对于公司债来说,由于存在破产风险,投资者需要高于无风险利息率 r 的利息率。进一步,由于不同的公司可能有不同风险的投资生产计划,不同公司的债券需要支付的利息率也是不同的,我们将公司 i 支付的债券利息率记为 r_i。如果在期初公司 i 发行的债券现值是 B_i,其股票的市场总价值是 E_i,这代表公司资产中的股东权益,则公司的价值是:

$$V_i = E_i + B_i \tag{11.1}$$

公司的期末总收益依赖于那时出现的状态 s，将公司 i 期末的总收益记为 $Y_i(s)$。由于债权人有优先分配权，如果公司的期末收益 $Y_i(s)$ 不低于它承诺支付的债券本息 $(1+r_i)B_i$，债权人获得 $(1+r_i)B_i$；如果 $Y_i(s)$ 低于 $(1+r_i)B_i$，债权人获得公司的全部资产。简单地说，债权人在期末的状态依存收益 $B_i(s)$ 为：

$$B_i(s) = \min\{(1+r_i)B_i, Y_i(s)\} \tag{11.2}$$

与此相对，公司股东在期末获得的是剩余收益，并附加一个有限责任约束（即剩余收益非负）：

$$E_i(s) = \max\{Y_i(s) - (1+r_i)B_i, 0\} \tag{11.3}$$

记参与者（消费者）j 持有的公司 i 股票的份额为 a_i^j，个体 j 持有的公司 i 债券在该公司债券发行总量中所占比例为 b_i^j，个体 j 的初始财富是 w^j。如果存在允许消费者借贷的无风险资产市场，参与者 j 此时的预算约束是：

$$w^j + m^j = z_0^j + \sum_i a_i^j E_i + \sum_i b_i^j B_i \tag{11.4}$$

其中，z_0^j 是参与者 j 的当前消费，m^j 是他在无风险资产市场上的借款额（$m^j < 0$ 时表示他在该市场上贷款）。

到期末，参与者 j 的状态依存收益是：

$$z^j(s) = \sum_i a_i^j E_i(s) + \sum_i b_i^j B_i(s) - m^j(1+r) \tag{11.5}$$

参与者的优化问题是，在约束(11.2)～(11.5)下最大化期望效用：

$$\max_{z_0^j, m^j, \{a_i^j\}\{b_i^j\}} \left\{ V^j(z_o^j) + \sum_{s=1}^{S} p^j(s) V^j[z^j(s)] \right\} \tag{11.6}$$

$$s.t.\ (9.2) \sim (9.5)$$

其中，$p^j(s)$ 是状态 s 出现的概率。

定义11.1　给定各个公司的生产计划，如果在一组公司特定的融资方式 $\{(E_i, B_i)\}$ 下，各个消费者的消费和投资组合 $(z_0^j, m^j, \{a_i^j\}, \{b_i^j\})$ 使得消费者都达到了约束下的最大期望效用(11.6)式，并且各个市场出清：

股票市场出清：

$$\sum_i a_i^j = 1, \forall i \tag{11.7}$$

公司债市场出清：

$$\sum_i b_i^j = 1, \forall i \tag{11.8}$$

无风险资产市场出清：

$$\sum_j m^j = 0 \tag{11.9}$$

则：

$\{(E_i,B_i)\}$和$(z_0^j,m^j,\{a_i^j\},\{b_i^j\})$称为该证券市场的一个均衡。

11.1.2　资本结构与投资组合

M－M 定理的一般化表述：

定理 11.1　假设：①不存在破产风险；②个体可以在无风险市场上以市场利率借贷；③不存在赋税；④不存在交易成本。如果经济中各公司的财务结构(E_i,B_i)构成一个均衡。则对任何满足：

$-E_i \leqslant \Delta_i \leqslant E_i,\ -B_i \leqslant \Delta_i \leqslant B_i$

的 Δ_i 的财务结构$(E_i+\Delta_i,B_i+\Delta_i)$也构成一个经济均衡。

证明：由于投资者能肯定所有公司都不会破产，所有公司需要付出的债券利息率都等于市场无风险利息率：

$$r_i = r,\quad i=1,2,\cdots,n \tag{11.10}$$

并且(11.2)式、(11.3)式分别变为：

$$B_i(s) = (1+r)B_i \tag{11.11}$$

和

$$E_i(s) = Y_i(s) - (1+r)B_i \tag{11.12}$$

这种情况下，对消费者来说持有一种公司债券等同于持有债权（贷款）。

将(11.11)和(11.12)代入(11.5)，利用个体的预算约束方程(11.4)以及公司的财务结构方程(11.1)，参与者 j 期末的状态依存收益是：

$$\begin{aligned} z^j(s) &= \sum_i a_i^j[Y_i(s) - (1+r)B_i] + (1+r)[\omega^j + m^j - z_o^j - \sum_i a_i^j(V_i - B_i)] - (1+r)m^j \\ &= \sum_i a_i^j Y_i(s) + (1+r)[\omega^j - z_o^j - \sum_i a_i^j V_i] \end{aligned} \tag{11.13}$$

由于这个式子中不含公司的资产结构 E_i 和 B_i 而是它们的和 $V_i = E_i + B_i$，所以公司在保持其总资产不变的前提下改变融资结构不会影响消费者原来能达到的消费和投资边界。

假设一开始$\{(E_i,B_i)\}$和$(z_0^j,m^j,\{a_i^j\},\{b_i^j\})$是一个均衡。现在我们考虑公司 i 改变融资方法为$(E_i+\Delta_i,B_i-\Delta_i)$。(11.13)式给我们的提示是，如果公司新的融资方法下经济要达到均衡，那么所有消费者应当保持他们原来在公司中的持股比例 a_i^j。当然，由于公司的股权总量发生了变化，这意味着个体持有的股票数量也将随之调整。个体买卖新股票的资金将通过公司债市场，或者必要时通过无风险资产市场来消化。在公司新的融资方法下，参与者 j 购持新股份所需的资金是（该和式为负时表示个体持有的股票总值降低）：

$$\sum_i a_i^j(E_i + \Delta_i) - \sum_i a_i^j E_i = \sum_i a_i^j \Delta_i$$

类似地，假定个体在公司新的融资结构下仍然维持他们原来持有的公司债比例 b_i^j。由于个体持有公司债的总成本比原来节约 $\sum_i b_i^j \Delta_i$，他需要进一步在无风险资产市场上借入 $\sum_i (a_i^j - b_i^j)\Delta_i$。这样，个体在无风险资产市场上的借款总额变为：

$$m^{j*} = m^j + \sum_i (a_i^j - b_i^j)\Delta_i \tag{11.14}$$

参与者新的借款行为并不影响无风险市场原来的均衡：

$$\sum_j m^{j*} = \sum_j [m^j + \sum_i (a_i^j - b_i^j)\Delta_i] = \sum_j m^j + \sum_i [\sum_j (a_i^j - b_i^j)]\Delta_i = 0$$

最后一个等式成立是因为经济原来处于均衡状态，满足市场出清条件(11.7)～(11.9)。

检查(11.13)，参与者新的借款行为也不影响他在各种自然状态下的收益。这就证明，公司新的融资方法($E_i + \Delta_i, B_i - \Delta_i$)，以及消费者的消费/投资组合($z_0^j, m^j, \{a_i^j\}, \{b_i^j\}$)构成一个证券市场均衡。证毕。

定理 11.1 背后的经济原理十分简单：在消费者和公司的借贷条件(借贷利息率)相同的情况下，如果公司改变了它的资产债务比例(杠杆比例)，消费者总可以通过适当调整持有的无风险资产量，恢复他从前的(最优)杠杆比例。换句话说，如果存在一个对消费者来说最优的资产组合杠杆比例，那么公司直接供给这个最优比例的资产，与公司供给一个任意组合的资产，让消费者自己在市场上调整，是完全一样的。

通过一个简单的例子可以更清楚地说明这一点。假设在一开始公司 1 的总资产中含有市值 50 万元的股东权益，10 万元债券。如果在均衡中某人持有该公司价值 3 万元的股份，但没有它的债券，这意味着他认为对公司 1 特定的生产计划来说，$3 \times \frac{50}{10} = 15:1$ 是合适的资产债务比。假定现在公司 1 不发行任何债券，改以完全股份形式为其既定的生产项目融资。为了达到 15 : 1 的资产债务比例，个体可以在无风险市场上借 $3 \times (1/15) = 0.2$ 万元，用其购买该公司的股票。现在它持有了 3.2 万元公司 1 的股票，0.2 万元债务，资产债务比仍然是 $(3.2 - 0.2) : 0.2 = 15 : 1$。

11.1.3 M－M 定理

定理 11.2 假设定理 11.1 的条件成立。如果两个公司在各种可能状态下的收益完全相同：

$$Y_1(s) = Y_2(s) \quad \forall s$$

那么无论这两个公司的资产负债比是否相同，它们都有相同的价值：

$$V_1 = V_2。$$

这就是著名的M－M定理，由莫迪利亚尼(Modigliani)和米勒(Miller)于1958年提出来的。

证明：考虑一种简单的情况。假设公司1没有未清偿的债务：$V_1 = E_1$；公司2则发行价值$B_2 > 0$的债券：$V_2 = E_2 + B_2$。假设这两个公司的状态依存收益完全相同。

考虑一个投资组合P：卖空公司2相当于其股票总市值中比例为$a > 0$的股份，买进公司1相同比例a的股份。这个组合的投资成本是：$aE_1 - aE_2$；其收益是：

$$P(s) = aY_1(s) - a[Y_2(s) - (1+r)B_2] = a(1+r)B_2 \tag{11.15}$$

这是一个确定的收益。所以，该组合事实上是无风险的。由无套利原则，任何无风险组合的收益率必然等于市场上无风险资产的收益率$(1+r)$：

$$1 + r = \frac{a(1+r)B_2}{aE_1 - aE_2} = \frac{(1+r)B_2}{V_1 - (V_2 - B_2)} = (1+r)\frac{1}{1 + (V_1 - V_2)/B_2}$$

等式两边要相等，必然有$V_1 = V_2$。

现在考虑一般的情况。如果公司1也发行一定的债券$B_1 > 0$，刚才证明的结论说明它的价值等于其不发行债券时的价值，后者又等于公司2发行债券B_2的价值相等。可见，无论公司1和2的融资方式有何差异，它们的价值总是相等的。证毕。

M－M定理的证明过程十分简单，其直观解释也非常容易理解。M－M定理背后的直觉是这样的：企业资产的价值V由它的投资决策决定，而投资决策是为了最大化企业现值。给定它的投资决策，不同的融资方式只涉及如何以公平市价出售它的部分未来现金流以筹集现在所需要的资金。

遗憾的是，我们观察到的现实世界却往往不是这样。不过，M－M定理的价值不在于它解释了多大一部分现实世界，而在于它简明地指出，如果我们观察到的现象与定理的结论不符，那么一定是定理中某些条件没有得到满足。从这个角度，我们可以在逐步放松其假设的情况下，探讨公司资本结构对其价值的影响，或者，进一步建立各种情况下的最优资本结构模型。

从后面的讨论我们还将看到，放松M－M定理的某些条件，其结论仍然成立。

11.2　税赋对M－M定理的影响

11.2.1　公司税赋

当存在赋税时，M－M定理的结论是否仍然成立？先考虑在上述模型中引入公司所得税，并假设除此之外没有其他税赋。由于公司所得税的应税对象是减除债券本息支付后的公司收益,不难想象,公司具有强烈的增加债务融资比例的动机。

假设公司1完全以股权形式融资,公司2则除了一部分股权资产外,还发行现在市场价值为B的债务。假设这两个公司的生产投资计划是完全相同的,记它们的总资产价值分别为V_1和V_2。假设公司2不存在破产风险,从而它支付的利息率就等于市场无风险利率r。在期末,公司2的利息支付是$(1+r)B$,利率r,这是公司纳税前的支付。如果公司所得税率为t_C,则与完全股权融资的公司1比较,公司2从发行债务中所获的额外利益(现值)将是:

$$G=V_2-V_1=\frac{1}{1+r}[t_C(1+r)B]=t_CB \tag{11.16}$$

如果不存在公司税,$t_C=0$,则(11.16)对应M－M定理成立,只要公司所得税率$t_C>0$,增加债务融资比例总会增加公司的价值。所以,在一个只有公司所得税的世界,如果不存在破产风险,公司的最优债务资产比例将是100%,公司将完全靠借债进行投资生产。

11.2.2 个人税赋

但是,现实世界中同时还存在个人税赋。假设个人股票收益的税率为t_{PS},个人利息收益的税率为t_{PB}。由于两公司的生产投资计划是完全一致的,它们的期末收益结构也是相同的。记两公司期末的状态依存收益是$Y(s)$。

如果公司2不会破产,其债券实际收益率应当等于市场无风险利率r,所以债权人的税后所得应当是$(1+r)B$。由于债权人的债券收益税率为t_{PB},这意味着公司对债权人的(税前)名义支付是:

$$\frac{(1+r)B}{(1-t_{PB})}$$

从而股东的税后收益等于:

$$\left[Y(s)-\frac{(1+r)B}{(1-t_{PB})}\right](1-t_C)(1-t_{PS})$$

将股东和债权人的税后收益相加,再按无风险利率贴现,就得到公司2当前的市场价值:

$$\begin{aligned}V_2&=\frac{1}{1+r}\left\{\left[Y(s)-\frac{(1+r)B}{1-t_{PB}}\right](1-t_C)(1-t_{PS})+(1+r)B\right\}\\&=\frac{1}{1+r}Y(s)(1-t_C)(1-t_{PS})+B\left[1-\frac{(1-t_C)(1-t_{PS})}{1-t_{PB}}\right]\end{aligned}$$

因为公司1的所有资产来自股权融资,该式第一项等于公司的价值,这样我们可以将上式写为:

$$V_2=V_1+B\left[1-\frac{(1-t_C)(1-t_{PS})}{1-t_{PB}}\right] \tag{11.17}$$

可见,公司 2 从发行债券中获得的额外利益是:

$$G = B\left[1 - \frac{(1-t_C)(1-t_{PS})}{1-t_{PB}}\right] \tag{11.18}$$

容易检验,如果不存在个人税赋,或者个人的股票收益税率等于债券收益税率:$t_{PS} = t_{PB}$,则(11.18)退化为(11.16)。

11.2.3　税赋转移

通常,公司所得税率 t_C 较个人的债券收益税率 t_{PB}高,所以(11.18)表明,在有公司和个人收益税赋的情况下,公司通常具有增加债务融资比例的动机。但是,由于债券投资者需要为其收益纳税,公司对债权人的税前支付必须足够高,方能吸引足够多的个人持有其债券。许多国家(如美国)对个人债券收益的税赋较股权收益的税赋重,这种场合下公司从增发债券中获得的税收利益将部分被债权人索取的较高支付所抵消。有的情况下,公司为招募足够多的债权人而向后者支付的额外补贴可能会等于甚至超过它从避税中获得的全部利益。下面用一个简单的公司债供求均衡分析来证明这一点。

不妨假设 $t_{PS}=0$。我们先考察公司债的需求情况。由于税务机关通常采用累进式个人税制,收益越高的个人适用的税率越高;同时,一部分个体(如总收入未达到某一最低标准的寡妇等)或投资团体(年金基金等)的债券收益是免税的。所以,资本市场上对公司债券的需求曲线就如图 11.1 中表示的那样。其中 r 是无风险利率,该曲线一开始水平的一段表示免税个体对公司债的需求——如果公司债券只付利息率 r,只有这些具有税收豁免权的投资者会持有它,其他人会去投资不用纳税的政府公债等投资工具。如果某人债券收益的边际税率是 t_{PB}^i,只有当公司所付的名义利息率不低于 $r/(1-t_{PB}^i)$时,这个投资者才会购买该公司的债券。由于个人税率是累进的,要吸引更多处于更高税率区间的个体持有公司债券,就必须进一步提高其名义利息率。所以,公司债的需求曲线在一开始的水平移动之后将向上倾斜。

再来看公司债的供给。只要债券市场是完全竞争的,每个公司无法对投资者进行“价格歧视”,它只有发行同一利息率的债券;另一方面,只要哪一个公司的债券利息率较别的公司债券利息率低,这家公司的债券就一张也卖不出去,所以所有公司都会付同一水平的债券利息率。市场上所有公司的债券发行量之和就是公司债的市场供给,它是一条水平曲线,这表示它对利息串的弹性为无穷大。

在均衡中,公司债的供给利息率必然等于需求利息率:

$$r_B^* = r^s = \frac{r}{1-t_C} = r^d = \frac{r}{1-t_{PB}} \tag{11.19}$$

其中 r^s 和 r^d 分别表示公司债的供给和需求利息率。由这个均衡条件,每一个公司从发

行债券中所获的额外利益[引用(11.18),注意 $t_{PS}=0$]为:

$$G=B\left[1-\frac{1-t_C}{1-t_{PB}}\right]=0$$

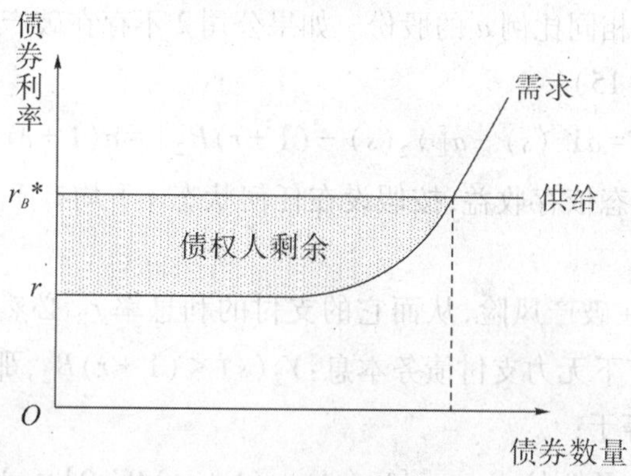

图 11.1 公司债的供求均衡

但如果公司没能从发行债券中得到税收减免的好处,那么谁获得了这部分利益呢?图 11.1 清晰地表明,从税收减免中获益的是债券投资者。严格说来是那些适用较低个人税率、处于"边际税率"以内的投资者,尤其是免税的个人或团体。公司税豁免债券支付所带来的利益全部成为了"债权人剩余"。

以上的分析当然并不依赖于 $t_{PS}=0$ 的假设,我们需要的条件只是个人的股权收益税率较债权收益税率低;而且,无破产风险条件也不是完全必要的。这一模型的重要性在于,它明确地指出,即使不存在破产风险和破产成本,发行公司债也会将个人税收成本"内部化";这种额外的债券发行成本与公司从税收减免中获得的利益相抵,在极端的情况下将耗尽全部税收减免利益。从这个意义上,公司增发债券不会增加它的价值,M－M 定理仍然成立。

11.3 破产对 M－M 定理的影响

11.3.1 破产风险

如果公司存在破产风险,上一节的证明过程将不再成立。即使在没有破产成本的情况下,破产风险也会带来至少两方面的影响。一方面,如果一个公司有破产的可能,它为其债券所支付的利息率将高于市场上的无风险利息率。而且,随着公司债券融资量的增加,其债券利息率也将会提高,这是因为公司破产的可能性随期末清偿债务水平的增加而增加。另一方面,在存在破产风险的情况下,投资者通常不能构造出一个像 M－M 定理(定理 11.2)的证明过程中那样的无风险投资组合;同样,投资者也不能以完全股权公司的股票和无风险资产构造出与借债公司相同的债券收益。

假设公司 1 的资产来自完全股权融资,而公司 2 的资产中包含部分债务。在定理 11.2 的证明中,我们考虑的是这样一个投资组合 P:卖空公司 2 相当于其股票总市价中比例为 $a>0$ 的股份,买进公司 1 相同比例 a 的股份。如果公司 2 不存在破产的可能性,这个投资组合的状态依存收益是(11.15):

$$P(s)=aY_1(s)-a[Y_2(s)-(1+r)B_2]=a(1+r)B_2$$

其中,$Y_i(s)$是公司 i 的状态依存收益,按假设在任何状态 s 下均有 $Y_1(s)=Y_2(s)$。上述投资组合 P 是无风险的。

现在假设公司 2 存在破产风险,从而它的支付的利息率 r_2 必然要高于无风险利率 r。如果公司 2 在某些状态 s'下无力支付债务本息:$Y_2(s)<(1+r)B_2$,那么在这些状态下上述投资组合的收益实际上等于:

$$P(s')=aY_1(s')-a\max\{Y_2(s')-(1+r_2)B_2,0\}=aY_1(s')$$

即:

$$P(s)=\min\{aY_1(s),a(1+r)B_2\}=\begin{cases}a(1+r_2)B_2, & Y_2(s)\geqslant(1+r_2)B_2\\ aY_1(s), & Y_2(s)<(1+r_2)B_2\end{cases} \tag{11.20}$$

这个组合不再是无风险的,从而也就无法进一步利用无套利原则推出 M－M 定理的结论。

但是,如果允许个体在市场上借入组合 P 的投资成本 aE_1-aE_2,并且以该组合资产 P 本身作为抵押——个体在期末或者按市场利息率支付借款本息,或者在投资组合 P 的收益不尽如人意时以其清偿借款,事情会怎样?

如果市场允许这种抵押借款方式,市场所要求的利息率 r_P 自然会比无风险利率高。事实上,在均衡状态下它恰好就等于公司 2 的债券利息率 r_2:$r_P=r_2$,因为放出这样一笔贷款所获的收益结构与持有公司 2 的债券时完全一样。

持有上述投资组合 P,加上以其为抵押品、利息率为 r_P 的一笔抵押贷款 aE_1-aE_2,就构成了一个新的投资组合 Q。这个新投资组合 Q 的成本为零,因为购买组合 P 的成本全部来自借款;另一方面,Q 的状态依存收益是:

$$Q(s)=\begin{cases}a(1+r_2)B_2-(aE_2-aE_2)(1+r_P), & Y_2(s)\geqslant(1+r_2)B_2\\ 0, & Y_2(s)<(1+r_2)B_2\end{cases} \tag{11.21}$$

由于组合 Q 的投资成本为零,而它在公司 2 破产的情况下收益是零,由无套利原则,它在公司 2 不破产的情况下也应当是零:

$$a(1+r_2)B_2-(aE_2-aE_2)(1+r_P)=0$$

消去各项共有的 a,代入均衡条件 $r_P=r_2$:

$$B_2 - [V_1 - (V_2 - B_2)] = V_2 - V_1 = 0$$

这样就证明了：在存在破产风险的情况下，如果允许个体在资产市场上进行抵押贷款，M－M 定理仍然成立——公司的价值与其债务资产比例无关。

在缺少上述抵押借贷机制为个体的有限责任作保证的情况下，显然 M－M 定理会遭到破坏。

11.3.2 破产风险的影响

利用 A－D 证券（基础证券）及状态价格，可以讨论存在破产风险时不同资本结构的公司价值。而且，我们还可以同时考虑存在破产成本（审计、法律等成本）时的影响。

如果自然存在 5 种不同的状态，对应每一种状态可以定义相应的 A－D 证券，其收益在状态 s 下为 1 元，在其他状态 $s'=s$ 下为 0：

$$h_s = (\underbrace{0,\cdots,}_{s-1}0,1,0,\cdots,0)^T$$

如果证券市场是完全的，即是说市场上存在 S 种收益线性无关的普通证券（公司股权、债权等），则存在唯一一个正的状态价格向量 $q, q_i > 0, i = 1,\cdots,S$。因为所有普通证券都可以用 A－D 证券复合出来，利用状态价格 q，就可以确定普通证券的价值。

记某公司的状态依存收益为 $Y(s)$，由于状态的编号是任意的，不妨假设

$$Y(1) \leqslant Y(2) \leqslant \cdots \leqslant Y(S)$$

假设该公司发现现值为 B 的债券，公司承诺在期末向债权人支付名义利息率 r_B；仍然记公司的权益资产为 E。假设公司在某些状态下的收益不足以支付它承诺的债券本息：存在某一临界状态 $s^*, 1 \leqslant s^* \leqslant S$，使得：

$$Y(1) \leqslant Y(2) \leqslant \cdots \leqslant Y(s^*-1) < (1+r_B)B$$
$$(1+r_B)B \leqslant Y(s^*) \leqslant Y(s^*+1) \cdots \leqslant Y(S)$$

先假设不存在公司和个人收益税赋。在公司破产的情况下，公司资产清算、法律诉讼等费用需要从公司收益中支付，而这种情况下债权人仅获得除去这种破产成本后的剩余资产。假设在所有破产的场合，公司的破产成本都是常数 C。债权人在期末的状态依存收益 $B(s)$ 是：

$$B(s) = \begin{cases} Y(s) - C, & s < s^* \\ (1+r_B)B, & s \geqslant s^* \end{cases} \tag{11.22}$$

同时股东的所得是：

$$E(s) = \begin{cases} 0, & s < s^* \\ Y(s) - (1+r_B)B, & s \geqslant s^* \end{cases} \tag{11.23}$$

由于对应状态 s 的状态价格是 q，公司的当前价值是：

$$
\begin{aligned}
V &= \sum_{s=1}^{S} E(s) q_s + \sum_{s=1}^{S} B(s) q_s \\
&= \sum_{s=1}^{s^*-1} [Y(s) - C] q_s + \sum_{s=1}^{S} [Y(s) - (1 + r_B) B + (1 + r_B) B] q_s \qquad (11.24) \\
&= \sum_{s=1}^{S} Y(s) q - \sum_{s=1}^{s^*-1} C q_s
\end{aligned}
$$

如果这个公司的所有资产都是股权，没有未清偿债务在破产中的问题，所以它的价值是：

$$
V^U = \sum_{s=1}^{S} Y(s) q_s \qquad (11.25)
$$

比较(11.24)式和(11.25)式，公司是否发行债券的价值关系是

$$
V = V^U - \sum_{s=1}^{s^*-1} C q_s \qquad (11.26)
$$

公司改用部分债券融资将使其价值损失 $\sum_{s=1}^{s^*-1} C q_s$，这是向银行等第三方机构支付的破产成本。如果 $C = 0$，则 $V = V^U$——这说明，如果不存在破产成本，那么即使在有破产风险的情况下，公司的价值仍然与其资本结构无关——我们又证明了 M－M 定理。

需要注意的是，上述分析是在完备市场条件下进行的。在证券市场是完全的情况下，市场上现存的普通证券已经足以扩展出整个状态依存索取权空间，或者说消费者可以用现存的普通证券复合出任何收益形式的证券。在这种环境中，无论公司如何改变它的资本结构，都不会影响个体的投资和消费机会，从而也不会影响市场对公司价值的判断。如果存在破产成本，因为在某些状态下存在现金净流出，公司的价值需要除去这些流出现金的现值。所以，破产成本将降低举债公司的价值。

如果证券市场不是完全的，虽然我们仍然可以定义对应每一可能状态 s 的基础证券，但它们的价格却不是唯一的。这样，(11.24)和(11.25)两式中所含的 q_s 可能是不同的，因而也就无法得到(11.26)。

举一个例子可以说明不完全市场中公司融资政策对消费者投资机会的影响。假设存在 4 种可能状态，但经济中只有两个进行同样投资生产计划的公司，并且经济中除了这两个公司发行的股票或债券外，只有另一种无风险政府公债。如果两个公司的债务资产比例都足够大，使得它们都有破产的可能，则经济中存在收益不相关的证券种类是 3 种：无风险政府公债、公司股票、公司债券；如果公司 1 的债务比例较低，没有破产风险，而公司 2 的债务比例较高，存在破产风险，则收益不相关的证券种类有 4 种：公司 1 的股票和债券，以及公司 2

的股票和债券,其中公司1的债券与政府公债的收益是一样的。在这样的经济中,公司的债务资产比例变化将影响个体的投资机会变化,从而影响公司自身的市场价值。

11.3.3　税收下的均衡

上面的模型可以非常容易地推广到存在税收的经济中。例如,考虑一个存在公司收益税,税率为 t_C,但不存在个人收益税赋的经济。由于公司向债权人的支付不属于税收收入,股东所得将是:

$$E(s)=\begin{cases}0, & s<s^*\\ [Y(s)-(1+r_B)B](1-t_C), & s\geqslant s^*\end{cases} \tag{11.27}$$

由于没有个人收益税,债权人所得与(11.22)一样。所以,一个发行债券 B 的公司的当前价值是:

$$\begin{aligned}V &= \sum_{s=1}^{S}E(s)q_s+\sum_{s=1}^{S}B(s)q_s\\ &= \sum_{s=1}^{S}Y(s)(1-t_C)q_s+\sum_{s=1}^{s^*-1}t_CY(s)q_s+\sum_{s=1}^{S}t_C(1+r_B)Bq_s-\sum_{s=1}^{s^*-1}Cq_s\end{aligned} \tag{11.28}$$

上面最后的等式中第一项是公司在完全股权情况下的价值;最后一项是债券发行带来的破产成本;中间两项则是发行债券产生的避税利益——其中前一项代表破产的场合,此时公司无股权分配,自然也就不用为其收益 $Y(s)$ 纳税;后一项是没有破产的情况,此时避税的规模为债券本息支付 $(1+r_B)B$。在没有个人税赋的情况下,公司的最优债务比例取决于债务发行伴随的破产成本与避税利益之间的权衡。

由(11.28),一个明显的结论是:公司的最优债务规模必然等于公司在状态 s^* 下的收益:$B^*=Y(s^*)$。事实上,如果 $Y(s^*-1)<B<Y(s^*)$,进一步增加 B 至 $Y(s^*)$ 将增加公司的避税利益(11.28 中间的两项随 B 的增加而增加),同时,破产成本却没有变化,因为在 $Y(s^*-1)<B<Y(s^*)$ 和 $B^*=Y(s^*)$ 时公司破产的状态都只是 $1,2,\cdots,s-1$。

本章小结

M－M定理:在完全证券市场的条件下,企业价值只由它的投资决策决定而与其融资决策无关。在一个只有公司所得税的世界,如果不存在破产风险,公司的最优债务资产比例将是100%,公司将完全靠借债进行投资生产。在存在破产风险的情况下,如果允许个体在资产市场上进行抵押贷款,M－M定理仍然成立。

习题

1. 证明完全市场中的 M－M 定理。

2. 考虑一个包含生产活动的 Arrow－Debreu 两期经济模型：到 $t=1$ 时期只有两种可能的状态 a 和 b，发生概率分别为 π_a 和 π_b。生产技术为：如果在 0 期投入 I，那么在 1 期的产出将是：

$$Y=\begin{cases}\lambda_a I^a, 状态\ a\\ \lambda_b I^b, 状态\ b\end{cases}$$

其中，$0<\lambda_a<\lambda_b<1$，且 $0<a<1$。假设参与者 1 拥有这项技术但没有任何其他资产。他具有如下形式的效用函数：$\ln c_0+\pi_a \ln c_{1a}+\pi_b \ln c_{1b}$

证券市场只存在无风险债券，其利率为 r_F。请求解该参与者的最优生产、消费和投资决策。

12 公司财务结构定价

通常人们都将股权和债务等公司的资本视为“普通证券”资本,并将其作为衍生证券的标的资产。但换一个角度看,股票和债券等普通证券的价值却依赖于公司的综合价值,所以也可以将它们视为是在“公司价值”这一标的物基础上构造出来的“衍生”证券。这种理论思想使得我们可以用衍生资产定价模型来为公司股权、债权以及其他更复杂的金融资产定价。

12.1 公司资本价值的一般模型

股权和债权等公司资本与衍生证券具有一个共同点:它们的价值都依赖于另一随机变量——对衍生证券来说,其价值取决于标的资产价格,对于公司债等财务资产,其价值则随着公司总价值的变化而变化。这一节我们要对衍生证券定价模型进行进一步扩充,建立一个描述各种公司资本价值变动的一般性模型。

为了使模型更为一般化,我们考虑股利存在时的情况。尤其是要描述公司的债务或股东权益随时间变化的价值变化,放宽这个限制就显得更为必要。另外衍生证券持有者不能分享标的资产发放的股利或利息,而公司股东或债权人则有权获得股利或利息。基于此,下面的分析将针对这两点对前面的模型进行推广。

随着时间的变化,一个公司的价值 V 表现为一个随机过程。与前面关于公司普通证券价格变化过程的解释相似,我们假设公司的价值 V 服从于这样一个扩散过程:

$$dV=(\mu V-C)dt+\sigma VdW \tag{12.1}$$

其中,μ 是公司的瞬时期望收益,$\sigma>0$ 是公司收益的瞬时标准差,C 是单位时间内公司支付的股息和利息,W 是标准维纳过程。

对于公司发行的股票或债券等公司证券,其市场(总)价值 F 也可以用一个相似的扩散过程进行描述:

$$dF=(\mu_F F-C_F)dt+\sigma_F FdW_F \tag{12.2}$$

这里 μ_F 是该证券的瞬时期望收益,σ_F 是其收益的瞬时标准差,C_F 是单位时间内该证券所获的股息或利息，W_F 是另一个维纳过程。

由于股票或债券的市场价值与公司本身的价值有关，前者是后者的函数：$F=F(V,t)$。由伊藤引理，

$$dF=F_V dV+F_t dt+\frac{1}{2}\sigma^2V^2F_{VV}dt$$

将(12.1)式代入后得到：

$$dF=\left[\frac{1}{2}\sigma^2V^2F_{VV}+(\mu V-C)F_V+F_t\right]dt+\sigma VF_V dW \tag{12.3}$$

由(12.3)式与(12.2)式比较可知：

$$\mu_F F=\frac{1}{2}\sigma^2V^2F_{VV}+(\mu V-C)F_V+F_t+C_F \tag{12.4a}$$

$$\sigma_F F=\sigma VF_V \tag{12.4b}$$

$$dW_F=dW \tag{12.4c}$$

(12.4c)式意味着公司证券与公司本身有完全相同的瞬时收益结构。与 Black - Scholes 公式的推导方法一样，我们可以用公司本身与公司证券构成一个风险对冲组合，消除不可预测的增量 dW。

考虑购买1股公司证券、θ 份公司总资产（包括股东权益和债务）。在时刻 t，该组合的价值是：

$$P(t)=F[V(t),t]+\theta V(t) \tag{12.5}$$

随着时间的推移，$P(t)$ 随时间的变化由下式给出：

$$dP=[dF+C_F dt]+\theta[dV-Cdt] \tag{12.6}$$

利用伊藤引理，置换上式中的 dF 后得到：

$$dP=\left[F_V dV+F_t dt+\frac{1}{2}\sigma^2V^2F_{VV}dt\right]+(C_F-\theta C)dt+\theta dV \tag{12.7}$$

为消除随机项 dV，选择：

$$\theta=-F_V \tag{12.8}$$

(12.7)式变为：

$$dP=\left[\frac{1}{2}\sigma^2V^2F_{VV}+F_t+C_F-CF_V\right]dt \tag{12.9}$$

这表明上述构造获得了一个确定的无风险收益。由无套利原则，该组合的收益率等于无风险收益率 r：

$$dP=rPdt \tag{12.10}$$

(12.9)与(12.10)联立，将(12.5)代入，最终得到：

$$\frac{1}{2}\sigma^2V^2F_{VV}+(rV-C)F_V+F_t-rF+C_F=0 \tag{12.11}$$

这就是公司资本价值的偏微分方程。针对特定证券(如普通股票或者债券)单位时间内所获的支付 C_F,以及这种证券满足的边界条件,求解该方程就得到了证券的市场价值。

12.2 股东权益和债务的定价

作为公司资本定价方程(12.11)的应用,我们来为一种特殊情况下的股东权益和公司债务定价。假设一个公司发行一种纯贴现债券:债权人以低于债券面额 B 的价格 D 购入债券(这里 B 和 D 都是指总量,而不是一单位债券的面额和价格),公司承诺在该债券的到期日 T 一次性地支付本息 B,但时刻 T 之前不发放债券利息。如果在时刻 T 公司的资产不足以支付债券本息 B,债权人立即获得公司所有的资产,而股东的所得为零。公司向债权人承诺在时刻 T 之前不向现有股东发放股利,不增发较现有债券的优先级别更高的债务。

记公司的股东权益价值为 E,公司的价值 $V=E+D$。在到期日 T,股东和债权人所获的支付如图 12.1 所示。

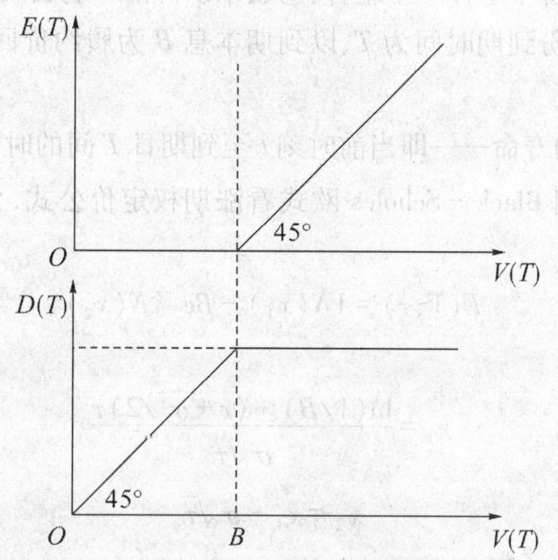

图 12.1 到期日股东和债权人所获的支付

如果公司价值 V 服从(12.1)那样的扩散过程,由证券定价方程(12.11),公司发行的股票总价值将满足:

$$\frac{1}{2}\sigma^2 V^2 E_{VV} + rVE_V + E_t - rE = 0 \tag{12.12}$$

为了求解(12.12),需要确定 $E[V(t),t]$ 满足的边界条件。显然,当公司总资产为零时,债务和股东权益也必然为零,这就是:

$$E(0,t) = D(0,t) = 0 \tag{12.13a}$$

而且，由股东的有限责任性质，

$$E(V,t) \geqslant 0 \tag{12.13b}$$

由债务和股东权益的优先顺序（参见图 12.1），在时刻 $t=T$，股东或者获得债务偿还后的剩余 $V(T)-B$，或者在 $V(T)<B$ 的场合无任何所得：

$$E(V,t) = \max\{V(T)-B,0\} \tag{12.13c}$$

由这三个边界条件，求解（12.12）就得到了公司股票的市场价值。不过这里有一个取巧的方法，允许我们避免直接求解这个方程，省去繁琐的求解计算。比较方程（12.12）和 Black－Scholes 偏微分方程，我们发现两者形式上是完全一样的，所不同的只是普通证券价格 S 变成了这里的公司价值 V，欧式看涨期权价格 F 变成了这里的股东权益 E。再比较边界条件（12.13c）与我们通常得到的欧式看涨期权的边界条件，两者的结构仍然是相同的。我们只需在欧式看涨期权的边界条件中将时刻 T 的证券价格 S_T 置换为此时的公司价值 $V(T)$、将看涨期权履约价 X 置换为债券本息 B，就得到了（12.13c）。

方程（12.12）及边界条件（12.13）与 B－S 微分方程及其边界的雷同并非偶然。其实，公司发行纯贴现债券等价于这样一个组合：①股东以价格 D 将公司资产出售给债权人；②股东同时向债权人购买一份到期时间为 T、以到期本息 B 为履约价回购公司资产的欧式看涨期权。

为了方便，记债券的寿命——即当前时刻 t 至到期日 T 间的时间长度为 $\tau=T-t$。以上述分析为基础，直接套用 Black－Scholes 欧式看涨期权定价公式，公司的股东权益（股票总市值）为：

$$E(V,\tau) = VN(x_1) - Be^{-r\tau}N(x_2) \tag{12.14}$$

其中，

$$x_1 = \frac{\ln(V/B) + (r+\sigma^2/2)\tau}{\sigma\sqrt{\tau}}$$

$$x_2 = x_1 - \sigma\sqrt{\tau}$$

而 $N(x)$ 是正态分布函数：

$$N(x) = \int_{-\infty}^{x} \frac{1}{\sqrt{2\pi}} e^{-z^2/2} dz$$

公司债的价值则是：

$$D(V,\tau) = V - E = V[1-N(x_1)] + Be^{-r\tau}N(x_2) \tag{12.15}$$

根据默顿（Merton，1974），上式可以进一步写为：

$$D(V,\tau) = Be^{-r\tau}\left\{N[h_2(d,\sigma^2,\tau)] + \frac{1}{d}N[h_1(d,\sigma^2,\tau)]\right\} \tag{12.16}$$

其中，

$$d = \frac{Be^{-r\tau}}{V}$$

$$h_1(d,\delta) = \frac{\frac{1}{2}\sigma^2\tau - \ln d}{\sigma\sqrt{\tau}}$$

$$h_2(d,\delta) = -\frac{\frac{1}{2}\sigma^2\tau + \ln d}{\sigma\sqrt{\tau}}$$

由于 d 是公司承诺的到期返还本息的现值（以无风险利率计算）与公司当期资产价值的比率。以后我们将其称为准债务（资产）比率（quasi debt－to－firm－value ratio）。

仿照 *Black－Scholes* 公式，公式（12.15）也有以下直观的解释。$N(x_2)$ 是公司在时刻 T 有能力清偿债务的风险中立概率，从而第二项是这些场合下债权人所得的现值（以无风险利率计算）；$N(x_1)$ 则是 $V > B$ 的概率，从而第一项是债权人获得公司资产情况下的公司资产现值。

由（12.16），我们知道公司债的价值依赖于五个变量：公司总资产价值 V、债务期限 τ、到期承诺的本息支付 B、公司资产的瞬时方差 σ^2 和无风险利率 r。所以公司债务价值又可以写为函数形式 $D(V,t,B,\sigma^2,r)$。由前面 *Black－Scholes* 公式的比较静态结果，有下面不等式成立：

$$\frac{\partial D}{\partial V} = 1 - \frac{\partial E}{\partial V} > 0 \tag{12.17a}$$

$$\frac{\partial D}{\partial B_T} = -\frac{\partial E}{\partial B_T} > 0 \tag{12.17b}$$

$$\frac{\partial D}{\partial \tau} = -\frac{\partial E}{\partial \tau} < 0 \tag{12.17c}$$

$$\frac{\partial D}{\partial \sigma^2} = -\frac{\partial E}{\partial \sigma^2} < 0 \tag{12.17d}$$

$$\frac{\partial D}{\partial r} = -\frac{\partial E}{\partial r} < 0 \tag{12.17e}$$

这些比较静态结果是符合直觉想象的。公司资产的增加将直接增加股东权益，同时它降低了公司破产的可能性，这使得相同面额和期限的债券有更高的价值；公司承诺的到期支付越高，债权人受益自然也越高，同时股东的剩余索取权价值越低；距支付日越远，或者无风险利率越高，债权人所获本息的现值越低，从而债权价值越低，股票价值越高；最后，如果公司选择风险较高的生产投资项目（从而 σ^2 较高），较高的破产风险会损害债权人的利益，而即使公司的投资项目最终成功了，债权人也不能分享公司的超额利润，因为他们所能得到的最大支付就是债息；另外，股东会乐意公司进行投资冒险，因为他们受到有限责任制的有效保护，同时风险较高的投资项目会增加获得丰厚股利的机会。

12.3 优先和从属债券的定价

实际生活当中一个公司往往会有多个债务契约，这些契约可能存在支付的优先顺序和寿命长短差异。我们只看一种最简单的情况：假设一个公司发行两种纯贴现债券，这两种债券在同一时刻 T 到期，但它们有优先和从属之分。公司承诺对优先债券的支付是 B，对从属债券的支付是 b。这两种债券的等级差别如表 12.1 所示。

表 12.1　　某公司发行债券支付表

条件	优先债券	从属债券	股东权益
$B+b<V(T)$	B	b	$V(T)-B-b$
$B<V(T)\leqslant B+b$	B	$V(T)-B$	0
$V(T)\leqslant B$	$V(T)$	0	0

显然，优先债券与前面推导的单种债券并无什么不同，因为剩余索取权 $V(T)-B$ 究竟是作为一种低等级债券还是作为股东权益分配，对优先债券的债权人来说没有任何差别。沿用以前的记号，包括 $\tau=T-t$，直接套用公式(12.16)，优先债券的价值就是 $D(V,\tau)$。为了下面叙述方便，这里将其记为 $D(V,\tau,B)$：

$$D(V,\tau,B)=Be^{-r\tau}\left\{N[h_2(d,\sigma^2,\tau)]+\frac{1}{d}N[h_1(d,\sigma^2,\tau)]\right\}$$

其中，d、h_1 和 h_2 的定义都与(12.16)中相同。

另外，注意到优先债务与从属债务之和等于一个在时刻 T 还付 $B+b$ 的债务契约，从而从属债券的价值 J 等于该"综合"债务价值 $D(V,\tau,B+b)$ 与优先债务价值之差：

$$J(V,\tau,b_T)=D(V,\tau,B+b)-D(V,\tau,B) \tag{12.29}$$

12.4 认股权证的定价

认股权证(Warrant)是公司发行的一种合约，赋予投资者在指定时间内以合同规定的价格，买进该公司一定数量的普通股票的权利。认股权具有期权(看涨期权)的若干特征。

但是，认股权证与普通的看涨期权有一个基本的区别：期权合约双方商定的交割对象(标的资产)是第三方发行的现存证券，而认股权合约的标的资产是合同执行时作为当事人之一的公司新发行的股票。两者的这种区别造成了它们之间的两点差异：

(1)由于投资者执行认股权时,公司需要发行相应数量的新股,使得股权稀释,这会降低认股权的价值。换句话说,投资者是否执行其权利将直接影响标的资产的价值。期权与此不同,其标的资产的价值不受投资者行为影响。

(2)认股权的现金流量流入公司,变为公司资产;期权的现金流量不流入标的证券的发行企业。

由于这两个差异,即使一种认股权的执行时间限制在未来的某一天 T,使其完全匹配欧式看涨期权在到期日不能执行的特征,其定价也不能直接套用 Black - Scholes 看涨期权定价公式。

假设某公司发行 n_s 股普通股票和 n_w 张认股权证,每张认股权证可以在到期日 T 以履约价 X 购买一股公司的普通股票。公司只有这两种金融资产。公司承诺在时刻 T 之前不发放股利。

记公司的资产价值为 V。在时刻 T,如果所有认股权证都兑现,公司资产将增至 $V(T)+n_wX$。公司发行新股后共有 n_s+n_w 股普通股票,每一股价值是 $[V(T)+n_wX]/(n_s+n_w)$,从而每张认股权证的价值是:

$$w(V,T)=\frac{V(T)+n_wX}{n_s+n_w}-X$$

如果 $W(T)\geqslant 0$,即 $V(T)\geqslant n_sX$,投资者将执行手中的认股权证,否则他们将放弃这个权利,故:

$$w(V,T)=\max\left\{\frac{V(T)+n_wX}{n_s+n_w}-X,0\right\} \tag{12.30}$$

记投资者执行认股权证权利后每一股在总股权中所占的比例为 $a=1/(n_s+n_w)$,(12.30)式可以进一步写为:

$$w(V,T)=\max\{aV(T)-(1-an_w)X,0\} \tag{12.30$'$}$$

假设公司总资产 $V(t)$ 随时间的变化服从一个标准的扩散过程(12.1),由前面推导的公司资本定价一般公式(12.11),认股权证价格将满足下面的偏微分方程:

$$\frac{1}{2}\sigma^2V^2w_{VV}+rVw_V+w_t-rw=0 \tag{12.31}$$

认股权证价格就是该方程在边界条件(12.30′)下的解。同前面公司债的定价一样,没有必要直接去求解(12.31),因为它的形式与 *Black - Scholes* 基本偏微分方程完全一样。记 $\tau=T-t$,比较 *Black - Scholes* 公式的边界条件和这里的(12.30′),由 *Black - Scholes* 公式,一张寿命为 τ 的认股权证的价值是:

$$w(V,X,\tau)=C[aV,(1-an_w)X,\tau]=aVN(d_1)-e^{-r\tau}(1-an_w)XN(d_2) \tag{12.32}$$

其中,

$$d_1=\frac{\ln[aV/(1-an_w)X]+(r+\sigma^2/2)\tau}{\sigma\sqrt{\tau}}$$

$$d_2 = d_1 - \sigma\sqrt{\tau}$$

直观地说,一张认股权证相当于一份标的资产为公司股份 aV 的看涨期权;这份看涨期权的履约价为$(1-an_w)X$——由于股权稀释反应,投资者购买一股普通新股的价款 X 中只有$(1-an_w)$部分流入了公司原有股东的账上,而另一部分 an_w 则为新股东(先前的认股权证持有者)共有。

12.5 可转换债券的定价

假设公司发行一种简单的可转换债券(Convertible Bond),这种债券在 12.2 节所讨论的纯贴现债券基础上,额外赋予债权人一种选择权;在到期日 T,债权人可以选择接受公司承诺的现金支付 B,或者是接受 n_c 股公司新发行的股票。当然,如果公司无力支付它所承诺的债券本息 B,债权人接收整个公司。假设该公司的资产中只有股权和这种可转换债券,原有的股权共有 n_s 股。

如果到期时债权人选择持有公司股票,公司需新发行 n_c 股普通股票。记股权稀释因子 $\gamma = n_c/(n_s+n_c)$,则债权人以何种方式获取收益取决于 $\gamma V(T)$ 与 B 孰大孰小。在到期日 T 债权人的所得为:

$$D_c(V,T) = \min\{V(T), \max[B, \gamma V(T)]\} \tag{12.33}$$

这与原有股东的利益一道显示于图 12.2 中。

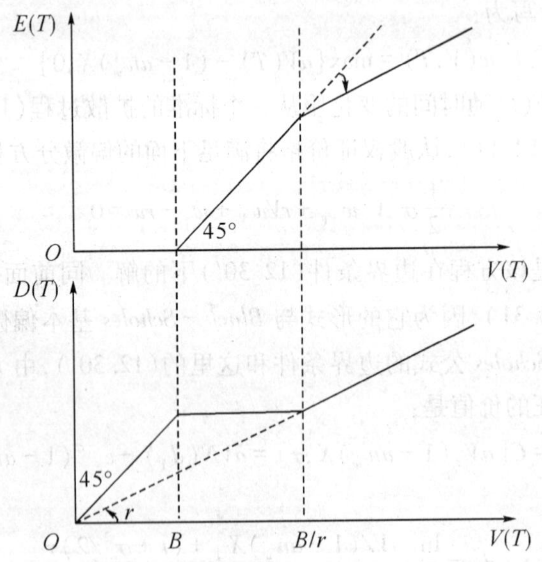

图 12.2 到期日股东和债权人所获支付(可转换债券)

持有可转换债券的债权人拥有普通债权人的所有权利，另外，他们还拥有在时刻 T 以债券收益 B 购买公司股份 $\gamma V(T)$ 的选择权利。显然，可转换债券这种额外的灵活性相当于一张到期日为 T、履约价为 B、购买股份 $\gamma V(T)$ 的认股权证(注意这里讨论的是公司可转换债券的总价值，所以这张认股权证规定的购股数量是 n_c 股；相应地，这里的 r 相当于前面的 an_w)。因而，可转换债券的价值也就等于普通债券和这张认股权证价值之和：

$$N_c(V,B,\tau)=N(V,B,\tau)+C[\gamma V,(1-\gamma)B,\tau] \tag{12.34}$$

其中 $N(V,B,\tau)$ 由普通债券定价公式(12.16)计算。

下面举一个例子进一步说明可转换债券的定价。假设某公司发行 60 000 份可转换债券，转换率是 1 份债券换 18 股股票。我们关心的是，到期末(1 年后)公司的总资产价值多大时，债券持有人愿意执行转换权。

60 000 份债券全部转换为股票，共转为 60 000 份 ×18 股/份 =1 080 000 股股票，加上原来的 1 000 000 股，将有 2 080 000 股股票。只有每 18 股股票的价值高于 1 份债券的面值(1000)元，即 1 080 000 股股票的市值高于 60 000 份债券的市值(此时每份债券的市值等于它的面值)时，才会发生转换。因此，债券转换时公司的总资产价值必须满足以下要求：

$\dfrac{1\,080\,000}{2\,080\,000}\times V\geqslant 60\,000\,000$ 元，即 $V\geqslant 115\,555\,556$ 元。反之，如果到期时公司的总资产价值小于 115 555 556 元，所有的可转换债券都不会转换成股票。

1 年后，公司总资产价值可能为 120 000 000 元或 50 000 000 元。我们用资产定价模型来为可转换债券定价。到期如果公司资产价值上升至 120 000 000 元，则所有的债券都会转换为股票，60 000 份债券的市值就是转换为 1 080 000 股股票的市值。此时，债券的总市值为$\dfrac{1\,080\,000}{2\,080\,000}\times 120\,000\,000=62\,307\,692$(元)。到期若公司资产价值下跌至 50 000 000 元，则公司已经资不抵债，债权人接收全部公司资产，债券的总市值就是 50 000 000 元。现在用比例为 x 的公司资产和现值为 Y 的无风险证券(无风险利率是 4%)来复制可转换债券，有：

$$\begin{cases}120\,000\,000x+1.04Y=62\,307\,692\\50\,000\,000x+1.04Y=50\,000\,000\end{cases}$$

由此解出，

$$\begin{cases}x=0.1758\\Y=39\,623\,838\end{cases}$$

由无套利原理可定出债券的现值为：

$$D=0.1758\times 100\,000\,000+39\,623\,838=57\,203\,837(\text{元})$$

因此，每份可转换债券的市场均衡价格为 57 203 837/60 000 =953.40(元)。

本章小结

由于股权和债权等公司资本与衍生证券的价值都依赖于公司总价值的变化,因此,可以用期权定价模型为之定价。本章首先对第6章衍生证券定价模型进行扩充,建立一个描述各种公司资本价值变动的一般性模型,随即用 *Black - Scholes* 公式的变形形式对股东权益和债务、优先和从属债券、认股权证、可转换债券等分别进行了定价。

习题

1. 考虑一家公司,它现在的市值为5 000 000元,债务为4 000 000元,10年到期,在到期日前不支付债务利息,在到期日一次性连本带息还清。公司的股票回报率方差为0.5。公司不支付红利。利用期权定价模型确定,当无风险利率从5%上涨为10%时,公司债务的价格和公司股票价格的变化。

2. 试分析公司财务结构定价原理与期权定价原理的关系。

参考文献

[1] Huang, Chi－fu and Robert H. Litzenberger, 1998, Prentice Hall; 1st edition.
[2] 蒋殿春.金融经济学[M].北京:中国统计出版社,2004.
[3] 王江.金融经济学[M].北京:中国人民大学出版社,2006.

图书在版编目(CIP)数据

金融经济学/刘阳,尹志超编著.—成都:西南财经大学出版社,2012.12

ISBN 978-7-5504-0918-7

Ⅰ.①金…　Ⅱ.①刘…②尹…　Ⅲ.①金融学　Ⅳ.①F830

中国版本图书馆 CIP 数据核字(2012)第 3000618 号

金融经济学

刘　阳　尹志超　编著

责任编辑:汪涌波

助理编辑:江　石

封面设计:大　涛

责任印制:封俊川

出版发行	西南财经大学出版社(四川省成都市光华村街 55 号)
网　　址	http://www.bookcj.com
电子邮件	bookcj@foxmail.com
邮政编码	610074
电　　话	028-87353785　87352368
印　　刷	郫县犀浦印刷厂
成品尺寸	185mm×260mm
印　　张	11.75
字　　数	245 千字
版　　次	2012 年 12 月第 1 版
印　　次	2012 年 12 月第 1 次印刷
印　　数	1—2000 册
书　　号	ISBN 978-7-5504-0918-7
定　　价	25.00 元